泉州文化遗产研究院书系

文化遗产保护研究
RESEARCH ON THE CONSERVATION OF CULTURAL HERITAGE

孙华 著

上海古籍出版社

泉州文化遗产研究院书系
编辑委员会名单

（以姓氏笔划为序）

主 任

宋新潮

委 员

王铭铭	吕　舟	孙　华
杜晓帆	李　军	杨昌鸣
张朝枝	罗世平	钟少异
贺云翱	高丙中	葛承雍
董　卫	楼建龙	詹长法
谭徐明	潜　伟	

前　言

　　泉州文化遗产研究院（下简称"泉州文研院"）是泉州师范学院、泉州市文化广电和旅游局和北京大学考古文博学院三方共同组建，院址设于泉州师范学院内的文化遗产学研究和专业人才培养机构。机构采取依托组建单位现有教学科研人员，通过科研项目和人才培养项目引入文化遗产领域专家参与，共同解决文化遗产学科面临问题的科研平台工作模式。泉州文研院于2020年秋成立，2021年底开始运行，2023年"新冠"疫情后开始进入快速发展时期。目前泉州文研院共有特聘教授5人，副教授4人，并正在继续引进相关专业人才。首任院长由北京大学考古文博学院派遣孙华教授担任，常务副院长由泉州师范学院陈敏红副教授担任，共同负责机构建设、科研组织和学科建设工作。科研团队学术带头人有罗世平、詹长法、孙华、杨昌鸣、王铭铭五位特聘教授，分别负责雕塑和绘画遗产、文物保护与修复技术、文化遗产理论与方法、建筑遗产、社区活态遗产的研究，并通过"传帮带"的方式，带领泉州文研院教学科研青年才俊，共同致力于文化遗产保护研究、文博系统从业人员在职培训和泉州师范学院文化遗产学研究生的培养工作和学科建设工作。

　　泉州文研院的研究领域以泉州市域文化遗产为依托，以福建省及东南沿海文化遗产为重点，兼及中国其他地区及海外古代交通类文化遗产和文化线路的研究。规划的主要研究领域分别是：线性遗产和文化线路视角下的海陆交通史迹的勘察与研究；基于文化景观和文化空间理论的东南地区历史城市和传统村落保护与发展；东南沿海地区重要非物质文化遗产"文化空间"的保护与传承。研究重点主要放在以泉州为中心的福建古代交通遗产的现状调查与保护、福建沿海古代海交城镇的系统保护与利用、东南地区防御性传统村落的类型和价值（以红砖建筑为特色的闽台村落文化景观综合研究、以土楼为特征的泉漳村落与其他防御性村落的比较研究等）、重要产业遗产的保护与发展（如武夷山和安溪茶文化景观的现状调查与发展研究）、闽台非物质文化遗产的调查与整理、泉州文化遗产保护管理体系、泉州重要文化遗产勘察与研究报告（如泉州石质文物的分类调查研究）等。我们希望能够充分利用好泉州文研院这个文化遗产科研平台，为我国文化遗产保护事业作出应有的贡献。

由于泉州文研院的特聘教授都有丰富的科研积累，年轻教师已经迅速适应了各自的研究领域，在泉州师范学院和上海古籍出版社的大力支持下，泉州文研院策划"泉州文化遗产研究院书系"丛书，陆续出版本院学者的研究专著、翻译著述和普及读物。希望通过这样的方式，使本院文化遗产保护的研究成果便于学界使用，也希望文化遗产学界能够通过这个书系了解泉州文研院，支持泉州文研院。关心和支持比什么都重要。

泉州文化遗产研究院院长　孙　华
2024年10月

目　录

导论　文化遗产学与遗产保护学 ··· 1

第一章　文化遗产类型研究 ··· 17
 第一节　文化遗产的分类体系 ·· 17
 第二节　论线性遗产的不同类型 ······································ 30
 第三节　纪念碑与纪念性遗产 ·· 45

第二章　文化遗产价值研究 ··· 53
 第一节　遗产价值属性的生成 ·· 53
 第二节　遗产价值的结构要素 ·· 66
 第三节　建筑遗产的价值与保护 ······································ 83

第三章　文化遗产保护研究 ·· 100
 第一节　我国大型遗址保护问题 ····································· 100
 第二节　石刻文物的保护问题 ······································· 120
 第三节　文化景观遗产的保护 ······································· 146
 第四节　文物保护建筑设计 ··· 165

第四章　文化遗产管理研究 ·· 194
 第一节　文化遗产的法规建设 ······································· 194
 第二节　线路遗产的保护与管理 ····································· 213
 第三节　文化遗产的利用刍议 ······································· 230
 第四节　国家文化公园建设初论 ····································· 248

插图索引 ·· 268
后记 ·· 270

导论　文化遗产学与遗产保护学

遗产保护,尤其是文化遗产的保护,经历了相当长的发展过程。在这个过程中,保护技术和保护实践已有长足的进步,也形成了一些业界共同遵守的保护原则或理念。但是,文化遗产保护在学科建设和理论研究上仍存在许多薄弱环节,有待弥补和强化。文化遗产学乃至于遗产保护学迄今还不是一个成熟的学科,对一些遗产基本问题的认知都还存在混乱。对于这些问题,长期从事文化遗产保护的研究者和实践者恐怕会不以为意。但是,有些基本问题不解决,会影响遗产保护学作为一个学科的成立,制约该学科的顺利发展。

下面,笔者就对遗产和文化遗产的概念和定义,遗产保护学和文化遗产学的研究范畴及其与相关学科的关系给出个人看法。

一、遗产及文化遗产的定义

说到遗产与文化遗产的概念和定义,长期从事文化遗产保护的研究者和实践者恐怕会认为这是不成问题的问题。事实上,正如"文化"一词有许多不同的解释一样,文化遗产这一概念也有着不同的解读。不过,文化遗产（Cultural Heritage）由"文化"和"遗产"两个词组成,前者是后者的修饰词,以区别"自然"的遗产。就这一点来说,就可以说明,如果将文化遗产研究作为一种学问的话,它不可能属于"文化学",而只可能属于"遗产学"。那么,什么是遗产？什么又是文化遗产呢？

（一）遗产的要素和定义

"遗产"一词从字面理解,是指留给后代的财产。另据考证,英文"遗产"（heritage）一词源于拉丁语,指"父亲留下的财产"。这个词的中外意义基本相同,都是指上一辈留给下一辈的财物[1]。《后汉书·郭丹传》记:"(郭)丹出典州郡,入为三公,而家无遗产,子孙困匮。"[2]郭丹长期担任朝廷和地方的高级官员,但为政清廉,没有多少财物留给子孙,所以子孙生活困难。在这里,郭丹的财物只有当他已经留传给子孙后,才被视为"遗产"。因此,遗产的第一个要素就是:**完成了代际传承的财产**。

"遗产"不等于"财产",遗产的特点之一是需要完成代际传承,即上一代人遗留给下一代人的财富。一代人习惯上的年代跨度是30年,也就是说作为遗产必须要有30年以上的时间距离,当代的创造物不能作为遗产。这本来是遗产的基本性质,但一些从事遗产保护的专家似乎却没有意识到这个问题,将一些本来没有遗产资格的当代建筑物当作了遗产。所谓"当代遗产"或"20世纪遗产"概念,就是这种认识的产物。

当代"遗产"的始作俑者是巴西的文化遗产专家或官员。巴西的新首都巴西利亚,其基本建成时间是1960年,1987年就被推荐登录入《世界遗产名录》,号为"最年轻的世界遗产"。当时的世界遗产委员会这样评价巴西利亚:"它是城市设计史上的里程碑。城市规划专家卢西奥·科斯塔和建筑师奥斯卡·尼迈尔设想了城市的一切,从居民区和行政区的布置到建筑物自身的对称,它表现出城市和谐的设计思想,其中政府建筑表现出惊人的想象力。"这些文化遗产的专家似乎没有在意这个新的都市是否具有遗产的性质。此外,当代人评价当代事物给人难以盖棺论定之感。从巴西利亚建成以后,关于它的争议就一直没有停止过[3]。受到巴西利亚成功"申遗"的影响,悉尼歌剧院才建成10年,澳大利亚就启动了申报世界遗产的工作。悉尼歌剧院以其特有的帆和贝的造型,衬托以悉尼港湾的地形,构成了极具视觉冲击力的建筑景观,成为悉尼市的地标性建筑。由于受到建筑界和公众的好评,澳大利亚1981年提名悉尼歌剧院申报世界文化遗产。当时的世界遗产委员会以"竣工不足10年的建筑作品无法证明其自身具有杰出价值"的理由予以否决。一直到20多年后的2007年,悉尼歌剧院才

---

[1] 李军:《什么是文化遗产?——对一个当下观念的知识考古》,《文艺研究》2005年第4期。
[2] 《后汉书》卷二十七《郭丹传》,中华书局,1965年,第942页。
[3] 魏彤岳、田野、杨军:《"傲慢"与"偏见"——柯布西耶"现代城市"理论在巴西利亚的实践评析》,《规划师》2011年第S1期;谭源:《"乌托邦"的终结:从昌迪加尔及巴西利亚的规划谈起》,《南方建筑》1999年第4期。

被世界遗产委员会列入《世界遗产名录》[1]。

针对悉尼歌剧院申报世界遗产以及更早的巴西利亚列入世界遗产所带来的问题,1986年,世界遗产委员会委托国际古迹遗址理事会研究当代遗产问题。国际古迹遗址理事会向世界遗产委员会提交了"当代建筑申报世界遗产"的文件,内容包括近现代建筑遗产的定义和如何运用已有的世界遗产标准评述近现代建筑遗产。随后,一系列关于"20世纪遗产"的会议相继召开。受国际思潮影响,中国在2008年的"中国文化遗产保护无锡论坛"上通过了《关于保护20世纪遗产无锡建议》。2012年,由中国文物学会、天津大学和天津市国土资源和房屋管理局联合主办的"首届中国20世纪建筑遗产保护与利用研讨会"在天津召开。不过,尽管国际国内关于"当代遗产"或"20世纪遗产"的研讨似乎很热闹,但"当代遗产",尤其是"20世纪遗产",其概念无疑是不严谨的,应当慎用或不用。

首先,"20世纪遗产"概念距离现在的年代不明确,在提出"20世纪遗产"这个概念的时候,20世纪后期的创造物还没有完成代际传承,这与遗产概念的基本要素不合。当代的创造物,即便可以认定是优秀的代表作,也还不具备遗产的资格。其次,"20世纪遗产"这一概念具有衍生性,它会衍生出"21世纪遗产"等新的不确切遗产概念。"20世纪遗产"这个概念提出之时,已经是20世纪的晚期,跨入新世纪以后,如果认同"20世纪遗产"是一种恰当的遗产类型,"21世纪遗产"等概念肯定会应运而生。

实际上,"当代遗产"或"20世纪遗产"是一种以时代为标准对文物或遗产进行分类的方式。在世界文化遗产的分类体系中,已有的各个遗产类型主要是古代遗产,近代遗产只提出了"工业遗产"这一个方面,不如中国的文物分类体系中在古代遗产之外另设"近现代建筑与史迹"恰当,后者包括面更全。由于先前已有近现代文物或遗产这一类型,只要完成了代际传承,具有年代价值,且经历了时间的检验的近现代的一些具有遗产性质的人类创造物,都可以纳入"近现代遗产"这一类型,与古代遗产诸类型区别开来,没有必要再设定"当代遗产"或"20世纪遗产"这个类型。文化遗产要具有历史感和年代价值,否则将与遗

---

[1] 孙凤岐:《悉尼歌剧院——20世纪伟大又浪漫的建筑》,《世界建筑》2003年8期;裴振宇:《〈营造法式〉与未完成的悉尼歌剧院——尤恩·伍重的成与败》,《建筑学报》2015年第10期。

产的概念不符。当代人们拥有的财富由两部分组成,一部分是自己创造的,一部分是继承先前的,在我们这一代,只有后者才具有被称为遗产的资格。由此来说,2008年北京奥运会主场馆"鸟巢",刚刚建成并启用不久,有学者就援引巴西利亚和悉尼歌剧院的案例,主张提名申报世界遗产,这显然不恰当。

遗产的第二个要素是:**具有珍稀性的遗产**。因为无论是地球自然演化的产物,还是人类创造的遗留,完成代际传递到我们这一代的财富满目皆是,我们不能将其都作为遗产原封不动地传递给下一代,我们这一代还需要消耗这些财产,只能有选择地保护这些财产中的一部分,将其传递到子孙后代。因此,在前辈留下的财产中,选择哪些财产可以消耗,哪些财产不能再消耗而需要加以保护,需要有可以依据的标准,这就产生遗产概念的第二个要素——珍稀性。所谓珍稀性,就是作为遗产保护学界的遗产还需要有一个前提条件,即已经很少,变得稀缺,甚至濒危,不能再消耗这类先前遗留的财产。

我们先举一个自然遗产华南虎的例子。老虎,尤其是华南虎,历史上是分布很广、数量很多的物种。处在食物链顶端的老虎,在地广人稀的古代,时常危害人们生命安全。《北梦琐言·逸文》:"唐大顺、景福已后,蜀路剑、利之间,白卫岭、石筒溪虎暴尤甚,号税人场。商旅结伴而行,军人带甲列队而过,亦遭攫搏。"[1]老虎如此凶猛,连行军队伍中军人都敢当作食物,更别说一般的平民百姓了。故历代都将老虎作为害虫,鼓励消灭老虎,善于打虎的勇士自然就成为了英雄,甚至可以列入正史[2]。随着清代以来的人口繁衍,人们的不断猎捕,原先分布很广、数量很多的华南虎已经变得稀少。新中国成立初期,野生华南虎的数量有4 000多头。经过20世纪五六十年代持续的大规模猎捕,华南虎种群遭受重创,基本灭绝[3]。在2000—2001年的华南虎及其栖息地调查搜索过程中,没有看见一只野生虎的身影。国外一些学者认为野生华南虎已经灭绝,但国内仍然没有放弃搜寻的希望,因而才有"周老虎"事件的出现。珍稀性能改变人们对某物

---

[1] (宋)李昉编:《太平广记》卷四百三十二《周雄》引《北梦琐言》,中华书局,1961年,第3509页。
[2] 《清史稿·孝义二》:"任四,甘肃渭源人,农也。徙家狄道,父死于虎,四乃习鸟枪,誓杀百虎报父仇。……四已老,计所杀虎九十有九……卒时,犹寝虎皮也。"《清史稿》卷四百九十八《孝义》,中华书局,1997年,第13786页。
[3] 王维、沈庆永、胡洪光:《华南虎的现状及保护》,《动物学杂志》1999年第2期;胥执清:《野生华南虎是怎样走向濒危的——兼谈华南虎保护拯救之希望》,《四川动物》2003年第3期。

的认识,如果还有野生华南虎的话,其栖息地肯定会成为遗产,受到人们的保护。

再以我国的历史城镇为例。历史城镇属于集合了多种遗产类型的综合体,我国文物保护体系中的"历史文化名城"和世界遗产体系中的"历史城市"都属于这个类型。中国的历史城镇是历代从中央到地方各级政府机构的驻地,是国家实施治权的网络节点,也是区域各种资源的汇聚之地和资源输送的各级枢纽。这样的历史城市直到近代还为数极多,直至20世纪五六十年代,还可以说我国几乎所有的城镇都可以作为历史城镇。经过"文革"的破坏,尤其是经过了近三四十年的城市化进程,我国的县级以上历史城市基本上已经面目全非,仅余部分街区还依稀可见昔日城市的风貌。正因此,那些受城市化影响相对较小、基本保持了整体风貌的小镇,便成为当今人们关注的地方。云南丽江是一座极其偏僻的古城,系历代木氏土司的驻所[1]。丽江能够成为引人瞩目的县城一级的历史文化名城,能够成为世界遗产,与它僻在滇西高原,交通不便,经济落后不无关系。当然,丽江成为世界遗产的原因有多个,区位仅是其一。美国人约瑟夫·洛克(Joseph F. Rock)为《国家地理》杂志撰写的介绍丽江的系列文章和他的《中国西南古纳西王国》一书[2],俄国人顾彼得(Peter Goullart)在丽江的一系列有影响的社会改造实践[3],以及丽江人本身利用世界遗产的称号来发展旅游经济的策略等,也都发挥了作用。物以稀为贵,当我国其他历史城市历史风貌几乎荡然无存的时候,硕果仅存的丽江、平遥这样的历史城市自然就脱颖而出,这无疑也是丽江古城成为世界文化遗产的重要原因。

遗产具有珍稀性,越是年代早的文物越是如此。山西五台山的南禅寺,当初不过是一座不起眼的小寺庙,只因其位于偏僻的五台山南台一带,香火不盛,历

---

[1] (明)王士性《广志绎》卷五这样描述当时的丽江及其统治者木氏土司:"迤西土官惟丽江最黠,其地山川险阻,五谷不产,惟产金银……然千金之家亦有饿死者。郡在玉龙山下,去鹤庆止五十里而遥,然其通中国只一路,彼夷人自任往来,华人则叩关而不许入,一人入,即有一关吏随之,随则必拉以见其守,见则生死所不可知矣,故中国无人敢入者。"按:王士性所说的"中国"是明中央政府流官直接管理区域,流官管理区域之人民称"华人",土官管理区域之人民称"夷人"。

[2] [美]约瑟夫·洛克著,刘宗岳等译:《中国西南古纳西王国》,云南美术出版社,1999年;杨小军:《约瑟夫·弗朗茨斯·查尔斯·洛克在中国》,《中国摄影家》2011年第11期。

[3] [俄]顾彼得著,李茂春译:《被遗忘的王国》,云南人民出版社,1992年;马丽娟:《顾彼得与历史上丽江地区的工业合作社运动》,《云南民族学院学报(哲学社会科学版)》2002年第4期。

代维修只能照顾到寺庙中用材较小、毁坏较快且重建费用较低的附属建筑,主要大殿一直没有重建,因而基本保持了唐代的风貌,成为中国现存年代最早的木构建筑[1]。其大殿建筑年代属于唐代,就连殿内的彩塑像设也都为唐代的遗物[2]。这在我国现存的四座唐代木结构建筑中,只有同在五台山南台的佛光寺东大殿可以与之媲美。因此,南禅寺大殿与佛光寺东大殿都被列为第一批全国重点文物保护单位,作为五台山宗教文化景观的组成部分,现已成为世界遗产。这种物以稀为贵的现象是古代木构建筑的常见现象,木构建筑因木材本身属于会逐渐降解的有机质材料,并受到水与火的双重威胁,长久保存不易。因而,保存至今的元以前的木构建筑几乎都被列为全国重点文物保护单位,受到比较严格的保护。

资产完成了代际传递,使得它们具有了年代价值;在这个重复的传递过程中,原先众多的同类财物逐渐变得较少,从而使之又具有稀缺价值。既然遗产缺乏新物价值却具有年代价值,年代越古老就越珍稀,价值自然越高。那么,是不是年代不古老的事物价值就不高,就不用作为遗产来保护呢?答案是否定的。遗产除了具有年代价值和稀缺价值外,还具有典范价值。某类完成代际传递的遗产尽管年代并不久远,存世数量也还较多,但该遗产在同类遗产中最具代表性,它也具有成为需要保护的遗产的资格。遗产要具有典范性即代表性,也就是经典价值,这是遗产的第三个要素:**具有典范性的遗产**。

关于遗产的典范性,我们可以首先举古籍中的善本为例。古代典籍是一种可移动的物质文化遗产,它是一个族群、一个国家或一种文明知识、文化和传统传承的最重要的载体,因而受到世界各国的重视。古代典籍中有"善本"一类,所谓善本是指受到读书人重视的价值较高的版本。古籍善本有两类:一类是文物性善本,这种善本或称之为"珍本",是指年代较古老、存世较稀少的书籍版本,也就是张之洞所说的旧刻、旧抄本,具有稀缺性;另一类是校勘性善本,这种

---

[1] 关于五台山南禅寺大殿的年代,一般都认为是唐建中三年(782年),曹汛先生认为南禅寺大殿唐建中三年的题记干支纪日有误,题记为后人伪造,南禅寺大殿应建于大中六年(852年)。后来陈涛先生撰文对曹说进行了辨析,认为题记中干支纪日的错误应为建中三年当时误写,南禅寺大殿的建造时间还应以建中三年为准。参看曹汛:《中国建筑史基础史学与史源学真谛》,载《建筑师》编辑部:《建筑师》69期,中国建筑工业出版社,1996年,第63—68页;陈涛:《五台山南禅寺大殿建造年代辨析》,《建筑与文化》2010年第6期。

[2] 祁英涛、杜仙洲、陈明达:《两年来山西省新发现的古建筑》,《文物参考资料》1954年第11期。

古籍版本的年代也许并不久远,但却是足本和精本,也就是没有阙卷或删改,经过精心校对、注释或印制的书籍版本,在同类古籍中具有经典性。文物性善本具有年代价值,但它当初可能只是粗制滥造的印刷品,属于劣本,只是经过岁月的洗礼,原先流行的这种书本今天只有一两本保存了下来,物以稀为贵,这种原先的劣本就成为了善本。与此相反,那些精校精印的校勘性善本,其年代尽管距今并不太远,留传下来书本数量可能也还较多,但因其质量很高,错误很少,得到读者的信任,被当作阅读的范本、引用的模本,以及进一步校注和研究的底本。这种校勘性善本就体现了典范性在古籍中的意义和作用。

遗产应该具有典范性,这在近现代优秀建筑作品中体现得尤其突出。随着人类社会的发展和城市化进程的进行,每年都有大量的建筑被设计和建造。当这些建筑作品经历了一定的时间跨度,完成了代际传承而具有遗产资格的时候,就面临着哪些建筑可以被拆除重建、哪些建筑需要保留和传承的问题。这时候,评估这些建筑作品的典范性就显得尤为必要。有的国家和地区年龄在50年以上的建筑就要经过评估,以确定是否可以保留。那些经历了时间考验已经可以"盖棺论定"的优秀近现代建筑作品,因其在同时代的同类建筑作品中最具有创新性、独特性和代表性,尽管其年代并不早,并且同类建筑也较多,也要作为遗产加以保护。那些在全世界范围都具有典范性的近现代建筑作品,还可能被列入《世界遗产名录》,前面提到的悉尼歌剧院就是典范性遗产的例子。

通过以上讨论,我们可以给"遗产"下这样一个定义:

> 遗产是前代留给后代的财产。遗产保护学界所说的遗产是地球自然演进和人类发展过程中留传下来的、被人类这个主体认为有价值保存的客观存在。它是具有年代价值、珍稀价值和典范价值的物质或非物质的遗存,并因此而被人们收藏、保护和展示,因而也带上了个人、社群和国家的情感价值。

(二)"文化遗产"的概念和定义

在给文化遗产下定义之前,我们还需要先对文化遗产的修饰词"文化"进行解释。"文化"是人们经常使用的词汇,其中不少用法是将丰富多彩的"文化"简单化了,如用"学文化"来指代读书识字等。那么,"文化"这个概念应该是什么呢？

文化是一个使用普遍的概念，因而关于文化的定义也很多，20世纪50年代，有人曾经做过统计，据说文化的定义有164种以上。在这些林林总总的文化定义中，人类学的鼻祖英国学者爱德华·泰勒（Edward Burnett Tylor）第一个从学术的角度对文化进行了定义。泰勒认为："文化是复杂的整体，它包括知识、信仰、艺术、道德、法律、风俗以及其他作为社会成员所习得的任何才能与习惯的综合体，是人类为使自己适应其环境和改善其生活方式的努力的总成绩。"[1]泰勒关于文化的解释，其核心内容有两点：一是文化是复杂的综合体，不是考古学家所说的一群特征明显且在一定时空范围内共存的物质遗存；二是文化不是与生俱有的，而是后天学习得来的。泰勒对文化的定义非常经典，尽管有人批评他没有将人类后天学习而来的语言包括在其举例内。

以后又有不少学者在泰勒这个文化定义的基础上对文化做过分析和解释。1952年，美国学者克罗齐和克拉克洪在《文化·概念和定义的批评与考察》一书中，对西方160多种文化的定义进行了评析后，提出了新的定义："文化代表了人类群体的显著成就，包括他们在人造器物中的体现；文化的核心部分是传统的（即历史地获得和选择的）观念，尤其是它们所带的价值。"这两位学者是文化人类学家，他们强调了人类群体的创造物，这与我们考古学家所说的文化类似；但他们也都指出，文化的核心是传统的观念和价值，而非物质层面的东西。这里，我们有必要讨论一下考古学"文化"的定义。按照考古学辞书对文化的解释，文化是一定时间、一定空间的经常共存的一群具有共同特征的古代遗迹和遗物的综合体。考古学家注重基于考古发掘出土的可视的古代遗存，但这只是文化的一个组成部分。从时间上来说，这个部分是过去的已经终止发展的人类遗存；从形态上来说，它只是物质层面的，没有包括行为和精神层面的内容。美国学者罗伯特·F·莫菲定义文化为："文化是意义、价值和行为标准的整合系统，社会的人们据此生活并通过社会化将其在代际传递。"文化具有以下特点：① 文化定义关键部分是它意指行为的规则和确定方式，而不是指行为本身；② 文化是我们在这个世界上的行为导引，以及对这个世界经验的符号表达；③ 文化是所有知识、信念和生存技能的百科全书；④ 行为习惯的不同，以及某

---

[1]［英］爱德华·泰勒著，连树森译：《原始文化》，上海文艺出版社，1992年。

些特定的物质制品或艺术风格,可以使文化具有典型特征[1]。考古学的"某文化"往往只是文化表层的物质现象的一个部分,不是文化的全部。

关于文化的解释,泰勒已经给我们奠定了很好的基础,以后的学者又有补充和发展。据此,我们可以将文化的定义作如下表述:

> 文化是人类社会在长期发展过程中凝固下来在代际传承的价值观念、社会机制和行为规则,社会的人们据此思维、交流和行为,并且产生和创造具有特征的物质制品或艺术风格。文化包括了三个层面的内容,表层是我们容易观察的人们思维、交流和行为的产物,它使文化具有特征;中层是人们的思维、交流和行为,它使文化变得丰富多彩;深层是决定人们思维、交流和行为方式的传统观念和社会机制,它是文化的核心和价值所在。

明确了"遗产"和"文化"的性质和定义,"文化遗产"的定义也就基本清楚了。遗产保护学的"遗产",是地球自然演化和人类发展过程中完成了代际传承的具有唯一性、稀缺性和不可再生性的历史积淀的精华。"文化"则是人类为使自己适应其环境和改善其生活方式的努力的总成绩,是人类社会在长期发展过程中凝固下来在代际传承和习得的价值观念、社会机制、行为规则、思维行为及其创造作品的综合体。文化遗产的定义应为:

> 文化遗产是人类发展过程中从前人那里承袭而来的人类创造和使用的物质和精神财富的总和。它是一种文化形态终结之后或一种文化传统延续至今的历史遗留。它包括人类行为产物、人类思维和行为以及行为规则和社会机制三个层面,物质、非物质和物质非物质兼具三个种类,具有典范性、珍稀性,甚至唯一性。它是需要人们用心呵护和传承的人类历史积淀的精华。

文化遗产既然包括了人类历史上的物质创造,这就涉及文化遗产与"文物"和"古物"这类概念的关系问题。

---

[1] [美]墨菲著,王卓君译:《文化与社会人类学引论》,商务印书馆,2009年。

文物是我国使用最为广泛的一个概念。"文物"与"古物"相近,但不完全等同。"古物是指与考古学、历史学、古生物学及其他与文化有关之一切古物而言"[1];而文物则指"人类社会历史发展过程中遗留下来的、由人类创造的或者与人类活动有关的一切有价值物质遗存的总称"[2]。文物与古物相比,虽然都是人类的物质遗留,但前者所包括近现代的人类创造物和重要史迹的场所,则是后者所不具备的。不过,文物与文化遗产相比,其外延和范围又要窄许多,因为非物质的文化遗产等都是文物这个概念所难以涵盖的。关于文化遗产与文物这两个概念的关系,有学者曾做过表述,一般不会发生误解,但也存在着一些不当的认识,如有学者绘制的"文化遗产与文物的关系图"[3],将文物与文化遗产并列,这就很不恰当。正确的文物与文化遗产的关系应该如图1所示。

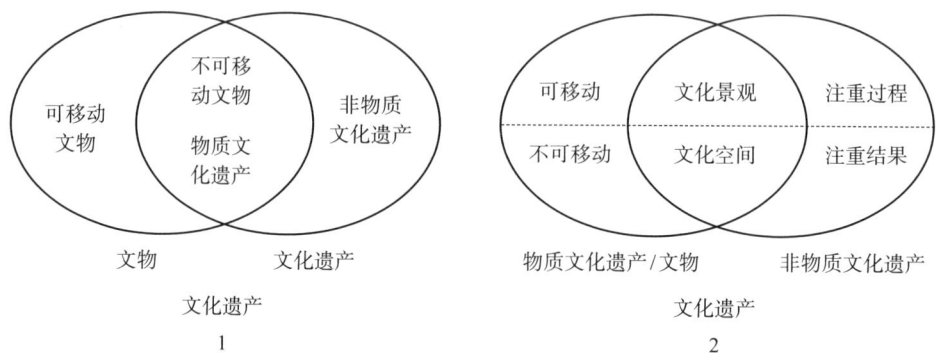

图1　文化遗产类型关系图

1.引自刘世锦《中国文化遗产事业发展报告(2008)》,2.本书作者意见。

二、作为遗产保护学的文化遗产学

遗产保护是一门既古老又新兴的学问,如果要上升成为一门知识界共同认可的独立学科,就必须有自己明确的研究对象、研究范式和研究目的。海德格尔

---

[1] 南京国民政府颁布《古物保存法》(1930年),载中国第二历史档案馆编:《中华民国史档案资料汇编》第五辑第一编(《文化》二),江苏古籍出版社,1994年,第609页。
[2] 中国大百科全书总编辑委员会《文物博物馆》编辑委员会:《中国大百科全书·文物博物馆卷》,中国大百科全书出版社,1993年。
[3] 刘世锦:《中国文化遗产事业发展报告(2008)》,社会科学文献出版社,2008年。

指出,研究的本质在于"认识把自身作为程式建立在某个存在者领域(自然或历史)中"[1]。那么,这个学科的性质、范畴、方法、内容及其与其他学科的关系是什么呢?

(一)文化遗产学属于遗产保护学

文化遗产保护具有悠久的历史。早在人类社会形成神祇崇拜和英雄崇拜以后,尤其随着古代国家形成和发展,那些被族群和国家视为共同崇奉和纪念对象的神或人,与之相关的物品和场所就受到人们的关注和保护。不过,这些受到有意保护的对象和范围还是相当有限的,国家化和全民化资产的思想也还没被凸显出来。文艺复兴思潮兴起以后,尤其是法国大革命后,大量原先属于国王、教会和贵族所有的具有相当历史性的资产归属国家,这些资产有的还在革命过程中遭到了损坏,因而迫切需要通过立法,并建立执法的相关机制来保存这些全民化的资产。在该国保护文物的过程中,文物范围逐渐扩大,原先不具有纪念性但具有历史性的资产,包括建筑物、雕塑、壁画等也都作为文物受到保护[2]。随着社会的发展和教育的普及,世界各国政府和人民保护过去既有的具有代表性和珍稀性事物的热忱不断提高,从人类创造的文化遗产扩展到了地球演变遗留下来的自然遗产,从人类创造的物质遗留到人类社会的非物质传统,保护的范围也不断扩大,遗产保护也越来越受到社会的普遍关注。显而易见,"保护"是包括文化遗产学在内的遗产保护学研究的基本内容。

遗产是一个范围极其宽泛的概念,世间所有完成了代际传递的事物都可归属遗产范畴。如果把遗产保护学定义为研究遗产,或将文化遗产学定义为研究人类创造或使用的遗产,就抹杀了这门学问与其他门类学科的差别。传统的基础学科——历史学和考古学,正是通过发掘、整理、分析前人遗留的物质甚至非物质的资料,包括地下发掘的实物资料、现存的传世文献资料,以及口耳相传的口碑资料,来探索人类社会发展历程中的问题。研究文化遗产中包含的历史信息是考古学和历史学的任务,同样,研究文化遗产的重要性或者说遗产价值,这也是考古学、历史学及其相关的社会学、人类学和哲学等传统基础学科才能完成的任务。遗产保护学及其所属的文化遗产学研究的是遗产的保护和传承,包括

---

[1] [德]马丁·海德格尔著,孙周兴译:《林中路》,上海译文出版社,1997年,第74页。
[2] [法]弗朗索瓦丝·萧伊著,寇庆民译:《建筑遗产的寓意》,清华大学出版社,2013年。

遗产的价值保全和维系的问题（包括与保护相关的遗产价值要素排序和遗产价值分级问题），至于遗产的管理则是为了保障遗产保护工作的顺利进行。正如苑利所说："文化遗产学是一门专业性很强的学问。它与人类学、民族学、民俗学、建筑学、景观学等等又有着很大的不同。因为上述诸学科无法解决或是不能完全解决文化遗产保护工作中所遇到的一些难题，于是才出现了这样一门专属文化遗产的新学。"[1] 离开了"保护"这个核心，包括文化遗产学在内的遗产学就没有存在的必要。严格地说，"遗产学"只能是研究遗产保护的学科。

人类拥有的遗产有自然和文化两类，这两类遗产都是世界生命多样性和文化多样性的体现，都需要保护或传承。尽管自然遗产和文化遗产的保护原则和理念是相同或相近的，但是二者保护各自不同类型遗产的方法和技术却有所不同。相对长时段发展演变而形成的自然遗产，其自然生命力的延续也是长时段的。只要没有人为的干扰和破坏，这些自然遗产就可以长期延续下去，自然对它们的影响本身就是自然遗产演变的因素之一，必须保持这种影响力的继续存在，而无须过多人为干预。只是由于人类活动过多地介入到自然遗产中去，本来的地貌和景观被人为改变，砍伐森林导致动物生存空间缩小，空气和水源污染致使一些生物难以生存等现象的出现，这才需要人类通过地区、国家甚至国际合作来制止或减少人类的不恰当干预，以便使有价值的自然遗产能够继续保存下去。而人类行为留下的遗产，其存在年代相对于自然遗产来说是非常短暂的，不仅人的行为可能会对这些遗产造成破坏，自然的影响也会导致这些遗产最终走向毁灭。因此，保护者对自然遗产和文化遗产的保护性干预方式是不同的。自然遗产的保护只需完全排除人为的干预和影响，保障遗产继续沿着其自然演进的道路缓慢进行即可；而文化遗产的保护，除了要排除人为有害因素对遗产的破坏外，也要排除自然对遗产的破坏，还要适当地施加人为的干预以延长这些遗产的寿命。对于那些"活态"的遗产，还应当采取特别保护手段，使其免受或少受全球化、城市化和工业化的冲击，能够继续保持其文化的独特性。由于遗产本身有自然遗产与文化遗产的分别，遗产保护方法也不一样，因此研究遗产保护的学问也就应该划分为自然遗产学和文化遗产学两类。文化遗产学是遗产保护学的两个基本组成部分之一。

遗产保护学是针对人类共有的具有保存价值的自然演进或人类创用的遗

---

[1] 苑利：《文化遗产与文化遗产学解读》，《江西社会科学》2005年第3期。

存,研究其存在价值、保存状态和存在问题,探讨应该采取的保护方法、技术和管理机制,寻求要达成良好保护与传承所需法规、程序和行动的学问,属于兼具人文科学与自然科学特色的交叉学科。文化遗产学则研究人类遗存的类型、价值、保护和管理问题,它是遗产保护学的重要组成部分。如果要给遗产保护学下定义,则应为:

> 遗产保护学是探讨遗产保护的理念和原则,研究遗产的形态和价值保全,发现遗产存在的不利于保护和保存的问题,针对这些问题研究恰当的保护措施和路线,寻求正确的保护方法和技术,持续记录遗产的现状并监测其变化,并在相关保护法规和政策规定的框架下,建立恰当的保护机制和机构,以便对这些遗产实施最有利保护和恰当管理的学科。

文化遗产保护学则是针对人类历史积淀的保护和管理的科学,是遗产保护学的两个主要组成部分之一。

(二) 遗产保护学是交叉学科

如果将遗产学或文化遗产学作为一个独立的学科,还需要理清它与既有学科的关系问题。关于文化遗产学与相关学科的关系,目前主要有以下三种意见:

第一种意见认为"文化遗产学是文化学的分支",是文化学中"保护文化信息及其载体"的学问,是历史学、考古学、教育学和管理学的交叉学科[1]。这种看法与2009年颁布的国家标准学科分类目录部分吻合,在该学科分类目录中,"文化学"(代码85070)属于二级学科,其学科归属于一级学科"民族学与文化学"(代码850),"文化学"下有"文化遗产学"(代码8507030)这个三级学科。然而,按照大多数倡言文化学是独立学科的研究者的意见,文化学不研究文化的某一具体门类,而是研究物质文化、制度文化和精神文化关系的学问[2];或者说"文化研究成了探讨普遍社会问题的一种富有实践意义的交叉性、跨学科、总体性的研究方式"[3]。在主流的文化学的分类架构和研究领域中,也并不把文化遗

---

[1] 李志超:《文化遗产学的基本概念及大学责任》,《教育与现代化》2007年第3期。
[2] 周洪宇、程启灏、俞怀宁、熊建华:《关于文化学研究的几个问题》,《华中师范大学学报(哲学社会科学版)》1987年第6期。
[3] 林坚:《文化学研究的状况和构架》,《人文杂志》2007年第3期。

产学作为该学科的组成部分[1]。此外,从"文化遗产"这个概念来说,"遗产"才是中心词,文化遗产学与自然遗产学是相关学科,将文化遗产学作为文化学的组成部分,并不妥当。

第二种意见认为文化遗产学与文物保护学和博物馆学都属于广义的考古学,姑且将此称之为"大考古学"的观点。教育部高等院校里的学科分类中,过去历史学是历史学门类(代码06)下的一级学科(代码0601),考古学(代码060103)、博物馆学(代码060104)和文物保护技术(代码060106)都是其下的二级学科。在考古学和世界史上升为一级学科后,不少高校都将博物馆学、文物保护技术或文化遗产学作为其下的二级学科[2]。尽管考古学与历史学的研究对象有所不同,研究方法也存在明显的区别,但二者的研究目的却是殊途同归,都是为了从文献资料和实物资料中发现和提取历史文化信息,从而帮助人们认识过去人类的发展历程,甚至还可"以古鉴今"。然而,文化遗产学(尤其是其中的文物保护学)与考古学虽然都使用了一些现代检测分析仪器(有的仪器还相同),但二者的研究目的却完全不同,文化遗产学的研究目的是保护人类历史留下的有价值的遗产,从而将这些承载着历史和文化信息的事物保存和延续下去,这点与考古学和历史学大相径庭。因此,将文化遗产学(包括文物保护学)作为考古学的分支,显然是不恰当的。

第三种意见认为文化遗产学是一种独立的大学科,包含了考古学、文物保护学、博物馆学等三个主要分支。考古学从事文化遗产的发掘与研究,是遗产价值的发现和揭示;文物保护学从事文化遗产的保存与维护,是遗产价值的价值保全和传承;博物馆学从事文化遗产的展示和利用,是遗产价值的呈现和实现[3]。这种"大文化遗产学"的构想,从学术逻辑上来说,是可以成立并自成一体的,比将文化遗产学和博物馆学放在考古学下合理。然而,尽管考古学、文物保护学和博物馆学三者的研究对象都是文化遗产,但三者研究的内容却各自有别,研究目的也全然不同,要将三个不同的学科全都整合在文化遗产学的框架下,也不太合适。就如同人类自身作为科学研究对象一样,同样研究的是人,医学、人类学、社会学、法学等研究的内容、方法、目的都不同,它们属于不同的学科,这也

---

[1] 孟东方、王资博:《文化学科群创建研究》,《重庆大学学报(社会科学版)》2016年第1期。
[2] 陈红京:《文博考古学科类属关系梳理》,《东南文化》2011年第5期。
[3] 曹兵武:《文化遗产学:试说一门新兴学科的雏形》,《中国文物报》2003年5月30日。

是显而易见的。

文化遗产学既然不能归于文化学和考古学，也不能去统领考古学和博物馆学，那么，文化遗产学与其他相关学科的关系究竟应该如何呢？"李军教授从西方学术界的经验出发，强调从来不存在一门所谓纯粹的'文化遗产学科'，只能从某个具体的传统学科角度进入到文化遗产学的研究领域"[1]。但笔者以为，文化遗产学还是可以作为一门独立学科的，正如李军先生所说，这个学科不能作为一门基础学科设置在大学本科，大学本科的学生必须修习一门传统的基础学科，如考古学、历史学、社会学、民族学、建筑学等，有了一个传统学科的系统训练后，到了研究生阶段才能较好地研习文化遗产学，或者才有能力从事与文化遗产保护相关的工作。换句话说，文化遗产学本身不是一门与其他学科判然有别的基础学科，它是一门交叉学科。

作为一门交叉学科，遗产保护学中的文化遗产学与自然遗产学，二者的研究对象、学科基础、适用方法、技术规范和管理形式可能都不相同，但它们的保护理论和保护理念却基本相通，属于同一交叉学科的两个不同的专业方向。在高等院校，研习遗产保护学的学生应该来自与遗产相关的不同学科的本科毕业生，他们基于自己本科专业的知识基础，在研究生阶段研习遗产保护的理论、方法、技术及其相关知识，获得遗产保护学硕士学位后，分别从事自然遗产和文化遗产的保护和管理工作，其中文化遗产学毕业生还基于专业基础的不同，除了从事不同文化遗产类别的保护和管理外，有的理科背景的毕业生还专门从事文物保护科学技术研究和应用的工作[2]。至于那些还要继续从事遗产保护理论、方法和技术（这主要指新的保护材料的开发、新的保护技术和工艺的研究等）研究的学生，在攻读完遗产保护硕士以后，又可以分别选择相关学科继续进行深造。换句话说，无论是遗产保护学还是其分支文化遗产学，它都是基于一个大的基础学科，只是在保护这个层面上交叉在遗产保护学，以后又还要回归至其他相关的基础学科。遗产保护学与其他学科的关系如图2所示。

---

[1] 李菲：《"文化遗产学时代"：问题与路径——中国高校首届文化遗产学学科建设研讨会综述》，《重庆文理学院学报（社会科学版）》2008年第3期。
[2] 老北京大学时期（也就是燕京大学尚未并入北京大学之前），北京大学就已创办了博物馆专修科。当时的博物馆专修科培养层次只是硕士研究生，没有本科的博物馆专业。培养方案采取文、理分科培养的模式，有人文博物馆和自然博物馆两科，招生对象面向文科和理科全体愿意研修博物馆学的本科毕业生，他们通过研习一年的博物馆学课程，毕业后授予博物馆学学位，分别到人文综合类或自然科技类博物馆工作。

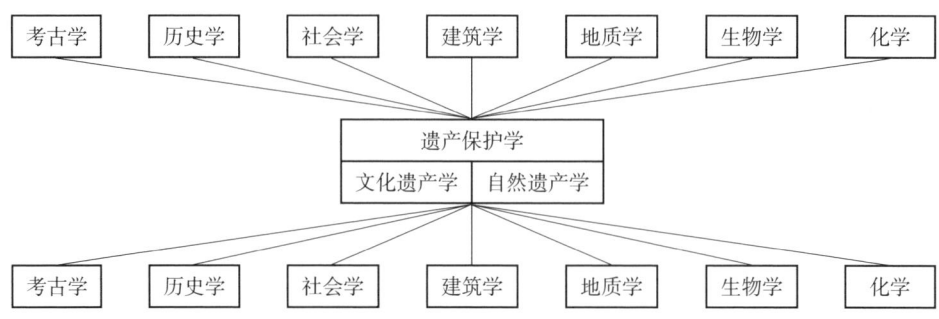

图 2 遗产保护学与其他相关学科关系图

从遗产保护学与其他学科的关系可知,文化遗产学的从业人员应具有某一基础学科的扎实专业知识,然后再学习和研究文化遗产的相关学问,以便能够分别应对今后考古工作的现场保护、文物建筑的保护修缮、石刻文物的保护加固、古籍文书的保存修复、非物质文化遗产的抢救传承,以及各类文化遗产的管理工作。

三、结语

文化遗产学科作为遗产保护学的组成部分,是研究如何保护和传承人类创造遗存的学问。该学问以文化遗产的保护和传承研究为核心,以这些遗产的类型、价值及其与保护关系的研究为基础,以这些遗产如何才能实现最佳保护和管理的研究为主体。正因为如此,文化遗产保护学的主要范畴,首先是研究文化遗产的类型与分类、各类型遗产的共性与个性、不同类型遗产所面临威胁的遗产类型学,其次是研究文化遗产总体和各个类型遗产的价值属性、价值构成、价值阐释以及如何保持其价值的遗产价值学,然后才是基于不同类型遗产特征及其存在问题的遗产保护学,最后是如何使得各类文化遗产的保护能够有法可依、有人可用、有规可行的遗产管理学。当然,在文化遗产得到良好保护的前提条件下,也还要研究如何使得这些遗产能够展示给公众,并为社会更多人所欣赏和分享的利用问题。

第一章　文化遗产类型研究

遗产保护学及其组成部分文化遗产学属于交叉学科。有许多基础学科都延伸和交叉到文化遗产保护的领域,研究兴趣完全不同的学者从事遗产保护研究和实践,其研究和工作不可能涵盖遗产的全部,往往只能集中于遗产的一个或几个方面。就如同任何学科都需要对研究对象进行分类一样,文化遗产学也要首先对文化遗产进行分类,以便限定研究领域,确认不同对象存在的问题,采取不同的方法与技术来解决保护和管理的问题。遗产保护学研究的对象是不同类型的遗产,这些遗产的性质有别,保存状态各异,面临危害多样,采取的保护方法和技术也有不同。遗产分类是遗产保护的基础和重要内容,遗产分类反映了保护者对遗产性质的认识水平,正确的遗产分类也是实施正确保护的前提条件。

第一节　文化遗产的分类体系

我国长期沿用和习用的是"古物"或"文物"的概念,这些概念与"文化遗产"交错并部分重叠,但范围却小于文化遗产。文化遗产的概念引入中国并受到广泛关注的时间并不很久,我国自然也就有系统的文物分类而没有系统的遗产分类。由于文化遗产比起文物的外延要大,包括了文物所没有的非物质文化遗产以及物质与非物质文化的复合遗产,因此,对文化遗产的分类是研习文化遗产首先需要明确的问题。

一、文化遗产分类的问题

目前,在遗产保护学界,包括文化遗产在内的遗产分类,主要行用的是世界遗产的分类体系。1972年，联合国教科文组织在巴黎举行大会，与会各国代表鉴于国家一级在保护文化和自然遗产方面的工作还存在一定的不足，而"部分文化或自然遗产具有突出的重要性，因而需作为全人类世界遗产的一部分加以保护"，因而提出了"世界遗产"这个概念，并产生了《保护世界文化和自然遗产公约》（以后均简称《世界遗产公约》）。《世界遗产公约》将文化遗产划分为"纪念碑""建筑"和"遗址"三类，以后在世界遗产申报和登录的实践中，又陆续增加了"文化景观""历史城镇和城镇中心""遗产运河"和"遗产线路（文化线路）"这些新的遗产类型[1]。

联合国教科文组织推导的世界遗产，其分类体系对于包括我国在内的文化遗产分类，都有很大的影响。因为"世界遗产"是就其遗产价值而言的，凡是在世界范围内具有"突出的重要性"或"突出的普遍价值"的遗产，都可以被列入世界遗产，以便能够为世界遗产所在国对遗产实施更有效的保护提供协助。无论是世界遗产、国家遗产还是地区遗产，它们都是地球自然演变和人类行为活动的遗留，这种分类定级只是对遗产价值相对高低的评估，不是对遗产形态和性质的分类。同一性态的遗产在世界级、国家级和地区级都会有所分布。换句话说，无论是世界遗产、国家遗产还是地区遗产，其性态分类都是完全相同的。《世界遗产公约》对遗产类型的划分，实际上在某种程度上代表了缔约国负责遗产官员对遗产分类的普遍认识。

《世界遗产公约》将人类共同的遗产划分为"文化遗产"和"自然遗产"两类，这在该公约的文件名称上已经明确地标识出来。根据遗产是地球自然演变的遗留还是人类行为的遗存，首先将其划分为两个不同的系列，这是非常正确的。人类尽管属于地球演变过程中的产物，从自然属性上来说也可以将人类本身归入自然遗产中的生物界，但与其他生物相比，人类具有创造发明和知识扩张的能力，作为遗产所保护的也不是人类本身而是人类行为及其行为的产物，使得自然生成的遗存与人类创造的遗存判然有别。

不过，《世界遗产公约》对遗产的第二个阶层的分类就不是那么准确了。该公约对"文化遗产"的类型划分和各类型遗产的定义如下：

1. 纪念碑/文物（monuments）：从历史、艺术或科学角度看具有突出的普遍价值的建筑物、碑雕和碑画，具有考古性质成分或结构、铭文、窟洞以及联合体。

---

[1] 联合国教科文组织世界遗产中心网站，网址 http://whc.unesco.org/en/guidelines。

2. 建筑（groups of buildings）：从历史、艺术或科学角度看在建筑式样、分布均匀或与环境景色结合方面具有突出的普遍价值的单立或连接的建筑群。

3. 遗址（sites）：从历史、审美、人种学或人类学角度看具有突出的普遍价值的人类工程或自然与人联合工程以及考古地址等地方。

文化遗产类型下面把"纪念碑""建筑"和"遗址"并列，这存在着三方面的问题：一是用同一分类标准无法在同一阶层来划分这三类遗产，建筑和纪念碑都是以功能和形态为标准的遗产分类，而遗址却是按照遗产的保存状态的分类；二是这些遗产类型的命名和它们的特征描述不明确，"纪念碑"完全是西方语境下的概念，其他文明的人们很难理解，且类型描述完全不符合学术规范；其三，这三种类型不能全面容纳所有的不可移动物质文化遗产，因而后来才又有"历史城市""文化景观""文化线路"等新遗产类型的提出。此外，这个对不可移动物质文化遗产的分类，每个类型的概念和定义也不够准确，外延也都还存在相互交叉的地方。

"纪念碑"一直是古代西方艺术史的核心，从埃及的金字塔到希腊的雅典卫城，从罗马的万神殿到中世纪的教堂，这些体量庞大，集建筑、雕塑和绘画于一身的宗教性和纪念性建筑物和构筑物，最集中反映出当时人们对视觉形式的追求和为此付出的代价。对于纪念碑这个概念的外延，现代西方艺术史家有不同的看法，其中就包含了"遗址"在内。阿洛伊斯·里格尔（Alois Riegl）在《纪念碑的现代崇拜：它的性质和起源》一书中解释纪念碑为："纪念碑不仅仅存在于'有意而为'的庆典式纪念建筑和雕塑中，也存在于'无意而为'的遗址或任何有年代价值的物件中。"正是基于这种扩展的纪念碑的定义，巫鸿将"纪念碑"拓展到了中国的青铜器、玉器、宗庙、宫殿、陵墓和城市，引起了西方艺术史界的激烈讨论[1]。即便我们只使用狭义的纪念碑的概念，这个概念也不仅包括了具有纪念意义的碑刻和雕像，还包括了具有视觉冲击力的大型建筑物，很容易与"建筑"一类相混淆。

建筑是人们为了满足自己某种需要而有意识设计和用土木砖石等材料建造的物体，如住宅、坟墓、寺庙、桥梁、作坊、园林等。不同功能建筑集中的地区就形成了聚落和城市。建筑的使用和保存状态决定了它具有不同的性质和状态，

---

[1]［美］巫鸿著，李清泉等译：《中国古代艺术与建筑中的"纪念碑性"》，上海人民出版社，2009年。

失去了原有功能并毁弃的建筑,就成了公约所划分的另一类文化遗产——"遗址"。公约将集建筑与雕塑为一体的宏伟壮观的建筑从建筑类单列出来,且在遗址类中也有已经毁弃的呈残破状态的建筑,三类主要的不可移动物质文化遗产都有建筑,每类遗产的外延彼此交叉重叠,容易产生混淆。

遗址是物质文化遗产的一种保存形态,它是已经毁弃的历史上人类的行为的产物,包括了建筑物。公约对"遗址"这类文化遗产的描述把人类工程、人与自然结合的作品和考古地域并列,给人以涵盖了另两类文化遗产却对遗址本身性质未能揭示的感觉。虽然"site"一词不仅有考古学上的遗址之意,也还有场域和地点的意义,但这个意义并不能构成一种遗产类型。在非物质文化遗产的类型中,有一种关联着物质场域的特殊类型"文化空间",这是介于物质和非物质文化遗产之间的混合类型,也不宜作为物质文化遗产的一个主要种类的名目。

在文化遗产的分类中,如果采用"遗址"作为一类文化遗产的命名,与"遗址"并列存在的遗产类型就不应当是"纪念碑"和"建筑",因为遗址的主体往往也是由建筑组成(并且在遗址里面还埋藏着许多"文物",有些文物有些也具有纪念的性质),只不过这些建筑都是毁坏废弃的建筑。作为与"遗址"平行的遗产类型,它们应当具有两方面的特性:一是这种遗产仍然相对完整地耸立在地表并被人们利用,其材质、布局、结构和装饰仍然保持着或基本保持着历史的原貌,尽管其功能和传统已经发生了变异;二是这种遗产从产生至今一直被同一社群使用,尽管遗产的物质本体随着时代的推移在不断发生变更,但其文化特质和传统却一直在平稳地延续和发展。能够满足这两方面特征中任何一个的遗产类型,不会是"建筑",也不会是公约定义的"纪念物",因此只能另行命名并给予它们新的定义。

同样,《世界遗产公约》将自然遗产也分为三类,但没有对这三类遗产命名,只从分类角度和类型特征给这三类遗产进行定义:

1. 从审美或科学角度看具有突出的普遍价值的由物质和生物结构或这类结构群组成的自然面貌。

2. 从科学或保护角度看具有突出的普遍价值的地质和自然地理结构以及明确划为受威胁的动物和植物生境区。

3. 从科学、保护或自然美角度看具有突出的普遍价值的天然名胜或明确划分的自然区域。

公约对自然遗产只做了分类和各类遗产特征的描述,没有如文化遗产一样给每类自然遗产命名,这显然不够妥当。通过三类自然遗产的描述,大致可知,第一类好像是指包含古生物化石在内的地层结构即地质遗产,第二类好像主要指"动物和植物"栖息地的生物遗产(但也包括了"地质和自然地理结构"等内容),第三类比较清晰,应当是包括地貌遗产在内的天然风景名胜等。然而,公约的这三类遗产之间显然也存在着交叉,如第一类遗产描述中的"物质和生物结构和这类结构群"就与第二类"地质和自然地理结构"有重叠,第一类遗产描述中的具有审美价值的"自然面貌"也容易与第三类自然遗产描述中具有"自然美"的"自然区域"产生混淆。可见自然遗产的分类和描述也并非严密且科学。因此,无论是文化遗产还是自然遗产,都有必要重新分类,以清眉目。

二、文化遗产分类的基本原则

任何学科在进行学术研究时,首先都要限定其研究对象和研究领域,要对研究对象进行分类,以明确每个具体研究对象的基本概念、定义及其在总的研究领域中的地位和作用。遗产学的研究领域相当广阔,研究对象种类众多,遗产分类是必不可少的基础工作。由于分类只是学科研究的基本手段,不是研究的最终目的,因而不同的研究目的就需要采用不同的分类系统。不过,学科的不同、研究对象的差异和研究目的的不同,只会导致分类标准和分类结构的不同,分类的方法和基本原则却是相同的。那么,遗产学的分类应当遵循哪些基本的原则和方法呢?

在遗产学相关学科领域中,与自然遗产最接近的是地质学和生物学,与文化遗产最接近的是考古学及人类学,而考古学的基本方法又建立在生物学的分类学和地质学的地层学基础之上。因此,上述学科的分类学理所当然可以作为遗产分类学的最佳借鉴。按照上述各相关学科的分类方法,尤其是生物分类学的分类系统,遗产的分类需要掌握如下四个原则:

第一个原则:遗产分类必须要有明确的目的,不是为了分类而分类。

自然和人类在其发展演变过程中留下的遗产种类众多,这些遗产属于不同的时代和地区,有不同的外部形态和内部特征,还有不同的功能和用途,以及不同的保存状态。对于这些林林总总的遗产和遗产现象,应当先按照一定标准划分遗产第一阶层的类型,再按照一定标准划分第二阶层的类型,这就牵涉分类的目的。

给遗产进行分类,是为了使人们能够正确地从宏观上认识和研究这些遗产,以便更好地保护和管理这些遗产。在所有的遗产中,地球自然演变遗留下来的天然的遗存与人类行为活动产生的遗存,二者在学科领域、保护方法和管理方法上都不相同。

就自然创造的遗存来说,风雨的侵蚀对于已历经漫长地质年代的地质结构和自然地貌微不足道,只要防止人为的大规模破坏就可以保证其自然性状的延续。有的自然遗产即使遇到自然灾害,遗产的一些要素受到威胁,是否需要实施干预,都还要从要素关联和系统保护的角度进行权衡。例如,1988年美国黄石国家公园森林火灾,大火烧毁了大面积的森林,威胁到森林中生息的动物的安全。即便如此,由于雷电引起的火灾是自然现象,对这种自然现象是否需要加以人工干预,以及人工干预的程度,国家公园管理部门的专家就有不同的意见。现在如果到黄石国家公园旅行,仍然可以看到大面积的过火森林,并可以在导览牌上看到当年那场森林大火的卫星照片及文字说明。就人类创造的遗存而言,无论是至今耸立在地表的建筑物还是掩埋在地下的遗址,比自然的遗存都脆弱得多,都既要防止人为的破坏,也要防止自然的侵蚀,其保护难度比自然遗产更大。因此,《世界遗产公约》从保护的角度(虽然《公约》未明确说明)把遗产区别为自然遗产和文化遗产两大类分别阐释,无疑是正确的。

第二个原则:遗产分类需要建立具有内在联系的、多层级的分类阶元系统,避免平铺直叙式的、单层级的、杂乱无章的遗产类型。

分类即分门别类的学问,是一门专门的系统科学。关于这一点,生物学、地质学、考古学(人类学)研究的分类方法,尤其是生物学相对完善的分类阶元系统都给了我们很好的启示。生物学界的分类从粗放到细密,其主要阶层有界—门—纲—目—科—属—种,由于植物种类繁多,在"科"与"种"之间还有"族""节""系"三个层级。此外,在主要层级外,还有"总(super-)""亚(sub-)""次(infra-)"诸次要层级来进行类型描述。随着生物学的发展,尤其是细胞生物学的发展,又有新的分类法和新的类型提出,但这些新的类型和分类系列并没有对原有分类造成颠覆性的冲击和破坏,而是更加细化和完善了原有分类体系。

遗产种类也较为多样,有自然的和文化的,以及兼具自然和文化双重要素的遗产;有物质的和非物质的,还有兼有物质和非物质两种要素的遗产;有大熊猫、藏羚羊这样的动物栖息地,也有加州红木、热带雨林这样植物生长区;有规模很大的历史城市和延伸很远的文化线路,也有规模很小的单座建筑、石刻甚至可移动的器具。不同的遗产有不同的性质、特点、功能、形态、材质、行为方式、生长模式、存在状况和保存现状,当然应该进行分类,以便研究、保护和管理。不过,遗产种类毕竟远不如生物种类多样,建立一个具有内在逻辑关系的、为学术界所认可的、简明扼要的遗产分类阶元系统,应当是不困难的。

就世界遗产的分类阶元来说,文化遗产这个阶层之下,应该是物质文化遗产与非物质文化遗产,在该层级的两个遗产类型之间,还应该有介于物质文化与非物质文化之间的遗产类型。由于《世界遗产公约》只考虑物质文化遗产的问题,非物质文化遗产交给了另一个公约和另一个政府间组织来处理[1],因而在世界遗产和人类非物质文化遗产代表作申报和保护过程中,两个组织都不得不分别提出兼具物质和非物质要素的"文化景观"和"文化空间",并要么误将"文化景观"置于自然遗产与文化遗产之间的层级,要么误将"文化空间"作为整个非物质文化遗产体系的特殊类型。

第三个原则:遗产分类的每个阶元都要有统一的分类标准,同一阶层的分类标准要相同,不同的标准只能在次一阶层中出现,否则就会造成分类的混乱。

分类需要有恰当的分类标准设定。早在古希腊时代,亚里士多德就根据动物的运动介质这个标准,将动物划分为陆上、水里和空中三大类。尽管这种分类很粗疏,但其在同一阶层的分类标准是相同的,因而自成体系且条理清晰。

反观遗产学界的遗产分类,《世界遗产公约》将遗产划分为自然遗产和文化遗产两个单元,其下一个阶层的遗产下分别被划分为纪念碑、建筑和遗址三个单元。由于找不出统一的分类标准来区分该阶层诸遗产单元,这些遗产单元间就很容易存在交叉和重叠的现象。以后,UNESCO世界遗产中心的咨询机构又提出了历史城市、文化线路、文化景观、遗产运河、工业遗产等世界遗产的类型,由于在提出这些遗产类型时,没有考虑与既有世界文化类型的关系问题,也没有考虑不同功能、不同性状、不同保存状态遗产的分类标准问题,不仅没能完善世界文化遗产原有的分类体系,反而造成了更大的混乱。

例如"文化线路"这个类型,应属于以遗产的外部形态为标准的遗产分类体系中的特殊类型。这个遗产分类体系中,根据遗产的几何形态,可以将遗产划分为点状遗产、线状遗产和面状遗产;在线状遗产中,又可以根据是否有实际的线形遗存将其划分为线形遗产和线性遗产。至于文化线路,它可以作为一种特殊

---

[1] 这就是2003年联合国教科文组织第32届大会通过的《保护非物质文化遗产公约》,以及同时成立的"保护非物质文化遗产委员会"。

的线形或线性的遗产,更多的是基于一种对特殊历史现象的当代关注(甚至是当下国际和区域政治的现实关注)。

第四个原则:遗产分类的每一阶层和每一单元都应当有统一的命名标准。

任何学科研究对象的分类,其各类名称应当能够准确表达该类型的基本特质,并与同一阶层的其他类型的命名彼此泾渭分明,互不交叉。每类名称的概念要清晰,要从学术研究的精确性上去定义,在学科上得到公认后才能上升到法规和行业规范的层面上。容易产生歧义的名称要避免使用。

遗产类型的命名也是如此。例如"文化景观"这个命名,相同的名称在地理学的景观学派中涵盖面很广,命名中的"文化"这个限定词又与"文化遗产"中的限定词相同,如果采用这个名称作为遗产第一层级的分类名称,势必与"文化遗产"的名称出现部分重合,导致部分文化遗产游离于"文化遗产"与"文化景观"之间不能准确归类,也使得原先已有的文化与自然"双重遗产"陷入了一种尴尬境地。

遗产分类命名的解释(定义)也要与相关学科的定义相一致,例如文化遗产分类中的"遗址",这是考古学或人类学的一个基本概念,这些学科已经有规范和准确的定义,翻开任何一部大百科全书都能查到对这个概念大同小异的解释,完全可以利用。遗址可以分作若干类型,每个类型都可以给予准确的命名,但当下流行的诸如"考古遗址"这类名称却不太恰当,因为不存在"非考古遗址"这样的遗址类型。因此,应当尽量避免不准确的遗产类型概念在学术研究和法规规范中出现。

三、文化遗产分类的基本方案

文化遗产分类的目的是更好地保护、管理和利用好这些遗产,在这三个目的中,保护是基础和最重要的目的,只有保护好遗产,才谈得上遗产的合理利用,而管理则是实现遗产保护和利用的重要手段。从保护这个根本的目标出发,形形色色的文化遗产中最大的差异是遗产的存在状态。这种存在状态的差异最明显的就是有无固定物质形态的区别,前者是"物质文化遗产"或"有形文化遗产"——文物,后者则是"非物质文化遗产"或"无形文化遗产"。

物质文化遗产是人类行为创造的物质遗留。这些遗留物有大有小,大的不便于移动,只能在原地保存(从保留关联信息的角度,也只能在原地保存);小的却可以搬移到博物馆等有更好保存环境的空间去保存。因此,物质文化遗产下第一个分类层次就是不可移动和可移动文化遗产(即文物)。不可移动文化遗产(如城镇、村落、宫殿、庙宇、民居、陵墓、工厂等)有不同的保存状态,有些遗产在历史上就已经废弃,成为了历史的陈迹——"遗址";有的遗产虽然可能失去了过去的功能和作用,却相对完好地屹立在地表,被作为其他用途或成为历史名胜而存在。后一类文化遗产还没有恰当的名称来表述,世界文化遗产类型中的"建筑""纪念碑"属于此类,我国文物保护单位分类中的"古建筑""石窟寺及石刻",全部以及部分"古墓葬"和"近现代重要史迹和建筑"也都属于此类。在可移动文化遗产中,也就是历史上人类创造和使用的器具、艺术品、文书档案、图书之类,这些通常被称作"文物"的遗产,可以根据保存条件的不同分为两大类,即无机质文物和有机质文物。无机质文物可以进一步划分为金属文物和非金属文物两类,前者还可以分为金银质文物、铜质文物、铁质文物等;后者也还可以分为土质文物、陶质文物、石质文物等。有机质文物可以进一步划分为纸质文物、竹木文物、纺织类文物等[1]。当然,可移动文物也还可以功能用途和呈现方式等为标准进行分类,如艺术品中的雕塑、绘画等。

非物质文化遗产是人类创造这些物质文化的过程以及人类各社群为了满足自己精神生活需要的具有社会性、凝固性和典型性的行为,它是被各地区和社群视为其文化传统的表现形式、知识和技能,包括了口头传说、表演艺术、社会风俗、礼仪节庆、传统工艺等。关于非物质文化遗产的分类,联合国教科文组织将其分为七大类,我国非物质文化遗产保护主管部门和权威专家也有十大类、十三大类、十六大类等分类方式[2]。有学者指出,这些分类都存在分类目的不明确、分类标准不统一、分类层级太单一等问题[3]。如果从保护和传承的目的来进行分类,非物质文化遗产首先可以是否注重人们行为的物质产物为标准,划分为两大类型:

---

[1] 国家文物局第一次全国可移动文物普查工作办公室编:《第一次全国可移动文物普查工作手册》,文物出版社,2013年。

[2] 联合国教科文组织《保护非物质文化遗产公约》,载中华人民共和国文化和旅游部国际交流与合作局编:《联合国教科文组织〈保护非物质文化遗产公约〉基础文件汇编(2016版)》,中国数字文化集团有限公司,2019年;中华人民共和国国务院《国家级非物质文化遗产代表作申报评定暂行办法》,《国务院办公厅关于加强我国非物质文化遗产保护工作的意见》,国办发2005年18号;中国民族民间文化保护工程国家中心编:《中国民族民间文化保护工程普查工作手册》,文化艺术出版社,2005年。

[3] 段晓卿:《非遗分类及非遗阶元系统建构研究》,《文化遗产》2018年第4期。

第一类是注重行为本身而不是物质结果的遗产类型,行为过程主要是为了满足人们精神的需求,并无具获得物质产物的实际功能。这类非物质文化遗产,可以暂且称之为"传统机制与习俗",传统演艺、口头文学、传统医药、传统竞技、风俗节庆、礼仪规范、宗教仪式等类非物质文化遗产都可以归属此类。

第二类是注重行为产生的物质结果的遗产类型,是人们基于传统的思想观念、技术手段和艺术取向,以传统技艺生产、制作、加工或创作某种产品,以满足人们对物质和精神生活的需求的非物质文化遗产类型。传统农艺、传统工艺、传统厨艺[1]、民间美术、发式服饰等类非物质文化遗产都可以归属此类(图3)。

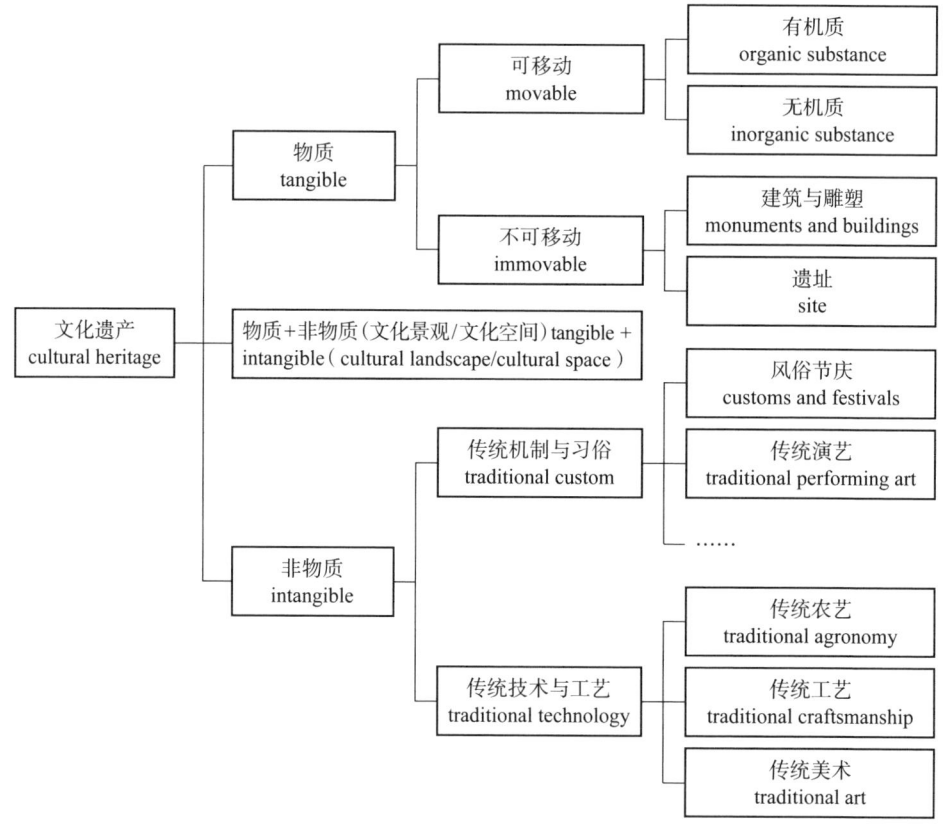

图3 文化遗产分类阶元框图

---

[1] 将"传统厨艺"作为传统的第三产业遗产类型的代表,容易导致过分关注某一地区、某一民族、某一国家人们至今还非常喜欢的食品加工技艺的现象,如已经列入联合国教科文组织《人类非物质文化遗产代表作名录》的"日本和食""韩国泡菜"等。这些流行食品加工技艺还在不断传承和发展创新,不存稀缺性和濒危性,需要谨慎对待。

在非物质文化遗产中还有一个"文化空间"的特殊类型,按照通常的解释,"文化空间是定期举行传统文化活动或集中展现传统文化表现形式的场所,兼具空间性和时间性"[1]。而在物质文化遗产中,也有一种特殊类型遗产"文化景观",按照通常的解释,文化景观代表着"自然与人类相结合的作品","是多年来人类社会和居住点演化过程的例证"[2]。按照我们的理解,文化景观不宜理解作具有宏大自然景观的文化遗产,而应该理解为至今还基本还保持着原来的功能和文化传统,并随着时代的推移,持续发生着变化的具有相对"活"态的文化遗产。古今重叠且文化延续的城镇和村落,至今仍在使用传统工艺生产的作坊、农庄、牧场等,应当都属于这类遗产。非物质文化遗产的"文化空间"与物质文化遗产的"文化景观"实际上大范围重叠,在某种意义上,两者可以视为一种文化遗产的类型。正是这种复合的文化遗产类型将物质文化遗产与非物质文化遗产紧密地联系起来。

在上述文化遗产主流分类体系之外,还存在以不同分类标准构建起来的其他一些遗产分类体系。比较常见的文化遗产分类体系有:

一是以文化遗产的几何形态为标准的点、线、面的分类体系。这个体系是按照遗产的几何形态,将文化遗产分为"点状遗产""线状遗产"和"面状遗产"三类。点状遗产就是我们的文物点或文物保护单位的主体;线状遗产就是呈线形或线性排列的遗产,特殊的线性遗产就构成了文化线路;至于面状遗产,就是遗产的集中区域(图4)。在这个分类体系的三类遗产中,最应当关注的是线状遗产,国际建筑景观学界提出并广泛使用的"遗产廊道",即为与线状遗产相关的包括路河及沿线点状遗产和景观的具有线状或带状地理空间的一种遗产概念;

---

[1] 中华人民共和国国务院《国家级非物质文化遗产代表作申报评定暂行办法》,《国务院办公厅关于加强我国非物质文化遗产保护工作的意见》,国办发2005年18号。
[2] 参考联合国教科文组织世界遗产中心网站:http://whc.unesco.org/en/culturallandscape/。需要说明的是,由于世界遗产国际组织关于文化景观定义的不确切,造成了文化遗产保护学界的不少误解。本来文化景观属于文化遗产,而不少学者列举世界遗产数量时将文化景观与文化遗产并列;本来文化景观应该包括了"活"态的历史城镇,但在世界遗产的类型中却也将这两类遗产并列;本来世界遗产类型体系中已经有"自然与文化双重遗产",世界遗产委员会的专家在论述为何要设立文化景观这类遗产的原因时却强调,过去"自然遗产强调越少人为干预越好,文化遗产则强调人类的刻意创造,……较少思考整体结构与景观本身",因而"文化景观作为一种新增的处理机制于1992年被世界遗产委员会有意识地创造出来"(UNESCO Paper 6: *World Heritage Cultural Landscapes 1992-2002*, by P. J. Fowler)。

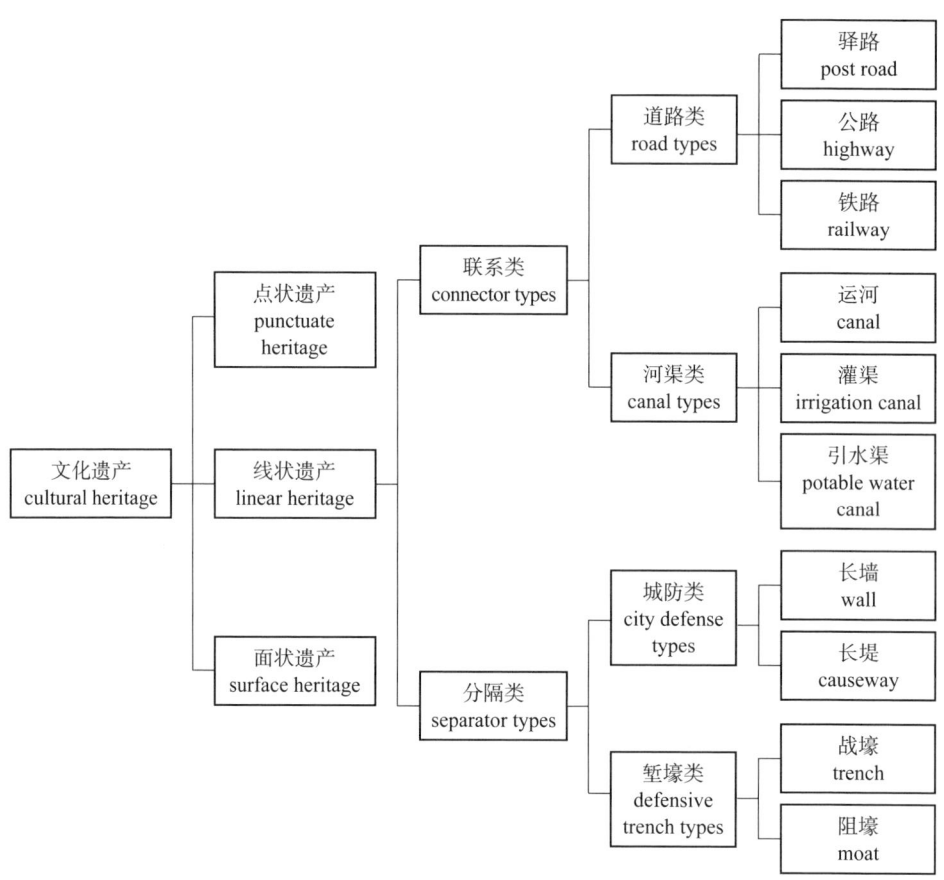

图4　文化遗产形状分类框图

我国文化遗产学界提出并经常使用的"线性遗产",也是在线状遗产基础上串联沿线相关点状遗产所形成的遗产集合体;而国际文化遗产学界提出并广泛使用的"文化线路"的概念,尽管已经成为世界遗产的一个类型,但正如《关于文化线路的国际古迹遗址理事会宪章》(简称《文化线路宪章》)自己所说,这个概念主要是作为一种"历史现象"[1],与文化遗产保护和管理需要的遗产类型已经渐

---

[1] 国际古迹遗址理事会《文化线路宪章》前言这样说:文化线路是"通过交通路线而发展起来的人类迁徙和交流的特定现象。其所蕴含的遗产内容,由'文化线路'概念所带来的创新而揭示出来"。"这一有助于人们流动的交通路线,是用于或完全是为一个具体的和特定的用途服务的。""文化线路,不是简单的、可能包含文化属性的、联系起不同人群的交通运输路径,而是特定的历史现象。"(译文引自丁援译:《国际古迹遗址理事会(ICOMOS)文化线路宪章》,《中国名城》2009年第5期。)

行渐远了[1]。

二是以文化遗产的功能用途为标准的分类体系。在这个体系中,遗产被划分为农业遗产、牧业遗产、渔业遗产、工业遗产、商贸遗产、交通遗产、军事遗产、宗教遗产、城镇遗产等。前几类是相对单一功能的,最后一类则综合了多种业态及功能。在这个遗产分类体系的每个类型下面,还可以不同的标准再分别划分为不同的小类,如农业遗产可以根据生产方式分为传统农村和近代农场两小类,传统农村还可以根据物质和非物质文化的区别分为传统村落和传统农艺,也可以根据保存和延续状态再分为村落遗址、村落"遗存"和乡村文化景观。再如工业遗产既可以根据生产方式分为传统工业遗产和近代工业遗产,也可以根据保存状态分为工业遗址、工业"遗留"和工业文化景观诸类型。

三是以遗产的创造或产生时代为标准的分类体系。这个体系可以按照通行的历史分期,将遗产划分为古代遗产和近现代遗产两大类型,其中古代遗产还可以划分为远古时代遗产、中古时代遗产、近古时代遗产,近现代遗产可以划分为近代遗产和现代遗产两大类。至于当代的创造物,由于多不具备遗产的基本要素——完成了代际传承,不宜再列"当代遗产"一类,这与历史有当代史,文学有当代文学有所不同。20世纪末期开始的"20世纪遗产"概念与当代遗产类似,也可以归属以时代为标准划分遗产的一个遗产类型,不过,"20世纪遗产"的概念距离现在的年代长度不明确,当初提出这个概念,20世纪后期的创造物还没有完成代际传承,这与遗产的基本要素不合。此外,"20世纪遗产"这个概念还具有衍生性,它会衍生出"21世纪遗产"等新的不确切遗产概念。因此,"20世纪遗产"的遗产类型概念是不严谨的,应当慎用或不用。

文化遗产的类型研究,包括了分类体系研究、类型特征和意义研究、类型之间的关系研究和不同类型遗产面临危害的差异性等问题,便于遗产保护学界和保护管理机构能够有针对性地从事相关研究并采取相应的保护管理办法和行动。

---

[1] 有学者解读"文化线路"是一种文化遗产类型(如王建波、阮仪山:《作为遗产类型的文化线路——〈文化线路宪章〉解读》,《城市规划学刊》2009年第4期),实际上"文化线路"更像是一个赋予具有长历史、远距离、双向交流、商品主类突出且具有历史影响的呈线性的特殊历史现象。

第二节 论线性遗产的不同类型

2005年10月,ICOMOS第15届大会暨科学研讨会在中国西安召开,将文化线路列为四大专题之一,形成了《西安宣言》,并通过了有关《文化线路宪章(草案)》的决议。2008年,在加拿大渥太华举行的ICOMOS第16届大会上,通过了《文化线路宪章》,文化线路作为一种遗产类型,其概念和定义、特征和种类,均有了基本确定的解释和界定,具备了一定的可操作性,标志着文化线路正式成为世界遗产保护的新领域。2014年,丝绸之路(西安至天山段)和大运河被列入世界文化遗产名单,前者属于典型的文化线路,后者虽然被归入"遗产运河"类型,却也与文化线路及其相关遗产类型有着密切的关系。文化线路及线形或线性的遗产引起了我国遗产界和公众的广泛关注。

作为对国际文化遗产界关注文化线路趋势的回应,中国的全国重点文物保护单位也开始关注文化线路类型文物,在第七批全国重点文物保护单位中列入了"茶马古道",在2012年中国世界文化遗产预备名单中也有"蜀道(广元段)"这类线形或线性的文化遗产。但"文物"毕竟与"遗产"不同,茶马古道被列入全国重点文物保护单位就会涉及该文物类型的归类、该文物价值的评估等一系列问题;"蜀道"列入世界文化遗产预备名单也涉及这类遗产的遗产类型,以及这类国内交通线路是否可以归属于文化线路的问题。这些都需要对包括文化线路在内的这类线形或线性的遗产类型进行研究。

一、线条形态的"线状遗产"

"线状遗迹"或"线状遗产(Lineal Heritages)"是区别于"线性遗产"和"系列遗产"的一个概念,它是指遗迹本身呈现连续的线条形态的文化遗产,属于视觉形态或空间形态分类标准下的遗产类型。在这种分类标准下,不可移动物质文化遗产有点状遗产、线状遗产和面状遗产三类,它们之间的相互关系即是从小到大的关系。线状遗产的种类有限,不外乎历史上人工建造的交通线路、灌溉渠道、防御工事等,诸如具有年代价值的道路、运河、沟渠、长城、堑壕等。在《世界遗产名录》中有多处呈现线状形态的文化遗产,如长城(1987)、哈德良长城（1987）、阿姆斯特丹防线（1996）、塞默林铁路（1998）、山地铁路（1999、2005、2008）、上日耳曼·雷蒂安边墙（2005）、阿夫拉季灌溉系统（2006）、雷塔恩铁路（2008）和大运河（2014）等。由此可见，在世界遗产领域内，"线状遗产"始终是以一种特殊的遗产类型客观存在的[1]，尽管在国际遗产组织的分类中没有这个类型名称。

线状遗产以其主要承担的是联系功能还是分隔功能为标准（也可以理解为人或物向线的两端或一端移动还是面向线的一侧而不动），可以划分为两个类型：第一类联系类，指具有遗产性质和价值的古代道路、近代公路、近代铁路、人工运河和灌溉渠道；第二类分隔类，则是指具有遗产性质和价值的古代长城、长墙或长堤，古代、近代甚至现代的军事堑壕和战壕。其中第一类联系类是线状遗产的主体，可以陆道还是水道为标准将该类线状遗产划分为道路和河渠两小类。前者根据宽窄、坡度、路面和行走方式的不同，可以分为驿路、公路、铁路这样更小的类型；后者则根据其功能是行船载物还是引水灌溉，可以分为运河和灌渠。至于第二类分隔类的线状遗产，可以根据线形文物本体是耸立于地上还是开凿于地下，将其分为城防和堑壕两类；城防类根据防御对象是敌人还是洪水可以分为长墙和长堤（当然有的两者功能兼而有之，长墙类也还可根据墙头是否可以登临守御区分为长城或界墙）；堑壕类可以根据其是用于己方军队据守还是用于阻挡敌方军队行进，划分为战壕和阻壕两个类型。这种分类只是着眼于基本形态和主要功能的一种分类，有的线状遗产具有综合的形态和功能，需要考虑到它们的复杂性（见图4）。

古代的驿路很多，古罗马时期修筑的罗马大道、秦始皇时期修筑的直道，都是著名的古驿道，只是这些古驿道大多被后来的公路占压或破坏，完整保留下来的不多，基本上只是一条古道的部分残段，如被列入世界遗产名录的意大利的阿庇乌大道（Appian Way）、墨西哥的皇家内陆干线（Camino Real de Tierra Adentro），被列入中国世界文化遗产预备名单的川陕蜀道等。由于公路均属近代，数量众多，建筑难度又不及铁路，故很少被列入文化遗产进行保护，但像沟通四川盆地与青藏高原的川藏公路，乃至于在太行山绝壁上人工修筑的郭良村公路等，都应该属于公路遗产。近代的铁路因与蒸汽机车等工业革命的伟大发明联系在一起，早就引起了遗产保护学界的关注，奥地利的

---

[1] 刘庆余：《国外线性文化遗产保护与利用经验借鉴》，《东南文化》2013年第2期。

塞默林铁路（Semmering Railway）、印度的大吉岭喜马拉雅铁路（Darjeeling Himalayan Railway）等，都是被列入世界遗产名录的著名铁路。运河是颇被某些世界遗产委员会咨询专家看重的文化遗产，专门有"遗产运河"的类型，法国的米迪运河（Canal de Midi）、加拿大的里多运河（Rideau Canal）、中国的大运河等，都是典型的运河遗产。以长距离引水满足农业灌溉和生活用水需要的灌渠和水渠，历史上也应当很多，但大多在现代农业兴起和城市供水设施改善后被废弃乃至于消失，列入世界遗产名录的阿曼的阿夫拉季灌溉体系（Aflaj Irrigation System）、伊朗的舒什塔尔古代水利系统（Shushtar Historical Hydraulic System）、中国的都江堰，以及具有世界遗产潜质的意大利古罗马供水系统（Water Supply System in Ancient Rome）、中国新疆吐鲁番的坎儿井等，都属于这类遗产。长墙类遗产以其壮观的气势为人们所瞩目，英国的哈德良长城（Hadrians Wall）、德国的上日耳曼·雷蒂安边墙（Upper German Raetian Limes）、中国的长城，很早就被列入世界遗产名录。堤防类历史上也数量众多，但在自然和人为的破坏下往往是屡建屡修，因而受到遗产保护界关注不够，列入世界遗产名录的荷兰阿姆斯特丹防线（The Defence Line of Amsterdam），其中的堤防部分就属于这类遗产。至于堑壕的两个类型——战壕和阻壕，有单独存在的，更多是两者结合的，第一次世界大战中堑壕战就是最典型的战壕与阻壕结合的工程范例；中国历史上秦国沿边界的"堑洛"工程，其中就包含了阻壕。只是这种战时临时的军事工程，战后通常迅速被平毁，现在反而很少见到了。

  线状遗产在当初创造出来的时候，往往就不是孤立存在的，通常在沿线有一系列相关的点状构筑物和建筑群。例如，一条连接国家中心都城与某地方城市的古代道路，除了道路两端的城市外，沿线还有一些道路经由的城镇和村落，以及为交通服务的驿站、店铺、关卡等；一条近代的铁路，除了路桥本身外，还有沿线的城镇和车站、修理车辆的工厂、储存和转运货物的仓库、铁路员工的生活基地等；一条沟通城市之间的运河，除了渠道、码头、船闸以及沿线的城镇乡村外，还有保障运河供水的水库、防止邻近洪水威胁的堤防等附属设施；即使是一道军事长城或堑壕，沿线也有作为支撑点的军营、堡垒和纵深防御地带。这些线状遗产往往呈现一条（或多条）线状遗迹串联多个点状遗迹的状况，就会形成一个由线状遗产为主干、点状遗产为依附、呈线状排列的具有线路性质的系列遗产——"线性遗产"。

二、线形排列的"线性遗产"

"线性遗产"不是一个世界遗产或国际组织通用的遗产类型概念,这个中文概念似乎始于单霁翔先生关于大型线性遗产保护的文章[1]。在该文中,作者谈到线性文化遗产是近年来国际文化遗产保护领域中提出的一个新理念,却并未详细论述其渊源流变。此后中国学者关于线性文化遗产的讨论均在单霁翔先生所论概念下展开,并都引用该文所表述的内涵和特点。从单先生提出的"线性文化遗产"的英文"lineal or serial cultural heritage"来看,该词组带有明显的系列遗产特征,是涵盖了"线状遗产(Linear Heritage)"和"系列遗产(Serial Heritages)"的混合概念。鉴于目前"线性遗产"的概念在名称上和运用上都具有一些不确定性,容易造成混淆,还需要从学科分类逻辑上去对相关概念、内涵和特征进行分析和讨论,以便能够重新定义。

笔者以为,文化遗产从形态上看确有线状和线性两种,但"线性遗产"应该表述为"Sequential Heritages",它们只是被线状遗迹串联起来或按线状排列的点状遗产的集合体,不包括其他类型的系列遗产。"线性遗产"有两种原生状态:一种状态是在遗产被创造和形成之初,就存在一条"线"状的人工构筑物作为主干,如道路、运河等,其他点状的建筑物或构筑物或它们的集群依附于这条线状的人工构筑物而存在;另一种状态是当初遗产创造和形成只是依托一条自然的线状地理单元,如河流、谷地或习惯性交通线路(并没有实际的道路),这些遗产只是一条自然的或无形的"线"串联起来的许多"点"。其中前一种原生状态的线性遗产在其发展演变过程中,有的那条线状的遗产主干有可能被废弃和破坏,逐渐蜕变成第二种状态的线性遗产。由于线性遗产的概念大于并可以包含"线状遗产","线性遗产"也就包括了四种类型:(1)单纯的线状遗迹,如一条古道、一条运河等;(2)被线状遗迹串联并包括线状遗迹的一连串点状遗迹,如一条古道及其沿线的城镇、乡村、客栈、寺庙等;(3)被自然的河流串联或受自然的边界限制而呈线状排列的点状遗产集合体,如大江大河沿线的历史城镇,沿山麓山谷、湖岸海岸等分布的城镇和村落等;(4)被无固定形态的路线和航线串联的城镇、村落、寺庙等遗产,如沙漠路线及绿洲、海上航路及港口城镇等。

---

[1] 单霁翔:《大型线性文化遗产保护初论:突破与压力》,《南方文物》2006年第3期。

线状遗产 Linear Heritage

线性遗产 Sequential Heritages

线性遗产 Sequential Heritages

线性遗产 Sequential Heritages

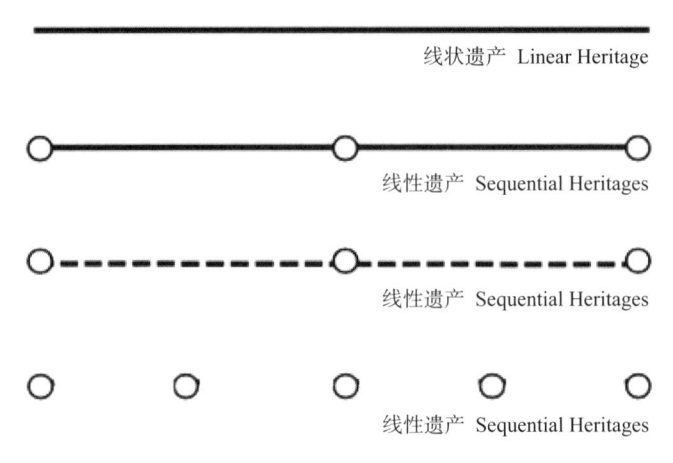

图5　线性遗产的四种形态

线性遗产是线状遗产最常见的存在形式，换句话说，大部分线性遗产都是线状遗产和点状遗产的结合体。只有那些沙漠中的遗产，过去人们在绿洲与绿洲间的往来依靠的是一条习惯性路线，这条路线随着风沙和沙丘移动而不断变化，没有形成固定道路遗迹。沿着大江大河边散布的古码头及历史城镇、通过海洋航线联系起来古代港口和历史城市，其水道要么是自然的江河航线，要么就是基于洋流的习惯航线，也没有人工的有形线状遗迹。此外，还有相当数量的"线性遗产"，原先本来有线状的遗迹为主干，只是后来这条遗迹已被毁坏无存，但剩下的点状遗产仍然呈线状排列而已。由于《实施〈世界遗产公约〉操作指南》（简称《操作指南》）没有线性遗产一类，自然也就缺乏对该类遗产的解释，遗产保护学界的学者就只能自己来下定义。单霁翔先生在他的文章中这样定义"线性遗产"：

> 线性文化遗产是指在拥有特殊文化资源集合的线形或带状区域内的物质和非物质的文化遗产族群，往往出于人类的特定目的而形成一条重要的纽带，将一些原本不关联的城镇或村庄串联起来，构成链状的文化遗存状态，真实再现了历史上人类活动的移动，物质和非物质文化的交流互动，并赋予作为重要文化遗产载体的人文意义和文化内涵[1]。

单先生的这个定义相当全面，因而得到了不少学者的认同，不少论文在涉

---

[1] 单霁翔：《大型线性文化遗产保护初论：突破与压力》，《南方文物》2006年第3期。

及线性遗产时都引用了该定义[1]。单先生这个定义对于线性遗产的视觉形态的描述"链状"无疑是恰当的,但是这个定义强调这种线性遗产的形成是为了一个特定的目的,强调物质文化和非物质文化的集合,并为这类遗产加上了人类历史上人类移动和交流的载体的特性,就将相对简单的线性遗产复杂化了,也因此会与文化线路和文化景观的概念发生交叉。试问,如果线性遗产需要一个特定的目的(如丝绸贸易、茶马贸易等),那么那些没有特定目的,只是因自然或人工制约(如山谷内、江河边、道路旁)而形成的呈线状或链状形态的遗产群就不属于线性遗产了吗？如果线性遗产将物质文化和非物质文化的载体作为必要条件和要素,那么已经终止了历史上的特定行为和作用的呈线状排列的遗址和古迹,如丝绸之路、茶马古道、运河遗迹等,就不属于线性遗产吗？而如果必须具有人类双向移动所导致的文化交流,才应该是线性遗产,长城、灌渠等不具备这项功能的线状遗产也应该从线性遗产中剔除。基于这些考虑,如果使用线性遗产作为一种特殊遗产类型,还需要对线性遗产的概念重新进行定义。这个定义是:

> 线性遗产(Sequential Heritages)是从线状遗产发展而来的不可移动物质文化遗产的一种分布形态,它是由人工营造的线状遗迹串联起来、或沿自然形成的线形边界排列起来的点状遗产所组成,这些被串联或排列成为"链状"的遗产群体,往往具有共同的产生背景、关联要素和象征意义,因而可以被视为一个有共同的外部边界和内涵特征的遗产群体。

在线性遗产中,有的包含了有形的线状遗产,如中国的大运河;有的却没有这样一条有形的线状遗产,只有一条习惯的点与点之间的连线,以及被这条虚拟线路串联起来的遗产单位,如跨国的丝绸之路。后一类缺少线状物质文化遗迹串联的线性遗产,就为刻意寻找关联因素来串联一些点状遗产,使之形成线性的系列遗产提供了可能,就存在着可长可短、可大可小的串联方式和策略。"遗产线路"或"文化线路"就是基于这样的思维定式提出来的遗产概念和类型[2]。

---

[1] 如陶犁、王立国:《国外线性文化遗产发展历程及研究进展评析》,《思想战线》2013年第3期。
[2] 尽管在世界遗产领域,从来没有"线性遗产"的概念和类型,并且"线性遗产"的概念出现比"遗产线路"或"文化线路"要晚,但从思维的逻辑顺序来看,应该是先有线状的、系列的、线性的遗产概念,然后才有较为特别的线性遗产"遗产线路"或"文化线路"。

三、"遗产线路"或"文化线路"

"遗产线路（Heritage Routes）"又称作"文化线路（Cultural Routes）"，它是一种特殊的文化遗产类型，也是一种特殊的线性遗产。下面采用更为常用的文化线路作为这类遗产的名称。

"文化线路"与"线性遗产"一样，是一个集合的遗产群的概念，提出这个概念并将其作为世界遗产的特殊类型，需要首先考虑两个问题：一是，在以往的世界遗产类型中是否还存在类型上的缺失，需要新的遗产类型来弥补；二是，这个新提出的遗产类型是否有益于世界遗产的保护与管理，而不仅仅是一个新颖的概念。要明确这一点，还需要对文化线路的定义作进一步分析。

《文化线路宪章》这样定义文化线路：

> 任何交通线路，或陆上，或水上，或其他类型，有清晰的物理界限和自身特殊的动态机制和历史功能，以服务于一个特定的明确界定的目的，且必须满足以下条件：
> （1）必须来自并反映人类的互动，和跨越较长时期的民族、国家、地区或大陆间的多维、持续、互惠的货物、思想、知识和价值观的交流。
> （2）必须在时空上促进受影响文化间的交流，使它们在物质和非物质遗产上都反映出来。
> （3）必须要集中在一个与其存在有历史关系和有文化遗产关联的动态系统中。

上面定义未必是最终定义，还有待更加深入地阐述和细致地划分，但就这个定义本身而言，笔者认为还是相对准确的，并且已经在国际遗产保护领域达成基本的共识，如明确并规定了一些必要的构成要素，如"交通线路""交流互动""动态系统"等，这是文化线路的存在要素。按照《文化线路宪章》的前言，文化线路有以下特点："通过交通路线而发展起来的人类迁徙和交流的特定现象。其所蕴含的遗产内容，由'文化线路'概念所带来的创新而揭示出来"；"这一有助于人们流动的交通路线，是用于或完全是为一个具体的和特定的用途服务的"；"文化线路，不是简单的、可能包含文化属性的、联系起不同人群的交通运输路径，而是特定的历史现象"。因此，文化线路可以看作是一种通过承担特定用途的交通线路而发展起来的人类迁徙和交流的特定历史现象,现象的载体即文化线路的遗产内容;交通线路的具体特定用途和特定的历史现象,是理解和把握文化线路遗产内涵与遗产内容的基础。

《文化线路宪章》对文化线路特征的阐述过于强调它是一种"历史现象",将历史现象作为物质文化遗产的特点本来就有点怪异,在补充说明文化线路这一概念的时候,还加入了不该加入的一些内容,将本来还相对清楚的定义又补充得不那么清楚了[1]。最典型的例子是,在说明文化线路的"动态特征"时,认为"活跃的文化流动不仅以物质或有形的遗产得以体现,还有构成文化线路非物质遗产的精神和传统见证";在说明文化线路的"识别特征"时,认为文化线路是"植根于不同社区传统的具体文化特色",是"文化遗存和礼俗,比如典礼、节日和宗教庆典等,代表了与线路意义和功能相关的某个文化和历史地区内不同社区共享的价值";在辨识文化线路的"辨识程序"中,强调"文化线路的非物质遗产是理解其意义和相关遗产价值的基础,因此,对物质要素的研究应与其他非物质要素相结合"。看来,ICOMOS和CIIC的部分专家或官员是把文化线路的动态性理解偏了,将历史的动态性与现实的动态性混淆起来,将本来不是必要元素的非物质文化遗产当作了文化线路的必要元素,从而又引起了新的矛盾和冲突。例如,2014年被列入世界遗产名录的"丝绸之路:长安至天山廊道路网",其年代范围是公元前2世纪至公元16世纪[2],也就是大航海时代开始以前,此后的丝绸之路已经失去了其历史作用,作为文化线路已经中断(当然现在要重启丝绸之路,只应该理解是当代的国际政治和区域经济的话题,与文化遗产本身的延续

---

[1] 这完全可以理解。因为ICOMOS和CIIC是由多国的多位专家和官员组成,不同的专家的意见难于统一,在文件中出现冲突和矛盾的现象在所难免。

[2] 关于丝绸之路的年代下限,有唐末、宋、元、明等不同的观点,明末是最晚的一种说法。按照《丝绸之路申报世界遗产文本》描述:"丝绸之路是公元前2世纪至公元16世纪间古代亚欧大陆间以丝绸为大宗贸易品的、开展长距离贸易与文化交流的交通大动脉,是东西方文明与文化融合、交流和对话之路。它……是人类历史上交流内容最丰富、交通规模最大的洲际文化线路。"将丝绸之路的下限确定在明末,这是包括海上丝绸之路在内的丝绸之路的总体年代范围的下限,就陆上丝绸之路来说,这条商贸之道至迟在明初就已断绝。严格地说,蒙古帝国崛起后的多次西征,摧毁了中亚和西亚许多地区的农业国家和商业城市,历史上曾经繁荣的中亚和西亚古国从此一蹶不振,蒙古帝国在先前废墟上建立起的驿道体系只是帝国中心与区域间政治和军事联系的通道,兼作帝国统治下的地区向中央朝贡的道路。参看[俄]皮库林等著,陈宏法译:《蒙古西征研究》,内蒙古人民出版社,2015年。

性并无多大关联)。丝绸之路时期的贸易活动和文化习俗都已经终止或改变,如果按照《文化线路宪章》这些补充的条件或标准,丝绸之路就不大符合文化线路的条件。但谁会认为丝绸之路不是典型的文化线路呢?

国际遗产保护界对文化线路的定义比文化景观准确,可以基本沿用。下面,以《文化线路宪章》的定义为基础,对文化线路定义如下:

> 文化线路是线性遗产的特殊形式,它是由特定交通线路为基础串联起来的一条呈线性分布的文化遗产的集合体。它主要服务于一个特定的文化交流或产品贸易目的,具有较长的历时性并形成了一种传统,同时跨越较远的地域空间成为跨文化甚至跨文明的联系纽带。

文化线路具有这样一些特点:一是有一条线性遗产为主干,该线性遗产既可以是有形的道路和河流,也可以是无形的海洋航线或沙漠中习惯的路线;二是形成了较长的时间,历史上的人们曾经长期使用某条路线往来,该路线已经成为一条习惯交通路线;三是具有跨文化的空间,作为文化线路的线性遗产应该跨越广阔的区域,甚至具有跨文化的线路长度;四是具有双向互动的功能,商品贸易和文化交流总是相互的,单向的贸易和传播不具备持久性;五是有着相对专一的目的,商旅或行人主要为贩卖某种商品或基于某种精神上的需求往来在这条线路上;六是有着持久深远的影响,作为文化线路遗产的线性遗产应该在历史上发挥了重大的作用,为人们所熟知。

对照文化线路的定义和特点,我们知道许多线性遗产都不属于文化线路[1]。对照特点一可以知道文化线路不等于线状遗产,被一些学者当作文化线路的长城等防御体系、都江堰等灌溉体系,因其不属于交通线路,不应该归属于文化线路。对照特点二可以知道,那些存在了很短时间的交通线路和临时行军线路,如亚历山大东征路线、蒙古灭大理路线等,不应属于文化线路。对照特点三可以知道,不是任何历史上的交通线路都可以作为文化线路,灵渠、井陉古道等均不属

---

[1] 吕舟先生是较早将文化线路这个世界遗产新概念引入中国的学者,他认为,"在中国除了长城和大运河之外,还存在着多条可能的文化线路。陆上和海上丝绸之路、茶马古道、玄奘取经之路、李白诗歌之路以及对中国近代社会产生重大影响的长征之路等都是具有重要意义的文化线路"。见吕舟:《文化线路构建文化遗产保护网络》,《中国文物科学研究》2006年第1期。

于文化线路。对照特点四可以知道,那些单方向的族群移动路线和行军路线,如藏羌/藏彝走廊、半月形文化传播带、红军长征路线等,不属于文化线路。对照特点五可以知道,那些没有特定目的之普通交通线路,如某段古驿道、某条古运河等,作为文化线路也有点勉强。而对照特点六可以判定,那些历史上的影响不是很大的线性遗产,如仙霞古道、若羌至铁干里克红砖路等,也难以作为文化线路。从文化线路的这些特点来看,文化线路显然是在线性文化遗产基础上引申和发展起来的一个遗产概念,它是指线性文化遗产中那些具有跨文化的长距离、大空间的有特点和有影响的特殊陆上或水上交通线路。因此,那些认为"线性文化遗产是由文化线路衍生并拓展而来的"看法,肯定是不准确的。

四、文化线路与"文化景观"

在《操作指南》中,文化线路是与文化景观（Cultural Landscape）、历史城镇和城镇中心（Historic Towns and Town Centres）、遗产运河（Heritage Canals）并列的。从遗产线路与文化景观并列来看,可以知道,在世界遗产委员会的专家心目中,文化景观不是遗产线路,尽管有的文化景观可能会呈线形分布[1];遗产运河也不是遗产线路,运河尽管是典型的线状,并且可以通过这个线状的遗产串联成为线性遗产,但与遗产线路却不是同一类。不过,《操作指南》虽然将遗产线路与文化景观和遗产运河并列,却又提出它们之间彼此重叠（与文物古迹也重叠）。《操作指南》定义遗产线路、遗产运河和文化景观为:

> 遗产线路由各种有形的要素构成,这些要素的文化意义来自于跨国界和跨地区的交流和多维对话,说明了沿这条线路上展开的运动在时空上的交流互动";"遗产线路可被视为一种特殊的动态的文化景观（近期这种争论使其被纳入《操作指南》)(附件三23、24）。
>
> 运河是人类兴建的水路。从历史或技术角度看,运河本质上或作为这种文化遗产类型的一个特例都可能具有突出的普遍价值。历史运河可以被

---

[1] 实际上,《操作指南》附件三（III）也含糊地说到,"遗产线路可被视为一种特殊的动态的文化景观（近期这种争论使其被纳入《操作指南》)"。这种既要分别遗产线路与文化景观,又要注明二者间有相互重叠的做法,其原因就是世界遗产委员会的专家对文化景观的定义不准确,这样既弄糊涂了别人,也弄糊涂了自己。

看作一个文物古迹,一种线性文化景观的决定性特征,或是一个复杂的文化景观中的一个组成部分(附件三17)。

文化景观见证了人类社会和居住地在自然限制和/或自然环境的影响下随着时间的推移而产生的进化,也展示了社会、经济和文化外部和内部的发展力量。文化景观通常能够反映可持续性土地利用的特殊技术,反映了与大自然特定的精神关系(附件三6、9)。

从以上三种特殊类型遗产的定义来看,遗产线路(即文化线路)与遗产运河和文化景观本来不会产生混淆,遗产线路强调它属于一种跨越空间距离很大并具有沿着线路双向互动交流性质的特殊的线性文化遗产;遗产运河强调它是人工兴建的作为水上交通线的线状遗迹,是线状遗产的一类;文化景观强调的是人类聚居区对土地持续利用的技术及其过程的反映,与传统村落有几分近似(作为特殊的文化遗产类型,《操作指南》有历史城镇而无传统村落)。这三类特殊的遗产原本不至于发生混淆,只是由于《操作指南》对文化景观类型遗产内涵和外延的阐述都存在着模糊的地方,如将文化遗产所共同的要素即"人类与大自然的共同杰作"作为文化景观的首要要素,就容易导致与其他文化遗产发生混淆。此外,《操作指南》尽管将遗产线路作为世界遗产的特殊类型,但在《世界遗产名录》中,列入世界遗产的这类遗产却不用"遗产线路"而用"文化线路"来标识,这就使人有点莫名其妙。其实,如果"遗产线路"与"文化线路"完全是同一内涵和外延的话,就应当选择其中的一个概念(其中"文化线路"似乎又更合适一些),以免造成不必要的混乱。下面就以"文化线路"作为标准概念,对这个特殊的遗产类型进行阐释。

尽管ICOMOS及CIIC对文化线路的阐述还存在着一些问题,但总的说来,这些国际组织对文化线路的定义还是比较清晰的,如果不是由于另外一些遗产类型的交叉干扰,本来还不至于造成比较多的麻烦。这个影响文化线路的类型就是"文化景观"。

如前所述,《操作指南》附件三将文化景观作为四类特殊遗产之一,并给它下了这样的定义:

文化景观属于文化遗产,代表着"自然与人联合的工程",它们反映了因物质条件的限制和/或自然环境带来的机遇,在一系列社会、经济和文化因素的内外作用下，人类社会和定居地的历史沿革。

这个定义本来是不错的，最开头的"自然与人联合的工程"是说明文化遗产的，因为所有文化遗产都是人类适应和改造自然的作品，不仅仅是文化景观。遗憾的是，几乎所有的文化遗产保护专家，都将"自然与人联合的工程"作为文化景观的基本要素。福勒（P. J. Fowler）在《文化景观世界遗产：1992—2002》一文称，"文化与自然长期以来都是两个相对的、几近敌对的概念，自然遗产强调越少人为干预越好，文化遗产则强调人类的刻意创造，使得文化遗产成为包括纪念物、构造物、建筑物及遗迹等孤立现象，较少思考整体结构与景观本身。进入20世纪80年代，虽然世界遗产登录工作仍持续进行，但许多专家及世界遗产委员会逐渐意识到原先的定义方式已经无法应用于文化遗产的整体区域与多样化类型。因此，'文化景观'作为一种新增的处理机制于1992年被世界遗产委员会有意识地创造出来。"[1] 2001年，联合国教科文组织（UNESCO）在越南会安召开的会议上，与会专家对一系列遗产概念、亚洲遗产的真实性问题、亚洲相关遗产保护的特定方法等进行了研讨。其中对文化景观重新进行了阐述。会后形成的文件《会安草案——亚洲最佳保护范例》（简称《会安草案》），UNESCO对文化景观重新进行了定义和阐述：

> 文化景观是指与历史事件、活动、人物相关或展示出了其他的文化或美学价值的地理区域，包括其中的文化和自然资源以及野生动物或家禽家畜（9-1-1定义）。
>
> 文化景观并非静态。保护文化景观的目的，并不是要保护其现有的状态，而更多地是要以一种负责任的、可持续的方式来识别、了解和管理形成这些文化景观的动态演变过程。
>
> 亚洲的文化景观受到了各种价值系统和各种抽象性框架理念（例如宇宙哲学、泥土占卜、风水、泛灵论等）以及各种传统、技术的和经济系统的影响与感染。要有效地保护文化景观，就必须对这些系统加以识别和了解（9-1-2框架性概念）。

---

[1] UNESCO Paper 6: *World Heritage Cultural Landscapes 1992–2002*, by P. J. Fowler.

《会安草案》关于文化景观的定义比《操作指南》有所扩展,使其不仅限于利用土地的人类定居地。值得注意的是,《会安草案》强调文化景观不是静态地理景观,而是动态的文化景观;文化景观不仅是物质的,还包括了非物质的观念价值、文化传统、技术和经济系统;保护文化景观不是保留其现状,还应保持其可持续性。这些,笔者以为就是文化景观的基本内涵所在。然而,无论是国际还是国内,解读文化线路概念的学者却偏偏再三强调,文化线路与文化景观最基本的差异是,文化线路是动态的,持续性的,拥有非物质文化特征的。这就正好将文化线路与文化景观的特征弄颠倒了。文化遗产,除了今天仍然在沿用的历史城镇、传统村落、宗教圣地等具有动态的、持续的和非物质的特征外,其他绝大多都是静态的、终止了发展的物质文化遗产,如遗址、历史建筑、纪念物/古迹等。至于那些非物质文化遗产,它也只是在那些历史城镇、传统乡村、宗教圣地等传统仍然在延续的遗产中还有保留。历史上车水马龙的道路、风帆林立的运河、生机勃勃的城镇等,这些都是历史上的动态性,这种动态性在今天大多已经不复存在。只有被纳入文化景观的历史城镇、传统村落、宗教圣地等,才会保留其当今的动态性和未来的延续性。这本来是很浅显的道理,不知道为什么ICOMOS专门成立的"科学"机构,召开了多次专门的学术会议,那么多人经历了这么长时间的讨论,却还没有辨析清楚。

关注文化线路与文化景观两个概念的辨析,始于2002年在西班牙马德里召开的ICOMOS第十三次会议,会上产生了《马德里:考虑与建议》(简称《马德里建议》)。该文献在"背景与地位"中提出,"文化线路"常常与相对静态且规模上较小的文化景观相混淆,甚至在官方术语中将文化线路称为"线性文化景观(linear cultural landscapes)",这既是保守的或受到传统束缚而对"文化线路"实质的否认,又是一个根本性的概念错误。因此,《马德里建议》进而提出了以下思考:

1. 文化线路显露出一个新的针对文化遗产及其所蕴含的非物质和动态维度的概念方法,这一意义远远超出其实质内容。

2. 文化线路无法通过包含文化要素(包括纪念物、历史城镇、文化景观等)的方式而生成或被定义,但他们是动态引擎,其运转和历史路径可以产生或持续产生那些文化要素。

3. 因此,从逻辑和合乎科学的严格观点来看,文化线路并不是线性或非线性的文化景观,即使文化景观存在于文化线路的路径上,二者仍可能完全不同或在地理上相互独立且距离遥远。

自从2002年《马德里建议》提出后,将文化线路作为一种特殊动态的文化景观的旧有认识得到一定程度的纠正。然而,在那以后一直到现在的《操作指南》中,依旧将文化线路定义为一种动态的文化景观,只是不将其作为文化景观的一个类型,而是与文化景观并列为四种特殊的文化遗产类型。这种剪不断理还乱的状况,影响到了国际和国内对文化线路的认识,例如中国的城市规划专家王景惠先生,他在丝绸之路与文化线路关系的文章中就将"无形元素"的非物质文化遗产作为文化线路的三个基本特征之一[1]。

文化线路与文化景观混淆的原因,景峰先生在他的博士论文中进行了分析,他认为导致这种混淆的原因主要有四个:一是"文化线路和文化景观概念有所混淆的原因首先在于文化线路本身包括的内涵十分丰富,与其说它是一种特殊的遗产类型,倒不如称之为一种遗产集合体"。文化线路"强调的不是某一类遗产,而是遗产(物质、非物质、自然)之间的关系。这点与强调人、文化与自然之间关系的文化景观十分相似","因而在短时间内无法完全割裂"。二是"文化线路与文化景观在概念上确有重叠,它与'延续性文化景观(continuing landscape)'和'关联性文化景观(associative cultural landscape)'有相关之处"。三是"对文化线路的形态和类型确定较晚也是导致概念混淆的原因之一"。四是"未能及时说明文化线路的动态性与文化景观动态性的区别","文化线路不是文化景观中因社区或区域生存需要自然进化而成或被创造出来的,它是由物质或精神交流的需要而产生的。动态因素在这两类遗产中的重要性显然是不同的"[2]。景峰先生的分析是到位的,这里只需要再补充一个原因,就是当文

---

[1] 王景慧先生这样说:"文化线路包括三项元素。第一是自然元素,指沿途的山川形胜,是文化线路的载体,是研究文化线路诸多面内容的环境背景。第二是有形元素,指通常所说的各种不可移动文物,包括文物建筑、工程设施、城市乡村等;也包括可移动文物,如历史文献和反映民族、文化交流的其他各类物品,这些是承托和反映文化线路价值的基础。第三是无形元素,文化线路涉及许多国家、地区和民族,他们在文化交流中形成了丰富的文化传统及生活方式,这些无形的、非物质的文化遗产,反映着文化线路的特征,有着与其他类型文化遗产不同的独特价值。"王景慧:《丝绸之路文化研究中心2008年年会论文专辑序》,《丝绸之路》2009年第6期。
[2] 景峰:《丝绸之路文化线路系列跨境申遗研究》,清华大学工学博士学位论文,2013年12月。

化遗产的这些集合类型的概念被冠以"文化"的形容词后,容易将文化深层的非物质要素与表层的物质要素混淆在一起,将属于需要通过这类文化遗产来探讨和研究的传统观念、历史背景和社会机制问题,当作遗产保护的问题来看待了。

正由于文化线路与文化景观及其相关类型的定义不够确切,各特殊类型遗产间存在着交叉重叠的模糊地带,因此,无论在文化遗产的保护理论上,还是世界遗产的申报实践上,都带来了一系列混乱。关于这些混乱,刘小方先生已经指出,这里就不赘言了[1]。

五、结语

本节讨论了线状遗产、线性遗产、文化线路三类相关遗产的内涵、外延及相互关系,可以看出,线状遗产是构成线性遗产的基础,而线性遗产如果满足一定的条件,就可以成为文化线路。在线状遗产、线性遗产和文化线路三类遗产或遗产概念中,线性遗产涵盖面最广,线状遗产是线性遗产中存在线状遗迹的一类,文化线路则是线性遗产中被限定了范围功能并具有了特别寓意的那一部分。就

---

[1] 刘小方在2006年的一篇论文中指出,文化线路在理论上和实践上都存在混乱。在理论方面,CIIC在2001年《非物质遗产与文化线路的多个方面》和2002年《关注和推荐》中反复强调,不应该认为文化线路是线性的或是非线性的文化景观,二者属于不同的概念,文化线路的特征在于其动态性,包括非物质的空间动态性,这是文化景观所不具备的。尽管文化景观也具有穿越时间的很多特点,但其本质特点更多在于静态性和规定性。一条文化线路上常常包含很多不同的文化景观,一处文化景观在地理背景下不是动态的,一条文化线路可能已经生成或持续生成很多文化景观。而在《操作指南》附件三"特殊遗产类型遗产列入世界遗产名录指南"中,列有"文化景观、城镇、运河与文化线路",并这样说:"历史运河可以被视为一处文物古迹,一种线性文化景观的决定性特征,或是一个复杂的文化景观的组成部分";"遗产线路可以被视为一种特殊的、动态的文化景观。"在实践方面,自1994年文化线路正式提出之日起,符合CIIC标准的世界遗产没有一条是直接以文化线路的类型列入世界遗产名录,而总是以遗址、建筑群、文化景观、线性文化景观的面目出现,或者既是文化景观,又是文化线路。这些都与CIIC宣称的文化线路与文化景观及其他类型遗产判然有别相矛盾。如西班牙圣地亚哥·德·孔波特拉朝圣通道是"欧洲第一条文化线路",法国的圣地亚哥·德·孔波特拉朝圣通道是"一组建筑群,也可能是一条线性文化景观";阿曼和以色列的香料之路"是一处遗产地,也是一个文化景观";阿根廷的胡卖海卡山谷"是一处遗产地,也是一个文化景观,并可能是一条文化线路";法国的南运河"是一组建筑群,也应该被视为一处文化景观";日本纪伊朝圣之路"是一个遗产地,是一个文化景观"。刘小方:《文化线路辨析》,《桂林旅游高等专科学校学报》2006年第5期。

遗产的保护而言,没有线状遗迹的线性遗产和文化线路(也有文化线路可能会有很长的线状遗迹),与有线状遗迹的线性遗产和单纯的线状遗产,在管理方式和手段上有许多不同,需要继续加以研讨。

第三节 纪念碑与纪念性遗产

2014年是第一次世界大战爆发100周年,为了缅怀历史,防止类似的悲剧重演,国际古迹遗址理事会(ICOMOS)已将2014年4月18日国际古迹遗址日的主题定为"纪念性遗产(Heritage of Commemoration)",主要涉及不同文化背景下的纪念性建筑、古迹和场所等,并号召各国家委员会围绕这个主题开展相关活动。本节将就纪念性遗产的内涵和外延,纪念性遗产与其他相关遗产的关系,以及中国的纪念性遗产,谈一些认识。

一、纪念性遗产的性质

说到纪念性遗产,笔者以为首先要明白两个概念:一个是"纪念性",一个是"遗产"。

查阅有关书籍和研究文章会发现,几乎没有解释或讨论"纪念性"的,而关于"纪念碑""纪念性建筑""纪念性空间"的解释和论述却很多。由此,我们可以得到这样一个印象:纪念性通常需要有一个物质的载体,体现纪念性的这个物质载体,可将其称之为"纪念物(memorial)"。这个纪念物可以是人工的不可移动的建筑、广场、石碑等;也可以是人工的可移动的器具,如纪念章、纪念币、名人用过的物件等。从某种意义上,天然的不可移动的场所和可移动的物品,也可能具有纪念性,如历史上发生重大战役的战场、历史名人种植或赞赏过的树木等。

纪念物是蕴含思考、情感、精神和社会功能的物品和场所,是一个唤起往事回忆、进行崇奉和哀悼、引起沉思和反思、联系和聚集同好的物件和地方。它的本质是通过物质性的构建和精神的延续,达到回忆与传承历史和文化的目的。

说到纪念性的物质载体,无论是人工建筑、广场还是非人工的洞穴、战场,无论是不可移动的建筑物和构筑物还是可移动的器皿、用具,一旦是物质的东西,许多都含有具体的使用功能。如何区别纪念性建筑和普通的建筑,如何区别纪念性器具和普通的器具呢?

这涉及纪念物的另一个重要的属性,也就是非物质的历史性、文化性和象征性,它存留在一定地区、一定文化、一定社群人们的集体记忆之中,只要看到这个纪念物,就会唤起人们对附着在这物体上的或者这个物体背后的历史上的人或事的记忆。这种属性从某种意义上来说,超越了纪念物物质层面本身的价值,具有某种时间的持久性、空间的扩散性、内容的变异性。

上述为笔者对"纪念物"的理解,下面将分析"纪念物"和"纪念性遗产"的联系和区别。要解释"纪念性遗产",首先需要明确什么是"遗产"。

如前所述,"遗产"是指留给后代的财产。"遗产"的特点之一是需要完成代际传承,即上一代人遗留给下一代人的财富。也就是说作为遗产必须要有一定的时间距离,当代的创造物不能作为遗产。作为文化遗产要具有历史感,要有年代价值,否则将与遗产的概念不符。

基于这种认识,"纪念物"包括了过去遗留下来的"古物"和当代新创作和新获得纪念性的"新物"两部分,这些新的纪念物还没有完成代际传承,还不具备作为遗产的资格。就遗产来说,"纪念性遗产"应该是完成了代际传承的具有历史纪念意义的文化遗产。

至此,我们可以试着给"纪念性遗产"下一个定义:

纪念性遗产是历史上重要人物使用过的或与重要历史事件相关,经历了历史的检验、文化的积淀并完成了代际传承的物件和场所。这些物件或场所承载了一定地域、一定文化乃至于全人类的集体记忆,在人们心目中具有相对的永恒性、标志性和神圣性。它是对于人们和社会发展具有启示、激励和教化作用的遗产。

从纪念性遗产的性质和定义来看,纪念性遗产具有两方面的要素:一是形成社群长期集体记忆的人和事,二是附着这些历史记忆的物件和场所。它的实质是通过物质性的构建和精神的延续,来达到回忆历史和传承文化的目的。从要素一可知,纪念性遗产的纪念性需要存在于对历史上某人和事具有关联的社群中,否则面对纪念物或纪念场所时难以唤起历史的记忆和心灵的共鸣。

由于"纪念性遗产"是按照抽象功能分类的遗产类型,它就肯定会与按照保存形态分类的文化遗产,如物质文化遗产和非物质文化遗产,可移动物质文化遗产和不可移动物质文化遗产,遗址和遗存(建筑物、碑刻雕塑等)发生交叉,容易产生混淆。因为具有年代价值的纪念物,其遗产价值和遗产类型具有两重性:就遗产价值而言,古物本身就具有不同的年代价值,古物后面还有纪念性价值;就遗产类型而言,按照古物本身的保存状态或使用功能可以属于某类遗产,而根据它的社会功能又可以成为纪念性遗产。有的遗产这两重性是重合的,有的遗产这两重性却是不重合的。前者如我国大量的为纪念某位名人专门设计建造的纪念性构筑物或建筑群,古代的牌坊、祠堂、纪功碑等,近代的纪念碑、纪念馆、烈士陵园等,其纪念性依托之物就是为了不能忘却的纪念而修建的;后者如北京市的卢沟桥和宛平县城,它们分别建于金代和明代,属于古建筑和历史城市,但由于"七七事变"发生于此,这里才具有了纪念性,成为具有双重价值的不同属性文物的集合体。由此可见,纪念性遗产,因其纪念性形成年代与纪念物本身年代的异同、是单一纪念性还是有其他用途的功能异同等,会产生不同的纪念性遗产类型,如何划分纪念性遗产的类型,是一个应该继续探讨的问题。

我国的全国重点文物保护单位专门有"纪念性文物"一类。早先仅将与中国革命史相关的近代遗址和建筑物称之为"革命遗址和革命纪念建筑物",其他称之为"近代纪念建筑物",后来整合成"近现代史迹及代表性建筑"。这些纪念遗址和建筑物,也就是我们所说的纪念性遗产,或者说是纪念性遗产的重要组成部分。这种分类方式是基于中国历史阶段的划分,对不可移动文物进行的分类,仅将属于中国近代史阶段的文物归属于纪念性遗产,而将属于中国古代史阶段的文物分别归属于古遗址、古建筑、古墓葬等类。不可否认,中国文物专家对于不可移动文物的分类,尽管存在着没有兼顾历史城镇、传统村落等类遗产的缺点(这与我国文物系统的管辖权限有关),却比世界遗产委员会专家们对文化遗产的分类符合分类学逻辑。只是这种分类也还存在着两个不足:一是对中国古代史阶段的纪念性文物重视不够,有些重要古迹只是因为纪念物屡经重建和重修,未将其纳入保护的范围;二是"近现代"是相对的,随着时间的推移,近现代文物会逐渐演变成古代文物。此外,人们在评价近现代的纪念性遗产的价值时,还会受到不同思想观念的制约。重庆市沙坪坝区红卫兵墓园,它的建立距离现在已经过了一代人的时间,是迄今仅存的大型红卫兵集体墓园,是那个年代的物质见证,从而具有了文化遗产的资格。据说该遗产在申报文物保护单位时就受到一些质疑,赞同和反对的皆有,反映了近现代纪念性遗产评价不同的问题。

回到开始所说的,也就是提出并强调"纪念性遗产"的目的。既然提出纪念性遗产是为了缅怀历史,用历史上的英雄和伟人激励后人,用历史上的大事和悲剧警示后人,那么,纪念性遗产就应该具有时空范围的广泛性,意义内涵的包容性。

二、纪念碑与纪念性遗产

我们知道,在联合国教科文组织的世界遗产分类体系中,不可移动的物质文化遗产被划分为"纪念碑/文物(monuments)""遗址(sites)""建筑群(groups of buildings)"三类,以后又提出了"文化景观"等新类型。

"纪念碑(monuments)"这类遗产,我们东方人一下子会想到类似于人民英雄纪念碑那样的物体,认为这类东西才是纪念碑。但《世界遗产公约》的纪念碑肯定不是这个意思,故我们一般将这类遗产的名称译作"文物"(如北京大学世界遗产研究中心编《世界遗产相关文件选编》,国家文物局等编《国际文化遗产保护文件选编》)。但"文物"相当宽泛,这个译名还是给人"文化景观是个筐,什么都可往里装"的感觉。

在世界文化遗产的诸类型中,"纪念碑(monuments)"一类遗产与国际古迹遗址日的主题"纪念性遗产(Heritage of Commemoration)"不同,后者包括了"纪念性建筑、古迹和场所等",其外延显然比纪念碑/文物古迹要宽广。

纪念性遗产中的"纪念性建筑",其数量就很多。意大利学者、建筑学家阿尔多·罗西(Aldo Rossi)将城市建筑划分为纪念性建筑和一般居住建筑两类,那些承载了城市印象、具有历史记忆的、具有相对永恒性的建筑,都属于纪念性建筑。

这里就要提到学术界对"纪念碑(monuments)"的讨论。

"纪念碑(monuments)"一直是古代西方艺术史的核心,那些体量庞大,集建筑、雕塑和绘画于一身的宗教性和纪念性的建筑物和构筑物,集中反映出当时人们对视觉形式的追求和为此付出的巨大劳动,故都被列为纪念碑的范畴。狭义的纪念碑的概念本身就包括部分古建筑等在内,广义的纪念碑的概念包括更广。奥地利学者阿洛伊斯·里格尔(Alois Riegl)解释纪念碑为,"纪念碑不仅仅存在于'有意而为'的庆典式纪念建筑和雕塑中,也存在于'无意而为'的遗址或任何有年代价值的物件中",将某些"遗址"也纳入了纪念碑的范畴。由于学术界对于"纪念碑"概念的界定越来越扩大,当今的"纪念碑"正在或已经突破传统上人们对于这个概念的看法。不少人开始从抽象功能的角度,而不是具象形式的角度来判定一个物体是否是纪念碑。正是基于这种扩展的纪念碑的定义,艺术史学者巫鸿专门撰写了《中国古代艺术与建筑中的"纪念碑性"》,将"纪念碑"拓展到了中国的青铜器、玉器、宗庙、宫殿、陵墓和城市,引起了西方艺术史界的激烈讨论。争论的焦点之一集中在"纪念碑性(monumentality)"这个概念上。

笔者认为,中国古代的玉器、青铜器等可能具有礼仪象征意义超越实际功能意义的器物,其材质的确具有持久性,并且因其使用过程中获得的历史人或事的群体记忆,使之具有纪念性。巫鸿先生所列举的中国九鼎的传说,的确是说明中国青铜礼器具有"纪念性"的很好的案例。特别是像鼎这类造型的中国古代青铜器中的核心礼器,像九鼎这样的具有国家政权象征意义的传国重器,更具有这样的意义。

青铜鼎的最早出现是在夏代,历史传说更明确地说是夏朝的开国国君夏启铸造了九鼎。在青铜冶铸技术还较低下的夏代,铸造青铜鼎这样的铜器还相当困难,所以夏王朝要四方贡献铜料,并召集统治区域内技艺最高的工匠,来完成铸鼎这一伟大工程。正由于这个缘故,夏朝铸造的九鼎被与夏有关的所有邦国和氏族都视为宝器,当作中央王朝权力和财富的象征。尽管后来青铜冶铸工艺比夏代已经进步了不少,铸造像夏鼎那样的青铜大鼎已经比较容易,但在人们集体记忆中,夏之九鼎仍然具有神秘和神圣的意义,拥有夏之九鼎就拥有中央王朝的地位和权力。因此,"九鼎既成,迁于三国。夏后氏失之,殷人受之。殷人失之,周人受之"[1](《墨子·耕柱》)。夏之九鼎的最后下落见于《史记·秦本纪》,昭襄王五十二年,"周民东亡,其器九鼎入秦"[2]。秦灭亡后,这组被夏、商、周三代视为王权象征的礼器就不知下落了。夏之九鼎尽管在秦以后早已失去了踪迹,却长期存在于人们的记忆中。在整个中国古代社会中,青铜或其他材质的鼎还以香炉的形式,摆放在各种神祇的殿堂和供桌前,作为礼拜神祇香火的承载物,尤其是在复古风气大盛的宋代,朝廷还铸造了两套九鼎。直到今天,鼎和九鼎仍时不时从某些人的记忆中钻出,被用于城市街区的命名,城市标志性建筑的设计,乃至于直接铸造大鼎作为城市雕塑。

巫鸿用九鼎来说明中国古代艺术品具有纪念性是恰当的,不恰当的是他用了一个把纪念碑和纪念性混合在一起的新词"纪念碑性"来串联和阐释中国古

---

[1] 吴毓江撰,孙启治点校:《墨子校注》卷十一《耕柱》,中华书局,2006年,第656页。
[2] 《史记》卷五《秦本纪》,中华书局,1982年,第218页。

代艺术史的发展主线。具有纪念性功能的物品不等于具有纪念碑性功能的物品,巫鸿先生将二者捏合起来,试图在东方与西方艺术与建筑之间搭建一座桥梁,自然会招致西方艺术史家激烈的批评。

西方语言所说的"纪念碑",通常是指在耸立地面上具有巨大体量,令人产生崇敬和怀念之情的陵墓、神庙、教堂、凯旋门一类东西,如埃及的金字塔、希腊的雅典卫城、罗马的万神殿、塞维尔的大教堂等;但巫鸿的"纪念碑性"却把纪念碑缩小,认为可以移动的小件器物也有纪念碑的意味。给带有纪念性的小器物赋予"纪念碑性",使许多西方学者难以接受,东方学者也觉得有点牵强。中国古代的小体量的青铜器和玉器等艺术品除了纪念性外是否还具有纪念碑性,仍然是一个需要继续讨论的话题。

我们再回到纪念性遗产。"纪念性遗产"无疑包含了"纪念碑",但还包含了"纪念性建筑""纪念性场所",甚至还包含了可移动的纪念性物品。"国际古迹遗址日"主题所倡言的"纪念性遗产",当然主要是不可移动的纪念碑/古迹、纪念性建筑物和纪念性场所,希望推动这类遗产的保护,并更好地发挥其社会功能。

三、中国的纪念性遗产

中国的传统似乎不在乎物质形态是否真实为某人某事的遗留,他们更注重的是精神的形而上的东西,而这种精神上的遗留,依托的是空间场所的集体记忆(当然可能发生记忆的错误)。这种空间场所是这山这水这物附着的传说和历史的印迹。《左传》昭公元年记刘定公在洛河流入黄河的河口处说:"美哉禹功,明德远矣。微禹,吾其鱼乎?"这就是古人在大禹治水传说地点所产生的历史追忆,发出的怀念感叹。

我们的古人非常注重纪念性的遗产,他们当时可能还没有保护文物的概念,却已有保护具有纪念性名胜古迹的思想。翻开地方志,许多志书都有"古迹"一目,该目所列"古迹"通常与寺观、祠庙、坟墓、金石等有所不同,往往都是历史上的名人构建或名人留下印迹的地方。这些名胜古迹,如名人的故居、宦游地、吟咏场所等,其建筑可能屡经重建,或许已经不是当时的建筑,但这并不妨碍它成为名胜古迹。这种纪念性的古迹,不仅仅包括人工构建的,有时一棵树、一眼泉等自然的东西,一旦与名人(甚至是不一定真实存在的人物)挂上钩,就会拥有纪念性,被当作古迹而传之后世,如黄帝手植柏、先师手植桧等。由此可见,在中

第一章 文化遗产类型研究

国人的传统观念中,具有纪念意义的古迹,主要不是这个古迹的物质载体本身,而是这个物质载体背后的那个人或那件事,后人通过这个物质载体引起对这人这事的追忆。也正是这背后的人和事才吸引往来过客前来参观、凭吊和怀古。

中国古人对待古迹的态度,实际上与我们今人对待纪念性遗产的态度类似。由于纪念性遗产"纪念性"所附着的物件和场所时代等方面的不同,目前我国的文物分类体系内的纪念性遗产实际上被分别归入"古代"和"近现代"不同的文物类型系类中。中国古代的纪念性遗产,大多数都按照其具体功能属性被归入了古遗址、古建筑、古墓葬、石刻及其他等类,有些年代价值不高的纪念性遗产还没有纳入文物保护的视野。古代的纪念性遗产有纪念人物的,从表彰孝子贤孙、节妇贞女、名宦能吏的牌坊,到怀念忠臣烈士、诗人文豪、圣人贤人的祠堂。前者多是家族乡党比较小范围人们的纪念物,随着时过境迁,事过人非,其纪念性往往已经丧失,成为纯粹的古建筑、古石刻类型的文物,如山东嘉祥县的武氏祠及石阙、安徽歙县县城的许国牌坊、棠樾的牌坊群等;后者却是国家社群相当大范围内人们共同体的纪念物,随着时代变换和社会的进步,越来越多的人会认知此类纪念物,其纪念性被越来越强化,如浙江杭州市西湖边上的岳飞祠墓、四川成都市的杜甫草堂和武侯祠、贵州贵阳市的王阳明祠等。中国的文化传统是重人而不重事,古代专门为纪念某些重大历史事件的建筑物和构筑物屈指可数,如东汉的窦宪与北匈奴决战稽落山,大破匈奴,登燕然山刻石勒铭(《后汉书·窦融传》);唐代的唐九征在云南西部击败吐蕃,在漾濞立铁柱记功(《大唐新语》)。那些与重大历史事件相关从而具有纪念性的古迹,多是后人赋予纪念性的重大历史事件的发生场所,如决定蒙古与金国命运的河北张北县野狐岭战役古战场、推迟了南宋灭亡并间接影响了西亚局势的重庆合川区钓鱼城遗址等,从古至今也都会唤起人们对那段历史的回忆(如周伯琦《野狐岭》、郭沫若《今昔集·钓鱼城访古追记》)。这些具有强烈纪念性的古代遗产尽管多被归入古建筑、古石刻、古遗址中,它们都具有强烈的纪念性却是毋庸置疑的。

中国近现代人们一方面延续了中国古代注重著名人物的传统,一方面开始关注重大历史事件纪念地的保护,纪念性遗产的数量大大增加,尤其是近现代纪念性遗产在遗产中的比例增长很快。近现代的纪念遗产如果以年代划分,有晚清时期的,如广东东莞市虎门销烟池遗址、北京圆明园遗址、山东威海市刘公岛甲午战争纪念地等;有北洋政府时期的,如四川成都市的辛亥秋保路死事纪念碑、湖北武汉市武昌起义军政府旧址等;有民国时期的,如江苏南京市中山陵、

51

广东广州市的中山纪念堂等。民国时期纪念性遗产除了旧民主主义革命先驱者的纪念物外,最主要的有两类:一类是中国共产党革命先驱者和革命史迹的纪念物和纪念场所,如湖南与江西间的井冈山、红军长征纪念地群体(如贵州遵义市遵义会议旧址等)等;一类是抗日战争纪念性遗产,如西安事变旧址、台儿庄战役旧址、百团大战指挥部旧址、侵华日军731细菌部队旧址等。有学者提议将革命圣地井冈山申报为世界文化遗产,他们选择的遗产类型是自然与文化双遗产,强调的遗产价值有意回避了中国革命的内容,这是不应该的。井冈山革命根据地的建立,开始了中国新民主主义革命的新纪元,改变了中国也影响了世界近现代历史的进程,其历史价值和纪念意义怎么估价也不过分。

需要指出的是,"近现代史迹及代表性建筑"所包含的纪念性遗产会有一个不断变化的过程。随着历史的前行,"当代"会变成"近现代","近现代"则会变成"古代"。有些纪念性不那么浓厚的近现代建筑和史迹,今后可能会按照古代文物的分类被归入古建筑、古遗址等类型中去;有些在现当代人看来重要的名人史迹,也可能经过时间的检验会变得不那么重要,逐渐被人们淡忘,从而失去其纪念性;而对民族、国家和人类发展作出过重要贡献的杰出人物,在近现代历史上形成的不能忘怀的重要史迹,将长存于天地间,永远为人们所纪念。

四、结语

芬兰学者尤嘎·尤基莱托认为,现代社会对文化遗产本身的兴趣有两个原因:一是基于历史观的,或表现为对逝去的浪漫性怀旧,或表现为对某些文化成就的尊重缅怀,或表现为要吸取历史经验的愿望;一是基于现实性的,巨变的社会所带来的某些文化遗产的巨变,如某些著名历史性构筑物或伟大艺术品遭到破坏,又如曾经熟悉的地方被突然改变等所带来的震惊和痛心。无论是基于历史观的还是基于现实性的,这种怀念性本身就蕴含某种纪念性。换句话说,文化遗产都存在着纪念性的功能因素,都有可能被赋予"纪念性遗产"的秉性。因此,对于"纪念性遗产"这一特殊类型,还是要谨慎地界定其外延,防止"泛纪念性遗产"的现象出现。

第二章　文化遗产价值研究

遗产的价值,尤其是文化遗产的价值,是遗产保护学的重要问题。遗产保护学家这些年来特别注重价值,除了申报不同级别的文物保护单位、申请登录世界遗产要提炼文物或遗产的价值外,编制各类文物/遗产的保护规划,甚至编写文物的具体保护方案,也要罗列许多文物/遗产的价值。由于目前遗产保护学界(包括文化遗产学界或文物保护学界)对遗产价值的基本问题研究不足,在一些涉及遗产价值的基本问题上往往将复杂多样的价值问题简单化,不少习以为常的文物或遗产的价值评估,许多方面都并不恰当,需要重新研究。

第一节　遗产价值属性的生成

遗产的价值是相当复杂的历史问题和哲学问题,它既需要考古学家和历史学家对具体的遗产进行价值的发现、分析和解释,也需要哲学家和社会学家对遗产价值的基本问题进行定义和阐释,还需要遗产保护学、文化学和博物馆学领域的学者来做遗产的价值保全、价值提炼和二次诠释。这里仅就遗产价值几个主要问题进行讨论。

一、遗产价值的基本属性

"价值(value)"据说来源于拉丁文valus(堤)、valallo(用堤护住,加固,保护),"价值"一词本身就具有"可珍贵"和"值得重视且加以保护"的意思。按照通行的解释,价值学(axiology)是人类生活中的价值及其意识规律和实践方式的科学,是由哲学和各门具体科学关于价值的研究所构成的一门综合学科。

作为一门具体学科的遗产保护学,主要是由遗产类型学、遗产价值学、遗产保护学和遗产管理学四个方面所构成,其中的遗产价值既是遗产保护学的重要研究内容,也是构成价值哲学的多学科价值学的组成部分。

说到遗产的价值,离不开遗产的定义。我们给遗产的定义是:遗产是地球自然进化和人类发展过程中历史积淀的精华,经由后人根据主流的价值观有目的、有选择地予以继承或传承的东西。在这个定义中,遗产之所以会被作为区域、国家(民族)或全人类的遗产,是与遗产这种事物被创造后人们的认识紧密相关。遗产这个客体,无论是自然演进的,还是人类创造的,它被"人"这种主体选择后,本身就是作为人这个主体相对的客体而存在的。人们根据对自然或人类遗留这个客体的认识,来决定它们是否是遗产,遗产的重要性,以及应该采取什么样的态度对待它们。因此,人类对自然和文化遗留的认知和判断,是遗产价值得以形成的关键。

遗产价值既然是人的一种认知,一种判断,它就是人及其所认知对象"遗产"之间存在的一种关系。这与哲学关于"价值"属性的解释完全一致,因为哲学范畴的价值正是一种社会关系而不是某种实体,价值是关系范畴而非实体范畴。为什么说遗产价值是一种关系范畴呢?除了哲学的价值定义外,我们从遗产价值的生成过程,也可以得到这个答案。

价值离不开主体即人和人的需求,在人产生以前,在人有价值需求之前,自然之物只有其内在的存在价值,还无外在的对人这个主体有用的价值。当然,价值也离不开价值的承担者,也就是相对于人的客体及其自然属性,自然之物这个客体对人这个主体的作用是价值关系得以建立的客观基础。事实上,正是由于自然之物自身有能满足人们某种需要的属性,因而它才能成为人类生存和发展所必需的东西。今天被人们认为是自然遗产的东西,如地质结构、自然地貌、古生物化石、动物和植物,几乎在人类出现之前早已存在了,它们本身作为地球自然演进的产物,与人尚未发生关联,本身并无有用或无用、重要或不重要、稀少或常见之类的分别。人类产生以后,随着人类心智的发展和知识的积累,这些自然存在的东西被逐渐认为有用而被人们获取和消耗,人们会首先认识到这些自然之物的使用价值。自然之物的数量本来就有多有少,其分布还有地理上的不均衡,因而就会因珍稀而产生贵重的价值观念,还会出现此地寻常而彼地珍稀的社会现象[1]。

---

[1] 因地理分布不均衡而产生的珍稀和寻常的价值观念,最典型的就是盐了。盐本来是自然界分布广泛且储量丰富的矿物,就是因为分布的不均衡,再加上古代国家对(转下页)

随着自然之物因为人们无限制地获取或索取,有些原先很多的自然之物逐渐变得稀少甚至灭绝,这些自然之物的价值也就随之提高,就具有了稀缺的价值。而随着人类科学的发展和认识的提高,人类会认识到这些自然之物对于认识我们赖以栖身的地球及其演变,乃至于认识人类自身,都具有意义,这些自然之物又具有了科学的价值[1]。由于不愿意这些具有多种价值的自然之物消失,就会产生保存和保护这些自然之物的意识。人类从大量猎杀野生动物,逐渐改变为保护野生动物,就反映了这种从单纯向自然界索取转变为保护自然的意识的演变过程[2]。

自然遗产如此,与人类诞生和发展同步的文化遗产当然更是如此。人类自制作工具开始,有了自己最初的创造物,这些创造物当然具有其满足当时人们某种需求的使用价值。在人类寻找石料制作石器的过程中,一些如水晶、玉石、宝石等具有鲜艳色泽的稀少石料被发现并用作工具组件后,人们就会珍视这些器物,不会轻易丢弃;即便原有的使用者已经去世,人们也会将这样的器具保留下来,遗传下去,从而产生不同于对待一般器具的价值观念和收藏观念。随着社会的发展,人类思维和社会的复杂化,人类开始创作没有多少实际用途却具有某种抽象功能的作品,如人体上佩戴的装饰、武器上的装饰、崖壁上的岩画等,20世纪90年代发现的法国肖维岩洞壁画就是这样的例子。再随着人类社会的发展,人类在制作具有实际和抽象用途作品的同时,也开始创作"有意为之"的纪念物,创作"纯粹的"艺术品。这些纪念物或艺术品缺乏实际的使用功能,它们的价值来自创造它们的人们的赋予,其价值状况恰巧与有具体用途的遗留相反。那些为了某一具体用途而制作的物品,由于制作这些物品的材料的老化,使用过程中发生的损坏,以及人们创造了更好的同类物品对原先物品

(接上页)流通环节的有意控制,在某些不产盐的区域,盐就成为贵重物品。例如四川盆地盐卤储量丰富且开采便利,盐就相对寻常;而邻近的贵州高原因不产盐,在相当长的一段时期内(20世纪50年代以前),盐都显得相当贵重,甚至可以作为硬通货。

[1] 按照现代生态哲学的观点,世界是由人、社会和自然构成的复合生态系统的整体,人是自然的产物,属于自然的一部分,因而自然也具有内在价值。参看[美]霍尔姆斯·罗尔斯顿著,刘耳、叶平译:《哲学走向荒野》,吉林人民出版社,2000年;朱祥贵:《非物质文化遗产保护法的价值理念》,《湖北民族学院学报(哲学社会科学版)》2002年第3期。

[2] 关于这一点,人们对动物界老虎认识的转变,就很能说明问题。过去猎杀老虎是"打虎英雄",现在如果再捕杀老虎,恐怕就要成为杀虎罪犯了。

的取代,其使用功能随着时间的流逝在不断减少;只是由于时间的流逝,这些物品逐渐具有了研究历史的价值,并且随着这些物品存世数量的逐渐稀少,可能还会产生"物以稀为贵"的稀缺价值。而那些只对特定人群有抽象的纪念意义而没有具体用途的艺术品,其创作当初往往被赋予了很高的"艺术价值"和"纪念性价值",随着人类社会的变化,人们对这些艺术品的价值的认知也会发生变化。法国大革命时期及大革命后的一段时间,曾经发生有意破坏原先旧法兰西王朝具有象征意义的建筑物和雕塑作品的现象,以及我国"文革"时期,在当时社会思潮下发生的对历史文物进行了大规模的刻意破坏事件,都是典型的例子。

上面我主要对物质文化遗产价值的产生过程进行了阐述,实际上,人们对非物质文化遗产价值的认识也是如此。当人类社会快速发展,能够体现地域性、族群性和传统性的民间文化迅速消失在全球化的浪潮之中,世界文化的多样性逐渐丧失,而多样性正是人类创造力的一个重要源泉。有鉴于此,世界有识之士纷纷行动起来,倡言民间文化、人类口头和非物质文化遗产的保护和传承。正如联合国教科文组织总干事松浦晃一郎在日内瓦"瑞士国际政治论坛"上的报告中所强调的,"全球化趋势可能成为世界各民族密切关系的一个有利因素。但是不应因此而导致世界文化的一体化发展,不应该使一种或几种文化去支配其他文化,也不应该导致文化肢解或同一性的重合,……我主张要把人类文化多样性的保护和开发摆在一切工作的首位考虑,尽快采取保护行动"[1]。从此,非物质文化遗产的重要性逐渐为世人所知,过去被视为寻常事项的非物质文化遗产也被纳入了人们保护的视野。

通过上面的解说,我们可以看出,无论是哪种类型的遗产(自然/文化、可移动/不可移动、纪念性/非纪念性、有意/无意等),其价值都与人这个主体有着密切的关联,遗产价值是人这个主体对具有遗产属性之物的一种意义的判断。有些遗产价值的研究者将人、遗产和价值并列起来,将遗产价值分析为一种实体范畴,这肯定是不恰当的。正确的人与遗产和价值的关系应该如下图(图6)所示:

---

[1] 乌丙安:《"人类口头和非物质遗产保护"的由来和发展》,《广西师范学院学报》2004年第3期。

第二章 文化遗产价值研究

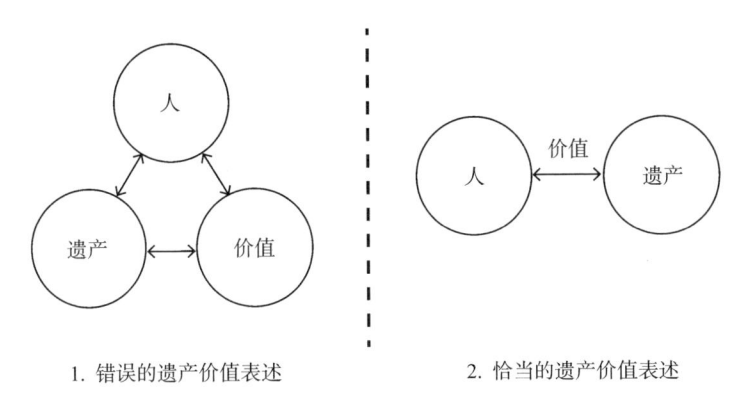

1. 错误的遗产价值表述　　　　2. 恰当的遗产价值表述

图 6 遗产、价值与人的关系

二、遗产价值的生成原因

遗产价值是人这个主体与已经成为或具有遗产资格的这些客体发生联系后的产物,是人们判断身外之物有用还是有害,重要还是一般的一种判断。这种属于主体与客体关系范畴的价值判断适用于人以外的一切事物,不仅限于遗产。那么,遗产价值与其他事物的价值有什么不一样呢? 人们判断遗产的价值又与判断其他非遗产事物的价值有何不同呢?

在我们的面前放着两件器物:一件是古代遗留下来的文物,一件是现代工匠模仿前者制作的工艺品。后者采用了与原作完全相同的材料,外部造型与原作一模一样,装饰和色泽与原作也几乎没有差别,就连岁月的痕迹也惟妙惟肖(现代的作伪者甚至使用与仿制对象年代相应的木材来伪造漆木器,采用科技手段使得现代烧制的瓷器具有古代瓷器的测定数据)。然而,前者具有很高的价值,以至于无法用市场价格来衡量,因而被所有者精心保存和保护,希望能留传后世;后者却只有很低的价值,因而被所有者随意处置,不为他们所重视。这是什么原因呢? 简单的回答是,这是真假之间的价值判断,文物因其真,故价值高;赝品因其假,故价值低,甚至几乎没有价值。诚然,真实与虚假,这是决定遗产价值的首要判断标准。也正由于这个标准,在某处文化遗产申报《世界遗产名录》时,申报文本中就需要有真实性的声明。不过,如果我们再继续设问,为什么真的古物价值就高,假的仿品价值就低? 这就涉及了奥地利艺术史家李格尔(Alois Riegl)所倡言的文物的"新物价值(newness-value)"和"年代价值

57

（age-value）"[1]。李格尔将纪念性文物的价值区分为多个要素，其中"年代价值"是他最为关注的价值要素，他认为有关文物保护的一切矛盾都与如何对待文物的"年代价值"有关，这无疑是相当重要且恰当的。我们这里借用李格尔的这两个概念，对这两个概念重新定义，以分析文物价值生成的逻辑过程。

先看"新物价值"。李格尔认为，新物价值体现在一件作品的完整性及其呈现的艺术风格的纯粹性。他将这种新物价值的概念，既用以描述今人基于"现世价值"鉴赏古物时产生的"艺术价值"，也用以描述在维修建筑遗产（尤其是宗教建筑遗产）时，某些宗教人士所持的那种以新换旧的价值观念。不过，新物价值是人们创造制作新事物时具有的价值，这种价值普遍适用于一切事物的"价值一般"，因而早就为哲学家们所关注。新物价值不仅存在于事物被刚刚创造和制作之时，也存在于事物的使用过程中（当然在这个新物逐渐变为旧物的过程中，新物价值也在逐渐降低），自然还存在于旧物或古物在维护或修缮过程中的"修旧如新"的行为中。新物价值的产生主要出于以下几个方面的原因：一是新物所使用的材料是否贵重珍稀，就如同商周青铜器一样，当初铸造时就十分珍视这些象征着身份、地位和财富的新铜器，因而在铜器铭文中要有"子子孙孙永保用"文字。二是新物所包含材料和劳动的多少，有些新物因人们付出了巨大的劳动和财物，如集建筑、雕塑和装饰于一身"纪念碑"，新建时就具有"纪念碑性"的价值。三是新物的实际使用功能所具有的价值，也就是当时制作这些物品时就是为了满足人们的某种需求，随着时间的推移，科学技术和审美艺术的变化，多数物品的使用功能会逐渐减弱甚至消失。仿照文物制作的赝品，在仿制当时属于新物，当然也具有新物价值；但由于仿制品已经脱离了所仿文物的社会和技术环境，已经失去了其实际使用功能和原先的审美功能，其新物价值低于文物当初设计制作时期的新物价值。

接着我们来看"年代价值"。李格尔这样解释文物的年代价值："年代价值要求对大众具有吸引力，它不完整，残缺不全，它的形状与色彩已分化，这些确立

---

[1] 李格尔倡言的遗产"新物价值"和"年代价值"两个要素，就名称表述来说，将这两种价值分别称之为"新物价值"和"古物价值"恐怕更为恰当。"年代价值"是蕴含在遗产之中"时间"所形成的价值，时间是应该是没有感情色彩中性概念，时间形成的遗产价值译作"年代价值"自然也比较恰当；但如果将这种价值写作"岁月价值"，岁月就带有一种感情色彩，就与"情感价值"就有交集，不很妥当。关于李格尔的思想，参看陈平：《李格尔与艺术科学》，中国美术学院出版社，2002年。

了年代价值和现代新的人造物的特性之间的对立";"完全不考虑各种因素,而是作为一个准则、单一的现象,仅仅是珍视主观的感受"。由于年代价值与其他价值要素相比,有着超越受教育程度的从修养和艺术理解的优点,即使"头脑最简单的农民也能区分一座古老的钟楼与一座新建的钟楼"价值的不同,因而至关重要。由于年代价值是岁月的流逝形成的,带上了往昔岁月的痕迹,岁月是时间的代名词,时间将"财产"造就为"遗产",也赋予遗产年代的价值。经历了时间洗礼的事物,它们逐渐减少或失去新物的价值,却不断增加年代价值,使得这些事物从一般"新物"转变为"文物"甚至"古物"。真实的文物或古物是距离现在已经有了相当时间计量的物品,其内在价值主要包含了年代的价值,也因而受到人们的珍视,只要这些文物不彻底损坏,其年代价值就只会增加而不会减少或消失。相反,那些现代假冒的文物仿品,其内在价值中没有包含古物价值中的年代价值这个关键的价值要素,新物价值中又缺乏了实际的功用价值,所以人们在进行价值判断的时候才会将其看得很低。当然,一件本来缺乏年代价值的仿制古物,如果它又经历了岁月的洗礼,它也就具有了年代价值,从只具有少许外在功用价值的新物演变为具有年代价值的古物。北宋张择端创作的《清明上河图》是一件具有很高古物价值的绘画作品,后来有不少人临摹甚至作伪,但如果一件明清时期临摹或伪作的《清明上河图》留传至今,它们也就具有了年代价值,成为了价值较高的文物;如果这幅明清时期临摹的《清明上河图》是当时的著名画家所作(如明仇英临摹《清明上河图》等),那么它在临摹的当时就因系大师之作而具有了"经典价值",留传至今更兼具经典价值和年代价值,所以会被各大博物馆视为珍品收藏[1]。

遗产所蕴含的年代价值造就了遗产,确定了遗产不同于新物的价值,同时也带给了遗产其他一些重要的关联价值要素。下面,我们继续以文物为对象分析这些关联价值。

文物经历了相当长的时间距离后,由于自然和人为的侵袭,其材质有可能会逐渐老化,其形态有可能变得不完整,其色泽可能也变得斑驳,给人以饱经岁月沧桑的感觉。随着时光的流逝,尤其是经历了战火等人为的毁坏,有些文物被彻底摧毁,有的文物部分毁坏,还有些文物保存得相对完整。在同类文物中,那

---

[1] 戴立强:《〈清明上河图〉异本考述》,《辽宁省博物馆馆刊》第1辑,辽海出版社,2006年,第256—275页。

些损坏程度较小的文物,自然就受到人们更大的关注,认为它们的价值高于那些损坏严重的文物,这就产生了文物的"完整性价值"。这种完整性价值,小的方面可以体现在艺术品市场上体量、形态、装饰相同的两件同类古物,完整的那件估价就高,残缺的那件估价较低;大的方面就体现在某一文化遗产申报登录《世界遗产名录》,需要在申报文本中对遗产的完整性进行阐述。完整性与真实性一样,是遗产价值的要素之一。在历史发展的长河中,文物历经的时间越长,遇到的人为和自然的变故就越多,保留下来的数量也就越少。有些当初或早些时候的寻常之物,久而久之,也就会变得稀罕起来,物以稀为贵,这就会产生文物的"稀缺性价值"[1]。例如山西五台山的南禅寺大殿,在晚唐时期不过是五台山偏僻的南台一座小庙中的三开间的小殿,只由于它躲过了历史上的水火之灾和后人的重建,成为保留至今最早的木构建筑。古老的年代所带来的稀缺性价值,使得这座小小的木构建筑成为我国第一批全国重点文物保护单位,并随着五台山申报世界遗产的成功而成为五台山世界遗产的组成部分。文物经历这种岁月所发生的变化,还会使得文物具有不同于新物的特殊风貌,由于人类与生俱来的怀旧情感,这种显示过去时光特征的往昔之物,足以勾起人们的对往昔的追忆和怀念,使得这些文物在就会产生所谓"历史纪念性"[2]。当初创造或制作这些物品时,人们并没有赋予它们"纪念性",属于李格尔所说的"无意为之"的而非"有意为之"的纪念物,这种因时间产生的怀旧情感所产生的纪念性,可以视为因年代价值衍生的历史纪念价值。关于纪念性价值,涉及的问题比较复杂,已有许多学者讨论,不再赘言。

从上面的分析可以看出,遗产之所以具有不同一般事物的独特价值,主要在于其内在的年代价值,正是这种价值要素造就了遗产的真实性、完整性、稀缺性和无意为之的历史纪念性等价值要素。可以说"年代价值"是遗产一切往昔价值和现世价值的源泉。

---

[1] 非物质文化和自然遗产同样也具有稀缺价值,其中非物质文化遗产尤其需要强调稀缺价值,还为人们喜闻乐见的文化事项无须采取保护措施。自然遗产的稀缺价值方面,老虎就是一个典型的例子。老虎本是历史上分布很广、数量很多的物种。处在自然界食物链顶端的老虎,在地广人稀的古代时常危害人们生命安全,故历代都将老虎作为害虫,鼓励消灭老虎。随着人们的不断猎捕,原先分布很广、数量很多的老虎已经变得稀少,成为了备受关注的保护动物。

[2] [法]弗朗索瓦丝·萧伊著,寇庆民译:《建筑遗产的寓意》,清华大学出版社,2013年。

三、遗产价值的多样性

遗产的价值，无论是自然遗产的价值还是文化遗产的价值，既然是与人发生关系后才出现的观念，是人们对这些客观存在的事物对自己有用性的判断。那么，不同的个人、不同的社群、不同的族群，乃至于不同的国家，他们对于同样事物的价值判断可能就会不同。李格尔早已注意到，同样是教堂的修缮，有教养的城市牧师和居民注重保存文物，"他们对年代价值最为敏感"；而素质低下的乡村牧师和居民，他们是"新物价值的最顽固的提倡者"。这是人们对遗产价值认知差异性的一个方面。另一方面，人或人们都具有社会性，这种社会性随着时代前行还会发生改变，人们对遗产的看法当然也会发生变化。因此，遗产的价值当然也不会凝固和一成不变，人们对遗产价值的认知会随着人类认知水平的发展、所处社会环境状况的变化，以及对某具体遗产研究的深入而有所不同。这两方面的差异性，就会导致遗产价值的多样性和可变性。认识到这一点，遗产保护学界对遗产价值的不同认知，就要有一种包容的态度，不能因为强调遗产的一些主要价值，就否认遗产还具有其他价值。

遗产作为一种地球演变和人类发展的客观存在，它首先具有其"内在价值（intrinsic value）"也就是非使用价值。按照哲学家的定义，所谓内在价值是事物本身内在固有的、不因外在的其他相关人或事物而改变的、以存在价值（existence value）为主体的价值。就遗产来说，也就是包括其存在时间和空间在内的遗产的存在价值，我们前面重点讨论的遗产的"年代价值"，实际上应该就是遗产内在价值的时间价值。这种因时间形成的遗产价值，不因为面对遗产的主体"人"及其所在社会的改变而改变，也不受其他环境和关系的影响而增减，它是一种客观存在。李格尔对遗产价值分析的最大失误，就是将时间所致年代价值当成了人对遗产认知的主观价值，却将具有主观性的历史价值当成了客观价值。李格尔这样解释年代价值与历史价值的区别："历史价值是以客观的方式识别不同的事件，而年代价值不区分地方性特色，不考虑纪念物的客观特性，也就是说，年代价值仅仅把纪念物的特殊性整合到普遍性当中，因此主观效应替代了其客观特征。"[1]李格尔认为年代价值具有主观性，这又源自他关于年代价

---

[1] Riegl A. "The Modern Cult of Monuments: Its Character and Its Origin." *Oppositions*, 1982, pp.21-51.

值的另一个失误,即他将年代本身与年代赋予包括纪念物在内的遗产的岁月痕迹和怀旧情感混在了一起。遗产的岁月痕迹会使得人们产生怀旧的情感,而这种怀旧情感,与人和遗产的关系、人们的文化背景,乃至于个人经历与体验等,都是分不开的,具有强烈的主观性。因此,认识李格尔关于年代价值解释的误区,分清客观的年代价值本身与年代所衍生的其他主观价值,是我们阅读李格尔首先应当注意的问题。

遗产的内在价值既然是一种客观的存在价值,那么,它就会与遗产的"普遍价值"联系起来。遗产保护学界(尤其是从事世界遗产申报的工作者)都耳熟能详的遗产"突出普遍价值(OUV)"究竟是遗产的什么价值,恐怕许多遗产研究者都没有认真思考这个问题。实际上,"突出"的价值,是世界遗产要求的不同于其他遗产的特殊价值,这种价值是一种主观价值,因而需要遗产地的人们对提名的遗产进行价值研究、发掘和归纳,提炼出其中的能够反映其重要性和独特性的价值;而"普遍价值"则是存在于所有遗产的以年代价值为核心的价值,是一种独立于主体之外,不受个人、社群、文化、国家影响的普世价值,是一种客观存在,因而也是不受遗产评估专家左右的为所有人都认可的价值[1]。UNESCO倡导世界遗产概念的专家将"突出"的独特价值与"普遍"的共有价值这两个概念捏合起来,形成了"突出普遍价值"这样一个具有矛盾统一的概念,其用心良苦,可以理解。不过,使人不能理解的是,我们不少人将以西方为主流的特殊价值当作了普遍价值,回避或批评普遍价值[2],这显然是将应该评判的对象搞反了。遗产的普遍价值是一种客观存在,无须也难以进行评判,遗产保护界对遗产进行评价,评价的对象都只能是具有主观性的特殊价值或独特价值。

遗产的价值评判,是人这个主体与遗产这个客体发生关系后,人们对遗产的有用性或重要性的一种判断。可以这样说,我们所说的遗产价值,除了遗产内在客观存在的年代价值等要素外,几乎都是主观价值。人们对遗产的这种价值,基于自己的爱好和需求有不同的取舍:历史学家、考古学家(包括艺术史家)和历史的爱好者关注遗产所传递的历史信息,自然就偏重倡言遗产的"历史价值";艺术家和艺术品爱好者关注遗产的各种美感元素,自然也就大力弘扬遗产

---

[1] 欧阳剑波:《关于文化"普世价值"的探微与思考》,《天府新论》2009年第4期。
[2] 我曾经参加一个遗产地的学术研讨会,本来该会议的主题是讨论该遗产的"突出普遍价值",但因为"普遍价值"受到主办者的质疑,会议名称就只表述作遗产的"价值"研讨会而不是"突出普遍价值"研讨会了。

的"艺术价值";科学家和工程技术人员关注遗产所记录的与今天科技相关的某类信息,以便为他们的科学研究和工程技术提供长时段的数据。除了这些被遗产保护学界视为遗产的"基本的"或"重要的"价值外,传播学家、旅游专家和遗产地政府及公众希望有更多的人知道并来参观遗产,他们关心的则是遗产的"经济价值"和"品牌价值"。遗产还会给当地居民某种权属的感觉,使他们因某种形式的"拥有"而产生自豪感,从而赋予遗产以"象征价值";遗产也会使参观游览的外地客人产生赏心悦目的愉悦感,或从中获得知识的满足感,从而使遗产又有了"消遣价值"和"教育价值"。总之,遗产外在的主观价值是多种多样的,绝不会因为遗产保护学界不喜欢这些价值而不存在。有的遗产保护学家强调文化遗产只有历史、艺术、科学"三大价值",而否认其他方面的价值,这是没有必要的[1]。这些学者之所以要否认遗产"三大价值"以外的价值,是出于对文化遗产受到其他因素干扰而招致损害的担忧,2015年版的《中国文物古迹保护准则》中的"社会价值"也的确给人内涵和外延不清的感觉,但从遗产主体与客体关系来看,从遗产本身的多样性和认知主体构成的多样性来看,文化遗产的价值无疑是多样的,不会仅限于历史、审美(艺术)、科学"三大价值"。

当然,我们认同遗产具有多方面的价值,包括时下一些地方政府或遗产地管理者所说的利用价值(如发展旅游等),并不等于赞同将这些价值要素作为遗产保护需要首先考虑的因素。人们之所以要保护和传承文化遗产,更多是为了满足自己的精神和文化需求,包括历史的认知、科学的借鉴、艺术的体验、心灵的陶冶等。杜晓帆指出,"过去的遗存之被视为文化遗产,从客观上来讲,就是它和原生社会文化环境产生了分离,进而来到了当下的语境,成为了一项有待保护和继承的文化资源"。"如果我们再往前追溯到西方的文艺复兴时期也会发现,人们在对古希腊罗马文化遗产的追寻过程中,本质上体现的是一种人文关怀,满足了人们重新认识自我的精神需求。从一开始,过去的遗存作为文化遗产进入人们的视野当中时,首先满足的是人类的精神需求。"[2]遗产的价值是由许多方面的要素组成的,要保护好包括文化遗产在内的人类共有的遗产,关键是在遗产价值评估时,将哪些价值要素排在前面,而将哪些价值要素排在后面的排序问题。正确的遗产价值要素的排序,是遗产价值评估与遗产保护行动之间的重要关联环节。

---

[1] 郭旃:《当前我国文化遗产工作中的若干问题》,《中国科学院院刊》2017年第7期。
[2] 杜晓帆:《文化遗产首先应满足精神需求》,《人民日报》2018年6月13日。

四、文化遗产价值的特殊性

文化遗产的价值如同其他事物的价值一样,都是人们对完成了代际传承、已经比较稀少、具有典型性的先前人们创作事物的一种认知和判断,它是主体(人)与客体(遗产)的一种关系。不过,任何事物有用性的判断都是关系范畴而非实体范畴,文化遗产的价值与一般事物的价值有何不同呢?文化遗产的价值与自然遗产的价值又有何不同呢?

一件往昔人们创造、制作和使用的物品,经历了许多年的沿用或弃用,没有被彻底损坏或毁灭,一直留传至今被我们发现并认识到是文物,从而被有意识地保管和保护起来。在这件物品的使用和留传过程中,它的内部材质可能会老化降解,变得没有当初那样坚固结实;它的外貌也会受到人为的磨损和自然的侵蚀,失去了它原有的光泽和色彩;它所处的地点也可能会发生变化,如可移动文物会从人家、遗址或墓葬转移到博物馆中,不可移动文物有的也可能因为某种原因被拆卸、搬运至异地复建;这件文物的所有者、使用者和关联者也都会随着时间的推移而发生一些改变。可见从一件新物变成旧物、古物或文物/文化遗产的过程中,时间、空间、内质、外形以及关联环境都在发生变化,唯一不变的是这件物品本身没有消失,仍然保持着一种"存在"。这种存在既体现在往昔的人们的确创制了这件物品这一事实,也体现在延续至今的这件物品与当今的人们发生了关系,所以人们还看得见摸得着,可以通过感知和知识对该物品的有用性进行判断。由此可见,一件往昔的物品被当今的人们视为有价值的文物,它需要具备几个必要条件:首先是前人的确创造或制作了这样一件物品,是一种真实的存在,而非远古某个圣贤曾经创作某物的传说(当然远古传说中确有某些发明创造,只是冒用了某圣贤的名号)。其次这件前人创制的物品在留传过程中没有彻底损坏并消失,不是秦照胆铜镜那样只见于历史文献而实物已经不存的物品[1],它还存在于人世之间。三是这件物品一直留传至具有保护文化遗产意识的当下,与人们发生了关系,人们可以通过观察分析这件已被认定具有相当年代的物品,判断其是否已经比较稀少,是否具有典型代表性,以及该物品对于认识

---

[1] (晋)葛洪《西京杂记》卷三"咸阳宫异宝"条,"高祖初入咸阳宫,周行库府,金玉珍宝不可称言。"其尤惊异者有灯燃时蟠螭鳞甲可动的青玉五枝灯、俨若活人的十二铜伎乐俑、七宝装点的璠玕之琴、吹见图景的昭华玉管、可以透视的照胆铜镜。

历史和当下社会的作用。这三个前提条件或三个基本要素,可以归结为往昔之新物和当今之文物,二物原本是同一物品,只是二物之间有一个时间即年代的间隔,从而使得原本之物的属性发生了变化。年代使得新物带上了岁月的沧桑,将新物变成了旧物和文物,也就是物质文化遗产。同样,某一种歌舞当初被有才华的前人创作出来的时候,它是一种民间的艺术创作和表演艺术,与今天我们的作曲家创作和歌唱的乐曲,舞蹈家编排和表演的舞蹈一样。只是当这种歌舞在一定范围广为流行,被一些社区长期传习并延续至今,如果这种民间歌舞被今天的人们认为它在同类歌舞中具有代表性,才作为具有社会性、凝固性和典型性的非物质文化遗产进行保护和传承。

由此可见,文化遗产的价值之所以不同于今人创作的事物,主要在于它是经历了一定时间的往昔创作的事物。文化遗产包含了现代创作事物缺少的"年代"这个价值要素。现代创作的事物,尽管可以模仿往昔创作的文化遗产的材料质地、技术工艺、设计思想、结构形态、色彩图案,甚至可以复建于原先的位置,实现原有功能,模仿古物的沧桑,营造可能的环境和景观,唯有消逝的时间不可能复现。文化遗产所蕴含的年代价值是区别遗产和当今作品的分水岭,它与遗产本身的存在(即"既有事物")一起是一切遗产价值的基础。

文化遗产蕴含有年代价值,自然遗产也蕴含有年代价值,而且自然遗产所经历的年代远比文化遗产古老。自然遗产是地球漫长演进过程的产物,不同地质地貌和植物动物遗产的产生时间不同,同类的自然遗产也还有不同"年龄"段的差别,因而人们对待自然遗产也要考虑其年代价值[1]。不过,自然遗产的年代是指某种地质、地貌、植物、动物这类天然之物的形成年代,而文化遗产的年代则是指人们利用自然提供之物加工形成新物后的年代。这种新物的创作既有改变自然之物原有形态的,如石器、木器、骨器、石雕、泥塑等,也有不仅改变自然之物原有形态而且改变其物理结构和化学成分的,如陶器、铜器、铁器、瓷器等。文

---

[1] 如中国丹霞地貌列入《世界遗产名录》的适用标准Ⅷ就是"各组成部分代表了丹霞地貌从'最不受侵蚀'到'最受侵蚀'的最佳实例,呈现出从'年轻'到'成熟'再到'老年'的清晰地貌序列,并呈现出某一阶段特有的地貌特征"。再如,云南帽天山被列入《世界遗产名录》,其重要性就在于"澄江化石地展示了距今5.3亿年前早寒武世地球上生命的独特记录。在这一地质上十分短暂的间歇,几乎所有主要动物类群的起源都发生了"(引自Patrick. J. McKeever, Mohd Shafeea Leman:《提名世界自然遗产IUCN评估报告》,《云南地质》2012年第3期),因而符合世界遗产的标准Ⅷ。

遗产的年代价值是指前人创作人工事物这种行为完成后（也就是昔日的新物产生之后）距离当今的年代及其所产生的价值；自然遗产的年代价值则是指被人们认为具有代表性和珍稀性的天然之物在地球和生命演进时间进程的不同时间坐标的价值。文化遗产与自然遗产的年代价值也是有所不同的。

第二节　遗产价值的结构要素

遗产价值既然是多种多样的，具有不同的价值要素或价值类型，那么就涉及了遗产价值要素的层级阶元，遗产价值要素间的相互关系，以及全部遗产要素组合而成的遗产价值结构体系。关于这个问题，遗产价值学的先驱李格尔早就有过分析，当今的遗产研究者也做了很多探讨，但距离构建一个完善、逻辑关系清晰的遗产价值体系仍然存在距离，还需要继续研究。

一、文化遗产价值的多样性与衍生性

文化遗产的年代价值是随着时间流逝而形成的，随着时间的推移它也是会不断增值的。那些被称作文化遗产的事物，有机质文物的质料会逐渐自然降解，变得老化乃至于消失；无机质文物也会受到自然的侵蚀，风化残损以至于面目全非。而人类对文化遗产的有意或无意的损害更加严重，这些损害除了因时代变化带来的喜新厌旧风气导致的弃用或改用原先事物之外，还有历史上经常发生的人群之间、族群之间、国家之间的冲突与战争，这对于文化遗产的破坏也最大。许多古代著名的城市、建筑、雕像、绘画、图书等，都在这些战火中灰飞烟灭。我国自夏代以来的历代古都和著名宫殿，除了明清时期的北京城还保存着城市格局和故宫等皇家建筑群，其他都已经成为遗址。我国古代建筑是以木结构建筑为主体，这些古代的木构建筑除了自然的损毁外，绝大多数都是毁于战火，保留至今的最早的木构建筑早不过唐代，且唐代的木构建筑数量只能以个位计，宋辽金元时期的木构建筑数量可以百位计，明清时期的木构建筑数量就可数以千计了。从中国木结构建筑现存数量的时代分布来看，年代越早的遗产保留至今的就越少，越被人们所珍视。唐代木构建筑一旦经发现和确认，立即就被列入全国重点文物保护单位；元代以前的木构建筑，随着全国重点文物保护单位批次

和数量的增加,也陆续都被列入了全国重点文物保护单位;而明清时期的木构建筑,只有一部分被列入了全国重点文物保护单位。显而易见,文化遗产经历的时间越长,年代越久远,经历的变故也就越多,保留至今的也就越少,其价值也就越高。山西五台山的南禅寺,在唐代时不过是一座普通的山区小寺,因为地处偏僻的五台山南台,因而该寺唐代的大殿被保存至今,成为了中国现存最早的唐代木结构建筑,被列入了世界文化遗产(作为五台山的遗产组成部分)。物质文化遗产是这样,非物质文化遗产也是如此。历史上不断的战乱、饥荒和瘟疫,曾经造成许多地方出现多次社会崩溃,人口锐减,新王朝的统治者不得不从外地移民以填补这些区域人口的空白。当一个地区的人口大量减少甚至消失,由人及其社群维系和传递的文化也会消失或仅存于很小的区域。中古时期广泛行用于古代中国北方广大地区的语言,后来因战争和几次族群迁徙已经在原地消失,仅部分保存于长江以南的几种方言之中,就是一个很典型的例子[1]。常见的文化现象会随着时间的推移而变成稀有的文化现象,流传至今的稀有文化现象就会受到人们关注,成为非物质文化事项受到保护和传承。文化遗产的价值的增长,与它们经历的年代长度成正比,时间能够使文化遗产衍生出稀缺性和珍稀价值。

文化遗产本身就具有不同呈现形式(物质和非物质)、不同功能用途、不同保存形态、不同几何形状以及交叉复合等多种类型,不同类型的文化遗产除了具有一些共同的价值要素外,也会具有不同的价值要素甚至价值层面。例如,物质文化遗产在"文化"这个整体的构成中,属于文化的表层,也就是容易观察的人们思维、交流和行为的产物,它使不同的文化具有可以识别的特征性;而非物质文化遗产除了具有部分"文化"表层的特征外,更多地具有"文化"中层和深层的特征,也就是反映了人们思维、交流、行为方式以及导致这些的传统观念和社会机制,这也是非物质文化遗产价值之所在[2]。物质与非物质文化遗产的不同类型,各自具有不同性状和特点,这些被作为遗产的事物当初被创作出来的时候,就是为了满足人们某种功能用途,这些功用可能也一直全部或部分沿用至当今,具有满足今天人们某种需求的意义和价值。例如物质文化的建筑遗产,当初设计建造时就是为了满足人们的居住、办公、礼拜、商贸、游观等需要,这些建筑成为遗产以后,人们不会不加以利用。除了改变其原先用途,如将这些建筑改造为

---

[1] 参看王力:《汉语史稿》上册第一章,中华书局,1980年,第1—44页。
[2] [美]墨菲著,王卓君译:《文化与社会人类学引论》,商务印书馆,2009年。

博物馆、陈列室、纪念馆等,也会延续其原有的使用功能,有些住宅类建筑遗产仍然作为今人的住宅,有些衙署建筑被用作现代某些机构的办公场所,有些寺庙建筑遗产继续作为宗教活动场所,许多园林建筑仍然保持着其游观休憩的用途,只是私园变成了公园。这些都是建筑遗产原先具有的使用功能的延续或变异,维持遗产既有功能的现象,不仅限于建筑遗产,在其他类型的遗产中也都普遍存在。这些文化遗产在历史发展过程中,有些还会与历史上一些著名的人物或重大的事件发生联系,如某座住宅曾经有某位名人曾经住过,某座寺庙曾经有某文豪在此游览题诗,某条古道上的某关隘曾经发生过一场著名战役之类,这些都会使这些文化遗产因人们的怀旧情感而增添纪念性价值[1]。不同文化的人们往往都具有怀旧情结,即便没有与历史上有影响的人或事发生联系的文化遗产,因为它们经历往昔年代所带来残缺形态、古老风格、斑驳外貌、传统形式等,也足以使这些文化遗产勾起人们对往昔的追忆和怀念,从而联想到人类祖先、族群历史和国家荣光,使得这些文物产生所谓"历史纪念性"和精神情感价值。人们喜欢参观博物馆,游览名胜古迹,都与这种精神情感的驱动分不开。

由于人们具有前往著名文化遗产观览的动力,这些遗产地的个人、社区、政府和企业,就会产生利用这些文化遗产获取经济收益和社会效益的想法,并为实现此想法而采取一系列的策划营销、权益变更、景区建设、企业管理、文化产业推广等行为,从而赋予了文化遗产经济价值。当然,人们对文化遗产最看重的价值,仍然是它们的历史价值、艺术价值和科学价值即所谓"三大价值"[2],这些价值被有的研究者视为遗产的"本底价值"即基本价值,有的研究者甚至否认文化遗产还存在着"三大价值"以外的价值[3]。实际上,文化遗产的价值是多样的,只要有人和社群认为文化遗产存在着社会价值和经济价值,就肯定存在这种价值。因为文化遗产的价值正是遗产这种经历了时间的既有事物与人发生了关系后,

---

[1] 遗产的纪念性分为两种:一种是"纪念碑(Monument)",也就是人类为了追求某种视觉效果付出巨大努力营造的集建筑、雕塑和绘画为一体的建筑物或构筑物,《保护世界文化与自然遗产公约》分类中的"纪念碑(Monument)"就属于这种,这是一个非常西方化而非全球化的遗产概念和类型名称。一种是"纪念性遗产(Heritage of Commemoration)",是历史上重要人物使用过的或与重要历史事件相关,经历了历史的检验、文化的积淀并完成了代际传承的物件和场所。中国不可移动文物分类中的"近现代重要史迹和建筑",就属于此类。
[2] 陈耀华、刘强:《中国自然文化遗产的价值体系及保护利用》,《地理研究》2012年第6期。
[3] 郭旃:《当前我国文化遗产工作中的若干问题》,《中国科学院院刊》2017年第7期。

人们对遗产有用性的一种认识,不同的人或不同的社群有不同的认识,这是不奇怪的。即便是学术界全都认同的"三大价值",随着研究的深入,认识的拓展,人们也还会赋予文化遗产以新的价值。重庆忠县石宝寨是清代嘉庆年间改变旧制后重建的十一层依崖高楼,由于建筑年代较晚,人们长期对其文化遗产价值认识不足,保护级别也较低。汪国瑜先生关注到这座建筑的艺术价值,撰写论文予以阐发和推介后[1],石宝寨才越来越引起建筑历史学界和遗产保护学界的关注,被列入全国重点文物保护单位。同样是在重庆,涪陵区白鹤梁题刻,清代晚期的金石学家关注的只是白鹤梁上先前很少有人拓摹、字口清晰的宋元题刻的艺术价值,直到龚廷万等先生认识到梁上石鱼与当代零点水位的关系、历代记有水位数据题刻与石鱼的关系后[2],科学价值才超越艺术价值成为该遗产的主要价值,白鹤梁题刻也才被列入全国重点文物保护单位和《中国世界文化遗产预备名单》。一处文化遗产的价值原本不会一成不变,而是随着人们认知水平的提升而不断增加。

二、关于遗产价值结构的不同认识

李格尔提出了一系列与遗产价值要素相关的重要概念,他提出这些概念是为了论述"纪念物的现代崇拜"这一主题,探讨这些价值因素与保护之间的关系,并非为了构拟全部遗产的价值系统。因此,有多位遗产的研究者根据李格尔遗产价值的论述,对李格尔的价值要素之间的关系进行了梳理,试图更加条理化地理解李格尔所说的遗产价值体系[3]。按照这些研究的梳理,李格尔的纪念性遗产的价值要素首先被按照时间轴线划分为"往昔价值/纪念性价值(past

---

[1] 汪国瑜:《梯云直上,绀宇凌霄——记忠县石宝寨》,原载《建筑师》第6期,1981年,转引自《汪国瑜文集》,清华大学出版社,2003年,第13—22页。
[2] 龚廷万:《四川涪陵"石鱼"题刻文字的调查》,《文物》1963年第7期;长江流域规划办公室、重庆市博物馆历史枯水调查组:《长江上游宜渝段历史枯水调查——水文考古专题之一》,《文物》1974年第8期。
[3] 黄瓒:《李格尔纪念物价值构成的思考和启示》,载中国城市规划学会:《新常态:传承与变革——2015中国城市规划年会论文集》,中国建筑工业出版社,2015年,第156—165页;郭龙:《历史建筑保护中"岁月价值"的概念、本质与现实意义》,《艺术设计研究》2017年第4期;陈曦、张鹏:《为什么我们仍然要阅读里格尔?——关于构建建筑遗产价值体系的反思》,《华中建筑》2018年第12期。

values)"和"现世价值(present-day values)",其中往昔价值又分为"历史价值(historic value)"和"岁月价值(age-value)",现世价值又分为"使用价值(use-value)"和"艺术价值(art-value)",此外艺术价值还可继续细化为"新物价值"等。李格尔关于遗产价值的论述并不全面,他所针对的只是具有纪念性的(他又将这种纪念性区分为"有意为之"和"无意为之"两种)"纪念物",他对自己提出的价值要素的概念、概念的定义,以及概念之间的逻辑关系的阐释也还存在误区,他所构拟的遗产价值体系还不够完善。

在李格尔以后,遗产保护学界对于遗产的价值要素和分类又有多种阐述,除了平行罗列多种价值类型的不那么严密的表述外[1],其他具有分类层级和结构的遗产价值分类不外乎两种:一是基于遗产价值的使用功能分类,二是基于遗产价值的空间结构分类。这些遗产价值研究的学者,如同李格尔一样,多将遗产价值的类型要素及其关系与遗产保护和管理结合起来,体现了遗产类型学、遗产价值学与遗产保护学和管理学的关系。在分析遗产价值要素,构建遗产价值体系时,的确需要首先树立将遗产保护作为研究目的的思想;不过在具体分析过程中,还需要紧扣哲学价值论的基本原理,才能构拟出合理的遗产价值体系。

当今世界,遗产保护学界也越来越关注遗产的使用价值,尤其关注遗产的经济价值。兰德尔·梅森(Randall Mason)在《文化遗产的价值评估》一书中将文化遗产的价值划分为两大类,一类是"社会文化价值",另一类就是"经济价值"。前者包括了历史价值、文化/象征价值、社会价值、精神/宗教价值;后者则包括了使用(市场)价值、非使用(市场)价值、存在价值、选择的价值、赠与的价值。类似的表述也见于尤嘎·尤基莱托(Jukka Jokilehto)《价值与遗产保护》之中,他也将文化遗产划分为"文化价值"和"现代社会-经济价值"两大类,文化价值包括了身份、相关的艺术/技术价值、稀缺价值,现代社会-经济价值则包括了经济价值、实用价值、教育价值、政治价值、社会价值[2]。将经济价值从遗产

---

[1] 从《雅典宪章》《威尼斯宪章》到我国自己的《文物古迹保护准则》,这些文件对遗产价值要素的阐述都属于简单列举,并非学术性的阐述(尽管这种罗列有其学术研究的基础),因而不在本文学术讨论的范畴。另有一些遗产保护的论文虽然涉及了遗产价值要素,但要么论文的主旨不在遗产价值体系的分析,要么论文只是列出了一些价值要素而没有对遗产价值体系进行建构,这里对这些有关遗产价值的论述也都不做评议。

[2] 梅森和尤基莱托关于文化遗产价值分类的整理结论都录自吕宁:《从艺术价值到文化价值——以几个保护实践为例浅析中国遗产保护价值观转变》,《建筑师》2016年第2期。

使用价值的一个要素扩展到遗产价值的两个大类之一,将使用价值、非使用价值、存在价值纳入经济价值(或将实用价值纳入经济价值),都不大符合价值哲学。在这方面,我国一些学者关于遗产价值要素和价值体系的阐述,显然更加合理一些。

从遗产的功能形态分析或阐述遗产价值的学者如王秉洛,从价值功能的角度将世界遗产的价值概括为:直接实物产出价值、直接服务价值、间接生态价值和存在价值四个方面;梁学成则从旅游资源复合系统的角度出发,将世界遗产价值分为有形(显性)价值和无形(隐性)价值两个大类,旅游价值、科考价值、文化价值和环境价值4个亚类[1]。但最成体系的还是余佳以可否定量为标准对遗产价值要素的分类,以及陈耀华等以本底还是衍生为标准所构拟的遗产价值体系之树。我们这里着重对这两种遗产的价值体系进行分析。

余佳将文化遗产划分为"由文化遗产相区别于一般物品的特性而产生"的不可定量的"存在价值",以及在文化遗产开发利用中产生的可以定量的"使用价值"。前者又可以划分为"历史价值""文化审美价值""科学教育价值"和"情感价值"四类;后者则可划分为"直接使用价值"和"间接使用价值"两类[2]。余佳所说遗产的"存在价值",系指遗产独特性和不可再生性所决定的一般物品所不具备的价值,实际上主要就是年代价值,因为往昔的遗产对于现世的人们来说,尽管可以再造完全相同的形式,却不能赋予它已经过去的时间,这种遗产独有的存在价值是可以成立的。不过,作为遗产存在价值的时间或年代,这恰好是可以定量的,并且将遗产的历史、文化(审美)、科学、教育价值纳入遗产内在的存在价值,这也显然欠妥。因为这些价值要素都是外在于遗产的,应该归属于遗产使用价值的范畴。遗产的使用价值分为两个部分,一部分是不能定量的价值,历史、艺术、科学等都属于这一类;另一部分使用价值是可以定量的,如遗产的"经济价值"等。将遗产不可定量的使用价值从存在价值移到使用价值中,就与价值哲学的基本原理相吻合了。

陈耀华等基于系统论的理论,认为中国自然文化遗产价值体系是由"本底价值""直接应用价值"和"间接衍生价值"两个层面、三个大类的价值所构成,

---

[1] 王秉洛:《国家自然文化遗产及其所处环境的分类价值》,载张晓、郑玉歆:《中国自然文化遗产资源管理》,社会科学文献出版社,2001年,第24—26页;梁学成、邢晓玉:《对我国世界遗产品牌价值的保护策略研究》,《人文地理》2007年第5期。

[2] 余佳:《文化遗产价值探讨》,《科协论坛》2011年第3期。

其中本底价值包括了"历史价值""美学价值""科学价值"等,直接应用价值包括了"科学研究""教育启智""山水审美""旅游休闲"等,间接衍生价值包括了"社会促进""产业发展"等价值。陈耀华等构拟的价值体系具有明显的层次性,其中本底价值是所有价值存在的基础,这决定了遗产资源必须在保护的前提下才能合理利用;该体系也有空间性,三种价值主要分别存在于遗产地范围以内、遗产地及相邻区域、遗产地范围以外的更大的区域(图7)[1]。陈先生等构拟的遗产价值体系,可以视为对整个遗产价值体系的一种空间架构。在这个构架中,本底价值决定了应用和衍生价值,二者是从属的关系,这自然有助于强调遗产"三大价值"的重要性;然而,从遗产主体与客体、内在价值与使用价值的基本关系来看,历史、美学、科学这些遗产价值要素与其他价值要素一样,仍然都属于使用价值的范畴,它们应该是并列关系而非领属关系。如果要说遗产的"本底价值"的话,遗产内在的以年代为核心的普遍价值,倒是可以视为遗产的本底价值,它才是遗产其他使用价值产生的基础。

图7 陈耀华等构拟的遗产"价值体系树"

---

[1] 陈耀华、刘强:《中国自然文化遗产的价值体系及保护利用》,《地理研究》2012年第6期。

第二章 文化遗产价值研究

笔者认为,遗产的价值如同所有事物的价值一样,都应该划分为内在的存在价值和外在的使用价值两大类。存在价值的构成要素包括时间价值、空间价值和其他最基本的遗产生成的要素,其中最核心的要素则应该是时间所构成的年代价值。使用价值则包括了不可定量的相对抽象的情感价值、历史价值、科学价值和艺术价值,以及可以定量的经济价值等。在遗产的内在价值与外在价值之间,内在价值的年代价值与外在价值的情感价值最为紧要,年代产生了怀旧等情感,正是这种情感使得人们有了探寻历史的兴趣,有了与往昔艺术品之间的共鸣,产生了收藏这些文物或参观这些遗产的想法和行为。因此,遗产的历史价值、艺术价值,乃至于教育价值和经济价值等价值要素之所以能够成立,都与遗产的情感价值分不开,情感价值是遗产内在的存在价值与外在的使用价值间联系的主要纽带。

文化遗产作为人类发展历史过程的一种客观存在,首先具有"内在价值(intrinsic value)"也就是"存在价值(existence value)"。这种价值在文化遗产当初被创作的时候,也就是该遗产还不具备遗产资格的时候,原本有着实际的外在使用功能,具有对当时人们有用的某种使用价值。随着时间的推移,当时过境迁,风气改变,材质老化等现象发生以后,当一般事物演变成文化遗产以后,原先"既有之物"即"新物"的那种使用价值逐渐弱化乃至于消失,而年代价值等非使用价值逐渐强化,使得既有"新物"成为了文物即文化遗产。后来的人们对待这个新认识到的遗产,会又赋予它原先没有的新价值。这些新价值相对于文化遗产来说,是外在于遗产的人(此人非当初创造遗产前身事物之人)这个主体赋予的,不是文化遗产先前被创作之初就固有的,属于一种外在价值。这种文化遗产的外在价值,既包括了历史学家(包括艺术史家)、考古学家、人类学家通过分析和比较赋予遗产的"历史价值",也包括艺术家、美学家、文学家通过研究或感受赋予遗产的"艺术价值",还包括科学家、工程技术人员等通过考察和认知赋予遗产的"科学价值",此外传播学家、旅游学家、遗产地政府及企业认为遗产可能为他们带来经济的收益,从而赋予遗产"经济价值"。遗产也会给遗产所在地的人们某种形式的权属的感觉,使他们认为这个遗产属于他们家乡,这个家乡可以是一个村落或社区,也可能是基层行政单位的区县,还可以是一个更大的行政区域或自然区域,乃至于一个民族或国家,这些地域的人们因为"拥有"(不一定是真正意义法律权属上的所有)这个遗产而产生自豪感,从而加强了群体之间的心理认同,赋予遗产具有象征意义的"社会价值"。遗产还会使前来参观游览的外地客人产生陶冶性情的愉悦感和增加知识的满足感,从而又使遗产有了"娱乐价值"和"教育价值"。所有这些外在于遗产本身的使用价值,绝大多数都是难以用数学来计算的,只有经济价值,尽管它也在变化之中,却可以通过参观游览的游客数量,以及他们在遗产地消费的货币数量来进行衡量(尽管这些衡量的统计数字往往也存在这样那样的问题),可以归属于可计量的遗产价值。

遗产的内在存在价值和外在使用价值,二者之间并不是完全分离的,如果说时间可将往昔既有的新事物与后来形成的文化遗产联系起来的话,人这个主体对遗产这个客体之所以会发生关系的精神情感,则是联系遗产的内在存在价值与外在使用价值的纽带。正是这种人类固有的怀旧情感,使得人们有了从文化遗产中探寻历史的兴趣,有了与往昔艺术品之间的共鸣,有了从古代遗产的科技追寻自然现象长期变化规律的想法,产生了收藏文物、利用遗产获取经济回报或到遗产地参观的想法和行为。

基于上述对遗产或文化遗产价值要素关系的推论,可以形成下面的"遗产价值结构"框图(图8):

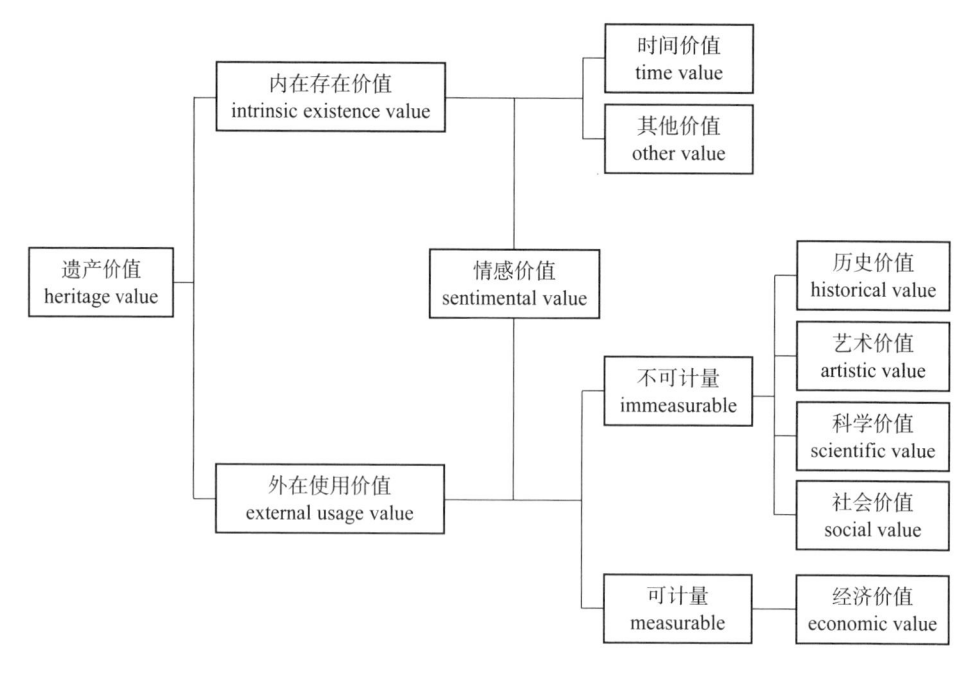

图8 文化遗产价值结构示意图

三、遗产三大价值的正确含义

在遗产的价值构成中,最经典的价值要素或类型莫过于"历史价值""艺术价值""科学价值"这三大价值,几乎所有对文化遗产的价值认知都要设法提炼这些价值。然而,遗产保护学界对于遗产"三大价值"的理解却存在偏差,绝大多数遗产保护学家都将历史、艺术、科学这三类价值理解为并列的价值类型,将历史价值以外的"艺术价值"和"科学价值"当作了与现世价值无关的往昔价值。从某种意义上来说,现在文物价值评估所归纳的所谓艺术和科学价值,实际上都属于历史价值的范畴,艺术价值和科学价值当另有所指。

(一)遗产的历史价值

"历史"有广狭二义,广义的历史是指客观世界发展的过程,既包括了自然世界的发展演变,也包括了人类社会的发展进程。1964年的第二届历史古迹建筑师及技师国际会议《关于古迹遗址保护与修复的国际宪章(威尼斯宪章)》开篇,"世世代代人民的历史古迹,饱含着过去岁月的信息留存至今,成为人们古老的活的见证"[1],说的就是文化遗产的狭义的历史价值。如果按照狭义历史的定义,历史价值就只是人类创造和遗留的文化遗产的一个价值要素。

文化遗产的历史价值与遗产的年代价值密切相关,但二者并不等同。年代价值是遗产价值的内核,它是其他遗产价值得以产生或成立的基础。由于年代是由时间构成的,它与空间一样是中性即客观性的概念。历史则不是这样,尽管将历史作为人类社会发展演变的过程,这种已经发生的人、事和场所都是往昔的客观存在,但这种存在已经随着时间消逝在历史的长河中,今天的人们去探索和研究过去的历史,包括使用过去遗留下来的物证去追寻历史,都带上了我们当下认识的主观色彩。关于历史的主观性,意大利的哲学家克罗齐(Benedetto Croce)有"一切历史都是当代史"的名言,英国的历史学家柯林武德(R. G. Collingwood)也有"一切历史都是思想史"的论断[2]。就如同人们对待历史一样,我们对遗产的认识也必将打下我们自己个人、我们的时代、我们的地域、我们

---

[1] 联合国教科文组织世界遗产中心、国际古迹遗址理事会、国际文物保护与修复研究中心、中国国家文物局主编:《国际文化遗产保护文件选编》,文物出版社,2007年,第52页。
[2] [意]贝奈戴托·克罗齐著,傅任敢译:《历史学的理论和实际》,商务印书馆,1982年;[英]柯林武德著,何兆武、张文杰译:《历史的观念》,中国社会科学出版社,1986年。

的文化的烙印。

历史既然不全然是客观的,我们通过研究文化遗产所抽绎出来的历史价值自然也不会是完全客观的,这与遗产的年代价值有所不同。与历史研究一样,由于历史和历史价值具有强烈的主观性,不同个人、不同时代、不同的文化和教育背景的研究者,他们对历史或遗产历史价值的认知肯定有所不同。正是由于这种不同,才使得包括遗产历史价值研究在内的历史研究,有了吸引研究者的无穷魅力。

遗产的"历史价值"这个概念,当下遗产保护学界对其的定义和在具体遗产历史价值阐释时的运用,是基本得当的。蔡靖泉这样解释历史价值:"文化遗产是人类在社会历史实践活动中创造的财富遗存,因而其基本的特征就是历史性,其首要的价值也是反映历史、补正历史和传承历史的价值。"[1]在历史研究中,通过充分的史料以获取历史的事实,这是历史研究的基础。史料主要由三大部分组成,一是历史上留传下来的典籍文献,二是包括考古材料在内的物质文化遗存,三是包括民族志在内的非物质文化事项,所有这些,都属于文化遗产的范畴。保护了这些文化遗产,也就保存了历史的史料,今人乃至于后人就可以据以考证往昔的历史事实,研究这些历史事件的因果关系和发生背景,品评历史上人物和事件的功过得失,乃至于归纳总结出供今人借鉴的经验教训。

关于遗产的历史价值,目前遗产保护学界认识的分歧最小,不再多言。

(二)遗产的艺术价值

关于遗产的艺术价值,目前中外研究者都存在一些不正确的认识。奥地利学者B·弗拉德列认为,建筑遗产的艺术价值包括最初形态的概念、最初形态的复原等"艺术历史的价值"、"艺术质量价值",以及包括古迹自身建筑形态的直接作用和与古迹相关的艺术作品的间接作用在内的"艺术品本身的价值"三个方面[2]。弗拉德列所列举的艺术价值的三个要素,有些价值显然应该归属于历史价值而非艺术价值,如"艺术历史的价值";有些价值如"艺术品本身的价值"究竟属于什么类型的价值,弗拉德列也交代得不够清楚。显然,这种对遗产艺术价

---

[1] 蔡靖泉:《文化遗产学》,华中师范大学出版社,2014年,第136—143页。
[2] 转引自[俄]普鲁金著,韩林飞译:《建筑与历史环境》,社会科学文献出版社,2011年,第43页。

值的阐述不可能令人满意。秦红岭认为,"建筑遗产保护中所指的艺术价值,主要是指遗产本身的品质特性是否呈现一种明显的、重要的艺术特征,即能够充分利用一定时期的艺术规律,较为典型反映一定时期的建筑艺术风格,并且在艺术效果上具有一定的审美感染力"[1]。秦红岭所列举的这些遗产的艺术价值要素,既包含了遗产的艺术史价值,也包含了遗产的"审美感染力"的美学价值,显得有点混杂。

那么,什么是遗产的艺术价值呢？一般认为,艺术价值是指艺术品或艺术形式对于艺术的有效性,反映了遗产本身对人类艺术的重要功能和作用。因此,遗产的艺术价值必然是与当下审美和艺术创作相关的价值取向,属于当下的现世价值而非往昔的艺术史价值。正如李格尔所说,艺术价值必须是当下的,不存在超验的或者是永恒的状态。遗产的艺术价值主要体现在三个方面：

一是反映了不同社群和文明所具有的独特的传统审美取向,说明其审美水平和艺术表现力得到了古今不同时代,甚至现今不同地域人们的认可和传承。例如我国古代的书法作品,至今仍然被我们欣赏,有的人天天都还在临摹古人的书法杰作,古代法帖的印刷品仍然是销售最为广泛的书刊之一。

二是反映了人类追求自然、返璞归真的心理诉求,可以纠正经历了多次艺术变革后的异化的艺术形式,从而使艺术的发展既丰富多彩又不失本真。例如14—16世纪欧洲的文艺复兴,就是通过对中世纪以前的希腊和罗马的文学艺术的追求,表达新兴社会力量对当下的不满和变革的诉求,纠正并改变了中世纪以来僵化的思想和艺术,促进了思想的解放和艺术的繁荣。

三是可为当代艺术家激发创作灵感,提升艺术创作力,为艺术的变革和发展带来重要的启示。例如陕西兴平霍去病墓前的西汉石雕,20世纪80年代我曾经在杂志上看到一个雕塑家的文章,说霍去病墓前石雕是雕塑家艺术追求的极致。从那以后,50年代以来的写实主义的雕塑潮流逐渐开始改变,艺术创作趋于多样化。当然这种改变是改革开放的大势所趋,主要原因是长期封闭不为国内艺术界所知的外来艺术流派的驱动,但我国古代艺术对当代中国艺术无疑也起到了启迪作用。

从上述遗产艺术价值的体现方面来看,我们对遗产艺术价值的评价一定要与当今审美、鉴赏和艺术创作结合起来,要反映遗产对现实艺术的作用,否则就

---

[1] 秦红岭:《论建筑文化遗产的价值要素》,《中国名城》2013年第7期。

会与遗产的历史价值发生混淆。

(三) 遗产的科学价值

遗产的科学价值,全面地说,应该是遗产的科学技术价值。科学是关于自然、社会和思维的知识体系,技术泛指根据生产实践经验和自然科学原理而发展成的各种工艺操作方法与技能。遗产的科学价值是指遗产本身的信息有助于当代的科学研究和技术运用的遗产价值和意义的构成要素。《中国文物古迹保护准则(2015年版)》将科学价值定义为文物古迹作为人类创造性和科学技术成果本身或创造过程的实物见证的价值。王巍和吴聪已经指出,"上述定义都将科学价值视为一种实物见证,如见证人的创造性、科学技术的发展和革新,或促进其他学科发展的卓越成果等。如果科学价值只是一种实物见证,那么应该被归为科学技术史上的价值,即从属于历史价值,而不是和历史价值并列存在,所以这种角度的定义值得商榷"[1]。王巍等的批评意见是中肯的。

秦红岭以建筑遗产为对象来阐述遗产的科学价值。她先给科学价值下了一个定义,"所谓科学价值,主要指建筑遗产中所蕴含的科学技术信息"。这当然是正确的。但她又解释说:"所谓科学价值,主要指建筑遗产中所蕴含的科学技术信息。不同时代的建筑遗产一定程度上代表并体现着当时那个时代的技术理念、建造方式、结构技术、建筑材料和施工工艺,进而反映当时的生产力水平,成为人们了解与认识建筑科学与技术史的物质见证,对科学研究具有重要的意义。"秦红岭解释的科学价值又回到了建筑技术史的价值上,说的仍然是历史价值。实际上她在同一篇文章中已经指出,"从更广的视角看,建筑遗产所蕴含的科学技术信息,不过是建筑遗产所携带的历史信息的一部分";但她进而认为"科学价值实质上是历史价值的一种具体表现",却又有了矫枉过正之嫌[2]。

综上所述,"科学技术价值就是指事物所具有的探求客观真理的、揭示事物发展的客观规律的用途,是指根据生产实践经验和自然科学原理发展成的能够指导人们改造世界的各种工艺操作方法与技能所具有的积极作用"[3]。遗产的科学价值也是如此。正如王巍等指出的那样,应该"将科学价值定义为一种现今

---

[1] 王巍、吴聪:《论文化遗产的科学价值》,《建筑遗产》2018年第1期。
[2] 秦红岭:《论建筑文化遗产的价值要素》,《中国名城》2013年第7期。
[3] 朱向东、薛磊:《历史建筑遗产保护中的科学技术价值评定初探》,《山西建筑》2007年第35期。

的价值,即服务当今社会的价值,与历史价值区分开来"[1]。遗产的科学价值也主要分为三类:

一是如某些自然遗产,它本身可以作为当代科学研究的对象或材料,具有科研资料的价值。如自然遗产中动物栖息地的支撑生物多样性的价值,某些地质现象所蕴含的地球科学研究信息,史前动物和人类化石及其埋藏所包含的进化和环境演变信息等,这些价值对于地球、地质、地貌、植物、动物和人类自身的科学研究提供了重要的资料。

二是如某些地质遗产、天文遗产、水文遗产、灾害遗产等,它们是需要长时段积累观测数据的科学研究门类的重要资料,具有科学数据的价值。重庆涪陵区的白鹤梁题刻中的古水文题刻,是古人长期观察枯水水位的记录,其枯水水文数据对当今认识长江千年以来的最低水位、长江水位的变化规律,以及北半球气候的变化等都有意义,当然具有科学价值[2]。

三是某些矿山遗产、水利遗产和工程遗产,可作为当代工程的基础,或作为当代科学技术的借鉴和参照,在当代仍然可以继续沿用。始建于战国时期的四川都江堰水利枢纽工程,自从建成以后就一直发挥着作用,使得四川成都平原成为"水旱从人,不知饥馑,时无荒年"的天府之国。都江堰的分水调节、灌溉系统和管理模式至今还运行正常,并还在继续扩展和完善[3]。这也是遗产科学价值的一种体现。

按照上述遗产科学价值的定义,在文化遗产中,只有较少的一部分具有科学价值。在当下的文化遗产价值评估中,最容易将历史价值与科学价值和艺术价值混淆的遗产类型是古代建筑。尽管古代建筑是那个时期人们建筑技术和艺术的结晶,但建筑科学技术史或建筑艺术史学者所要研究的内容是这些古代建筑的历史价值,不是科学价值和艺术价值。建筑遗产不恰当的价值评估,应当予以修正。

---

[1] 王巍、吴聪:《论文化遗产的科学价值》,《建筑遗产》2018年第1期。
[2] 孙华、陈元棪:《白鹤梁题刻的历史和价值》,《四川文物》2014年第1期。
[3] 张成岗、张尚弘:《都江堰:水利工程史上的奇迹》,载杜澄、李伯聪主编:《工程研究——跨学科视野中的工程》,北京理工大学出版社,2004年,第171—177页;谢晓莉、卢明湘、李萍:《都江堰工程队现代水利工程全过程管理的启示》,《价值工程》2018年第3期。

四、遗产价值评估的作用

遗产价值学是分析自然和文化遗产的存在价值、价值要素、价值构成、价值阐释以及如何保持其价值的学问,它是遗产保护学的基础。遗产价值学在遗产保护中的重要意义是毋庸置疑的。不过,对于遗产重要性在遗产保护中的具体作用,遗产保护学界的认识却似乎存在偏差。在不少研究遗产价值的论著中,都把遗产价值与遗产保护的方法和技术关联起来,认为对文化遗产价值的认知会影响和制约遗产保护方法和技术的采用。这种认识不尽准确。遗产保护方法和技术的使用,主要是基于不同类型遗产所具有的特点,针对不同类型和不同个例遗产所出现的危害因素,有针对性地采取相应的保护方法、技术和管理措施,与遗产是否重要的价值评估不存在一种必须的关联。已经认识到了某一遗产的重要性,在编制其保护规划、制定保护方案,以及实施保护工程时,重复进行遗产价值的评估已经没有多大必要,除非保护者对于需要保护遗产的价值有新的认识,以及该规划或方案涉及遗产价值要素的先后排序问题。

为什么这么说呢? 这主要出于以下三方面的考虑:

首先,无论是地区一级的、国家一级的,还是世界的文化遗产,只要同一类型的遗产,其保护方法与技术基本都是差不多的。而不同的遗产类型,不同类型遗产的价值取向,以及不同的危害情况,才会影响到保护方法和技术。例如,文化景观类型的遗产是兼具物质和非物质文化的"活态"遗产,保护文化景观不是为了保护其现有状态,而是要保持其文化的延续性。那么,历史城镇、传统村落、神山圣地等类型的遗产,其价值之一就是延续性价值,就需要采取不同于遗址、建筑、石刻保护的方法和技术来维持这种价值。

其次,由于价值研究是很复杂的科研课题,就文化遗产来说,往往需要历史学家、考古学家、建筑史学家、艺术史家、技术史家等对遗产进行研究分析,不断发现和提炼遗产的价值。文物保护的工程技术人员对遗产本体范围划定保护范围并提出保护规定和措施,或者针对遗产具体危害因素采取相应的保护措施,他们难以承担这些哲学、史学等领域的基础研究工作,也没有必要重复或转述既有的价值认知的描述。目前多数遗产的保护规划和保护方案,其中关于遗产价值的评价多未经过仔细研究,当然也没有多大意义。

其三,在文物保护工程中,对遗产价值的评价需要具体对待,要对遗产的要素、关系、系统进行全面分析,对保护行动前后遗产价值的可能变化进行对比,从而判定遗产保护项目对遗产的价值维系是否起到了作用。尤其是那些出于特别的原因,需要搬离原址进行异地迁建保护的遗产,更需要对搬迁前后遗产的关联信息和全部价值是否有所损失进行预先评估。例如,重庆云阳县张飞庙的搬迁,搬迁前确定迁建方案的时候,就应该有搬迁前后的价值评估研究,从而使异地迁建对遗产价值的影响降至最低。张飞庙搬迁后环境景观大不如前,多数古树已经死亡,作为一处中国传统的优秀山水建筑,张飞庙搬迁后的价值已经大大降低[1]。

笔者认为,在遗产的保护和管理中,遗产价值的重要性,也就是价值评估的作用,主要体现在以下几点:

(1)当保护者面对大量的遗产,无论是人力、物力还是财力,都没有办法同时均衡地兼顾所有遗产保护时,通过对遗产资源的调查,以及对所知遗产的价值研究,在认识其价值状况的前提条件下,可以对这些遗产的重要性进行排序,以便能够调集相关资源优先保护最重要的遗产。我国不可移动文物的全国重点文物保护单位、省市自治区级文物保护单位、市区县级文物保护单位的划分,以及可移动文物的一级、二级、三级的定级,主要就是基于这种考虑[2]。

(2)当遗产保护者在对一处大型的不可移动文物——尤其是遗产要素多样的大型遗址、历史城市、传统村落等——制定保护规划时,需要对其中不同遗产要素的重要性进行评估,以便在规划的保护规定中,分别针对不同的遗产要素做出相应的保护规定;并在规划的分期中,按照重要性的先后次第采取保护措施。即便收藏在博物馆中的可移动文物(包括图书档案),也需要进行价值评估,认识每件文物的重要性,以便在保护管理规划中对保存环境、保管制度和应急响应等做出安排[3]。

(3)当一处遗产要申报世界遗产时,遗产的管理部门就会组织专家对遗产的价值进行评估,对遗产的"突出普遍价值"进行说明,尤其是要用公众化的语

---

[1] 孙华:《重庆云阳张桓侯祠考略——兼谈张桓侯祠异地搬迁保护之得失》,载重庆中国三峡博物馆编:《长江文明》第二辑,重庆出版社,2008年,第8—19页。

[2] 也正是由于这些原因,当我国的经济发展到一个较高水平的时候,国家有余力同时兼顾更多遗产保护的时候,从第六批全国重点文物保护单位开始,新增国家级文物保护单位的数量就超过了前五批数量的总和。

[3] 一位熟悉日本博物馆的文化遗产保护界朋友告诉我,日本的重要博物馆都根据藏品的级别,在保管和展陈方面有相应的规划措施,如库房中的最重要的藏品,一定要放在靠近库房大门的显著位置,以便在紧急灾害的情况下,优先进行抢救。

言对价值进行提炼,以凸显遗产的独特性和重要性,从而使来自不同国家、不同文化的官员和专家在世界遗产大会上能够理解提名遗产的价值,以便使提名顺利列入《世界遗产名录》。为了说明本遗产的价值,采用对比分析的手法进行遗产间的比较研究,自然是必不可少的程序和手段。不过,不少已经登录《世界遗产名录》的遗产,现在回头来看,当初的申遗文本对于遗产价值的阐述也未必准确和全面。预先对有申报世界遗产诉求的遗产开展细致的基础研究,包括价值评价,很有必要。即便已经登录《世界遗产名录》的遗产,也有继续研究其价值的必要,以便将新的研究成果运用到保护、管理、展示和公众教育中去。

遗产的价值研究是相当复杂和仔细的学术研究,需要研究者的知识积累,也需要研究者具有开阔的学术视野。西方汉学家鲁唯一(Michael Loewe)、夏含夷(Edward L. Shaughnessy)在《剑桥古代史》的序言中也指出,"一个不注意考古证据的历史学家很快就会感到他无法顺应当代的学术潮流;同样,一位不熟悉传统文献的考古学家会难以把握相当一部分的中国文化之精髓"。要理解一个、一类、一个地区或一个国家遗产的价值,自然也需要掌握相关知识,并在一定观念和方法的指导下,通过分析这些知识,来揭示隐含在遗产表面形态之下的价值。

五、结语

在结束本节之前,可再举一例说明对一处遗产持续深入研究其价值的重要性。已经列入《中国世界文化遗产预备名单》的山西应县木塔,自从1933年梁思成等进行考察、测绘和研究以来,相关研究成果相当丰富,该木塔的价值也从建筑历史的角度进行过细致全面的分析[1]。不过,过去的研究者都将塔的建筑与塔内塑像和佛藏分离开来,认为塔是辽代所建,塑像是金代后塑,因而在进行价值评估时就建筑谈建筑,未能从遗产整体上去阐述其价值。根据罗炤的研究,应县木塔的塔与塑像都是辽代的遗存,过去认为该塔塑像晚于木塔的认识未必正确[2]。

---

[1] 梁思成:《山西应县佛宫寺辽释迦木塔》,《梁思成全集》第十卷,中国建筑工业出版社,2007年;陈明达:《应县木塔》,文物出版社,1966年;山西省文物局、中国历史博物馆主编:《应县木塔辽代秘藏》,文物出版社,1991年。
[2] 罗炤:《应县木塔塑像的宗教崇拜体系》,《艺术史研究》第12辑,中山大学出版社,2010年,第189—216页。

罗先生的意见是值得重视的,并且很大程度上也是正确的。如果木塔与塑像都是辽代所造,是一个整体,那么,应县木塔的价值就要重新认识。至少在价值评估时要增加"应县佛宫寺释迦塔是目前保存最完好的辽代以塔为主体的传统佛教寺庙类型,建筑、塑像、壁画、经藏诸要素均备,为认识唐辽显密兼修佛寺的宗教崇拜体系提供了最好的样本"这类的价值评语。

第三节　建筑遗产的价值与保护

在文化遗产以上诸类型中,无论是不可移动的物质文化遗产、文化景观,乃至于非物质文化遗产,建筑都是其中最重要的构成要素或关联要素。以联合国教科文组织的《世界遗产公约》为例,《公约》中文化遗产的三个类型,实际上全部或主要的都是建筑遗存。"建筑"这一大类自不待言,它是人们为了满足自己某种需要而有意识设计和用土木砖石等材料建造的构筑物,如住宅、坟墓、寺庙、桥梁、作坊、园林等。不同功能建筑集中的地区就形成了聚落和城市。建筑的使用和保存状态决定了它具有不同的性质和状态,先前建筑物和构筑物的聚集地失去了原有功能并毁弃的场所就形成了另一类文化遗产——"遗址"。而"纪念碑"这种宗教性和纪念性建筑物和构筑物,建筑也是最重要的组成部分,只不过这些建筑体量庞大,集建筑、雕塑和绘画于一体,给人以强烈的视觉冲击而已。至于"文化景观"这类后来弥补《公约》遗产类型空缺的文化遗产,是兼具物质和非物质的"活态"复合文化遗产,也就是还有人居住、生活和生产的传统村落、历史城市等,《操作指南》中的"历史城镇",实际上就是文化景观中的一类,属于城镇文化景观[1]。一部文化遗产保护史,大部分篇章就是建筑保护史,建筑遗产保护的重要性由此可见一斑。

---

[1] 关于"文化景观"类遗产,这个本自人文地理学的术语作为文化遗产的一个类型以后,由于不同学科该术语"名""实"的差异性,以及国际文化遗产学界对此解释的不准确性,就给文化遗产学界带来了许多困扰。从不可移动文化遗产常规类型的结构体系来说,《公约》所缺少的类型只有一类,就是介于物质和非物质文化遗产之间的类型,借用文化景观的名称作为该类型的名称,虽然不那么贴切(不如非物质文化遗产领域用"文化空间"命名这类遗产准确),但只要对该术语进行一些限定也是可以的。

一、中国建筑遗产的类型与特点

在中国原有的保护体系中,没有系统的文化遗产分类,但却有系统的文物即物质文化遗产分类。中国的文物分类系统是将文物划分为至少三个层级:第一个层级是可移动文物和不可移动文物。当然,可移动和不可移动具有相对性,包括古代碑刻在内的一些古代石刻艺术作品,它们的本来位置可以指示相关建筑物和构筑物的建造历史,指示所标表的陵墓神道和大门所在,唤起人们对石刻所在地曾经有的人和事的记忆,应该属于不可移动文物。不过,从古至今,公私机构和个人都出于不同的原因,将许多碑刻和圆雕搬离原位,有的甚至被搬入博物馆成为博物馆藏品,可移动与不可移动文物因此会发生混淆。第二层级就不可移动文物来说,我国的文物行政主管机构出于关注近现代文物的目的,将不可移动文物按年代划分为"古代"和"近现代"两大类,其中古代部分又按照文物的功能用途将其分为古遗址、古墓葬、古建筑、石窟寺及石刻诸类,古遗址主要由残毁的建筑物、构筑物和场地组成,古墓葬实际上是给死者构筑的栖身之所,是地下的建筑(有的古墓葬还有地面建筑);近现代部分主要是重要历史人物活动过和重要历史事件发生的场所,其中建筑数量最多,故该类名称就是"近现代重要史迹及代表性建筑"。至于第三层级,即便不考虑近现代建筑和陵墓建筑,古建筑也还分为城垣城楼、宫殿府邸、宅第民居、坛庙祠堂、衙署官邸、学堂书院、驿站会馆、店铺作坊、牌坊影壁、亭台楼阙、寺观塔幢、苑囿园林、桥涵码头、堤坝渠堰、池塘井泉等诸多类型[1]。

我国的不可移动文物的建筑分类,基本上是以功能即用途作为主要的分类标准。功能分类是中国建筑历史书籍常用的分类。中国古代建筑史,一般是按时代进行历史进程的划分,然后就按照建筑功能进行第二个层次的划分。如刘致平先生的《中国建筑类型及结构》一书,把中国古代建筑分为古代城市、住宅、园林、陵墓、坛庙和寺院,以类为章进行叙述。鉴于居住建筑数量众多,形态多样,具有地域差异和民族差异,故刘先生又把居住建筑单列出来作为前书的姊妹篇。建筑历史教科书基本上也是先按时代进行分期,每期再按照建筑功能进

---

[1] 第四次全国文物普查领导小组办公室:《第四次全国文物普查标准、登记表和著录说明》,2024年5月。

行分类,以功能分类为章目进行叙述[1]。高等学校教材《中国建筑史》就将中国古代建筑分为四大类七小类,按类型有城市、宫殿、坛庙、陵墓、宗教建筑、住宅、园林[2]。在这个分类中,城市是多种功能建筑集中的复合类型,其余是功能相对单一的建筑类型,只是这个分类强调了皇家建筑,故将"宫殿、坛庙、陵墓"单列出来,其余作为非皇家的建筑。中国建筑历史研究所编写的多卷本《中国建筑史》,因篇幅较大,故以时代分卷,每卷再按建筑类型进行概述。在所有的建筑功能分类中,城市是多种建筑按功能分划的分区聚集和规模聚集,严格地说,不属于建筑的一种类型,故在学科体系中城市规划往往与建筑设计分庭抗礼;园林往往附属于住宅等其他功能建筑,注重于景观营造而不是建筑营建,早期园林往往还是"自然中见人工",建筑只是园林的点缀,故风景园林往往也想自立门户,只不过园林的功能相对单一,将其作为建筑的一个类型也未尝不可。

笔者认为,严格意义的建筑的功能分类,应作如下划分:首先是以综合功能还是单一功能为标准,将建筑分为两个层面:第一个层面是综合功能的建筑集群——城市、村落、工矿等;第二个层面是单一功能的建筑群或单体建筑,这个层面可以划分为宫殿衙署、住宅建筑、陵墓建筑、宗教建筑、文化建筑、园林建筑等。需要说明的是,建筑分类的功能分类只是其中一种主流分类体系,还有其他多种分类方案,如建筑的材料分类、结构分类、环境分类等。建筑的分类如同其他任何事物的分类一样,从来都是认识和分析事物的手段而不是目的。分类本无高下优劣之别,应该根据研究和实践目的,选择恰当的分类方式。

建筑遗产的另一种分类方式是材料分类。事实上,几种中国古代建筑史的专著和教材,都是兼顾了功能分类和材料分类,此外还要考虑等级分类的因素(如皇家和众庶)[3]。建筑材料分类的意义主要有二:一是在建筑功能尚未显著分化或难以判断的上古时期,用建筑材料分类比较客观;二是建筑材料本来就是建筑的要素之一。虽然中国是以木结构建筑为主体,但其他建筑材料的建筑也占据着相当重要的比例,不同的建筑材料往往决定着建筑的结构和形式,尽管中国在强大的木质建筑的传统影响下,有些石结构建筑也采用了木质建筑的结构和形式(梁思成先生将其归纳为用"石方法之失败")。以建筑材料为标准对

---

[1] 刘致平:《中国建筑类型及结构》,中国建筑工业出版社,1987年;刘致平著,王其明增补:《中国居住建筑简史——城市、住宅、园林》,中国建筑工业出版社,2000年。
[2] 《中国建筑史》编写组:《中国建筑史》,中国建筑工业出版社,1982年。
[3] 刘敦桢:《中国古代建筑史稿》,中国建筑工业出版社,1984年。

中国建筑遗产进行分类,可以划分为土质建筑、木质建筑、砖石建筑、金属建筑诸类型。(1)土质建筑。严格意义的土质建筑是全部由泥土构成的建筑,如窑洞建筑。在土质墙体上搭木覆土的掩土建筑,应该归属于土木结合的复合材料的类型。中国地处世界最大的黄土覆盖区和冲积区,在黄土上开凿窑洞,自然成为古今人们的一种建筑选择。新石器时代晚期就已经有了单室和双室的窑洞,直至现代,土质建筑仍然是建筑的重要类型。(2)木质建筑。这是中国建筑的主体,中国古代曾经到处都是长林茂草,这给古人建造自己住所提供了便捷的材料,久而久之,喜用木材而非砖石,就成为了中国建筑的一个传统。不过,严格意义的木质建筑主要是"井干建筑以及以木板围合的穿斗建筑",其余木构建筑是"由木构梁柱支撑,由砖、瓦、石、土填充围合"[1]。(3)砖石建筑。可以分为石质和砖质两小类。石材是天然的材料,早在新石器时代晚期就为人们所利用,如红山文化的牛河梁祭坛等,以后一直延绵不绝,尤其是在中国的东北和西南,石构建筑还占有相当的比例。砖是一种人工材料,作为建筑材料出现稍晚,以后主要作为建筑台基、建筑墙体和高层塔阁类建筑的材料,纯粹的砖石券拱的"无梁殿"只见于明清时期。(4)金属建筑。铜铁一类金属用作建筑材料,往往具有特殊背景,不是通常的建筑材料。全金属的建筑很少,塔幢类金属建筑最早不过五代十国的广州光孝寺东西铁塔,其中西铁塔铸于南汉大宝六年(963年),东铁塔建于南汉大宝十年(967年),是我国现存最早的有确切铸造年代的大型铁塔;殿阁类金属建筑主要见于明清时期,湖北武当山小莲峰上的古铜殿,建于元大德十一年(1307年),铜殿虽小,却是我国现存最早的金属殿堂建筑。由于金属建筑数量有限,故有全面收集和考察金属建筑的专书出版[2]。当然,古代最多的建筑还是复合材料建筑,即便中国建筑以木结构建筑为主要特征,还有砖石包土的台基,砖石或土的坎墙,木质的构架和门窗,覆瓦的屋顶,木构件只是建筑的主体而已。

建筑遗产的结构分类,当然主要与材料有关,但也与文化传统密不可分。以不同建筑材料为建筑主体的地区,往往具有不同的地理环境和自然资源,从而形成不同的建筑文化观念和传统。木材和石材性质具有相悖的互补性,木构具有较好的韧性和弹性,可以制作较长的构件,但却容易腐朽、虫蛀和遭到火焚;石

---

[1] 刘妍:《榫卯,是中国传统建筑独有或首创的吗?》,《读书》2024年第5期。
[2] 张剑葳:《中国古代金属建筑研究》,东南大学出版社,2016年。

材具有较好的硬度和强度,可以保存相对长久的时间,但却容易折断,不适宜制作较长的构件。这些建筑材料性质的差异,使得木材资源易得的地区和石材资源容易开采运输的地区,形成了不同的建筑结构体系：第一种体系是叠垒类建筑,这类结构的建筑木石都有,它是使用这两种材料进行叠垒和拼合成形。木材叠垒的建筑就是"井干式"建筑,建筑的墙体用原木或枋木叠垒,木材两头直角相交,墙上可用木材排列并覆盖树皮或草叶形成平顶或斜顶的屋顶遮护；石材的叠垒类建筑更加常见,它是用石条或石块垒砌围合的墙体,其上石条采取叠涩的技法形成遮护的屋顶。第二种体系是构架类建筑,这类建筑几乎都是木材建造(当然也有少数用石材仿木构的建筑,只是因石材不适合构架类建筑,故梁思成先生将其当作中国传统建筑"用石之失败"的案例),通常都是先地面挖坑立柱或设础立柱,柱上承托梁架和檩椽,其上再覆盖茅草、树皮、瓦件甚至石板形成屋盖的建筑类型。根据梁柱结合方式的差异,构架类建筑还有抬梁式和穿斗式的不同构架方式。第三种体系就是拱顶类建筑,这是石材作为主要构材的建筑形式,泥土烧结的砖块性质类似石块但更加小巧规范,与石材一样是顶拱类建筑的常用建材。拱顶类建筑用砖石材料和拱形设计,将屋顶的重量通过其下的砖石墙体和柱子分散到地基上。根据拱顶的形态,这类建筑又可以分为券拱形和穹窿形两个类型,两种类型的建筑在中国使用都不早于汉代,以后也基本是坟墓和佛塔喜用的建筑结构,明代以后殿堂类建筑才少量使用。

  最后需要提到的是建筑遗产的环境分类。建筑遗产的环境往往与建筑设计密切相关,尤其当中国木构建筑发展到明清时期,官式建筑的单体已经完全模式化,建筑设计的独特创意主要只能体现在建筑与地形地貌的协调、建筑群体的组合形式以及园林景观的营造等方面[1]。依照笔者对于建筑与环境的理解,如果以建筑选址和环境关系为标准进行分类,建筑可以划分为平地建筑、山地建筑、山水建筑三大类。平地建筑由于建筑用地基本上不受地形地貌的限制,营建时不用考虑或较少考虑与地形地貌的关系问题。平地建筑的营建主要受到水体的影响,根据建筑选址周围有无水体,可以分为无水平地建筑和亲水平地建筑两类。亲水建筑与水的关系有多种处理方式,从而形成临水、背水、环水、水中、跨水诸型。山地建筑需要慎重考虑建筑与山体的关系,或依山就势,或削高填低,或山

---

[1]　北京建筑大学已经退休的南舜熏教授专门写了一本名为《建筑的山水之道》(上海古籍出版社,2007年),其副标题为"中国传统建筑的设计创意",就反映了这一点。

巅临险,可以划分为山巅、依崖、洞穴、跨涧、坡地诸型。至于既据山又亲水的山水建筑,营建时则需要兼顾考虑建筑与山和水的关系,形成更为复杂的建筑与环境关系类型。

不同类型的建筑遗产,其价值要素的构成有所不同,保护的方法与技术也有所不同。根据不同的建筑遗产类型,仔细分析这些不同类建筑遗产价值构成的差异,然后再针对这些建筑遗产存在的问题,按照正确的保护理念和原则,采取恰如其分的保护和修复措施。木构建筑遗产的保护和修缮也应如此。

二、建筑遗产的价值认知

建筑是人类给自己和自己关心的物品遮风避雨所创造和营造的具有结构和形态意义的空间。当初人们创造和营建这些建筑之时,它们只有保障生息、生产等专门行为和专业活动的实际使用功能。随着人类社会的复杂化,社会分层、阶级观念和等级制度的形成,不同层级人群和不同职能的建筑除了有了体量上的不同外,建筑结构、建筑形制和建筑装饰也会带上等级意义,如汉代门阙类建筑,三出阙、双出阙和单阙的使用就有等级规范[1],唐宋时期《营缮令》也包含了有关建筑形态及装饰使用等级的律令[2],建筑等级的象征功能由此可见一斑。

当历史建筑经历了时间的洗礼,不少建筑因自然或人为的原因消失了,保留下来的建筑就不仅具有当初的实用功能即使用价值,还包含了原先建筑所没

---

[1] 关于汉代阙类建筑的等级规定缺乏文献记载,只有《汉书·霍光传》叙述霍光死后,"太夫人显改光时所自造茔制而侈大之。起三出阙,筑神道,北临昭灵,南出承恩,盛饰祠室,辇阁通属永巷,而幽良人婢妾守之"(《汉书》卷六十八《霍光传》,中华书局,1962年,第2950页)。可知用三出阙是皇帝之制,即便是霍光这样的三朝重臣也不得使用。关于三出阙、双出阙、单阙这些不同等级阙的具体做法,学者们有不同的解释:有人以为是指阙结构造型的三种形式,即一主阙二附阙、一主阙一附阙和有主阙无附阙;有人以为是指阙前后排列的三个层次,即前后三重门三重阙、前后两重门两重阙和仅有一层门单出阙;还有人认为是指阙方位布局的三种差异,即位于城邑和院落的前左右三面的大门前、在前后两端的大门前,以及仅在前端的大门前。目前的汉代石阙只有位于祠庙或墓园大门外一个方向、一重石阙的单主阙或主附阙这两种形式;汉代陵墓墓园是在陵园内垣四面开门立阙,阙的形式为一主阙一附阙,可知三出阙是前面和左右两面共三面立门阙的说法和一主阙二附阙的说法都不够确切。

[2] 天一阁博物馆、中国社会科学院历史研究所天圣令整理课题组校证:《天一阁藏明抄本天圣令校证(附唐令复原研究)》下册,中华书局,2006年,第650—674页。

有的年代价值,这些建筑就具有了作为建筑遗产的资格。这些作为遗产的古建筑与当初营建的新建筑,它们的实际使用价值(如居住、办公、生产、礼拜等)有可能保留也有可能转变,抽象表征价值(如公私、等级、神圣与世俗等)有可能延续也可能不存,就连它们的关系、环境、景观也会有所变化,唯独不变的是它们的既有存在。这种不变的存在包括了作为遗产的建筑物,这些具有一定年代的建筑物如果不存在,也就没有这些建筑遗产及其所有价值。至于建筑所在的场所空间,这无疑也是建筑遗产重要的客观存在价值之一:历史城市和传统村落的价值要素之一就是选址,这自不待言;历史建筑的选址以及建筑与环境景观的关系,也具有重要的价值意义,山地建筑和园林建筑尤其如此;而历史上在这些建筑中居住或工作过的著名人物,发生的重要历史事件,都与建筑所在的场所空间有着不可分割的关系,纪念性建筑的纪念意义就附着在建筑存在的区位空间和场所环境。具有年代价值的既有建筑及其所在的场所空间,构成了建筑遗产价值的客观存在价值的部分。

  建筑成为一种文化遗产,是由它们所包含的时间造就的。随着时间的推移,建筑遗产的年代价值递增,并产生了其他相关的主观认识价值。建筑的年代越古老,存世数量就越少,例如晚唐五代木构建筑全国就只有区区9座,宋辽金时期的木构建筑也不过151座,物以稀为贵,当人们认识到存世建筑的年代和数量后,这些唐宋木构建筑就具有了稀缺价值,即便有些建筑不过是当时偏僻山区极其普通的建筑。元明清木构建筑数量较多,时间距今也不很久远,在保存至今的清代木构建筑中,有些仍然以其巨大的规模、特别的组合、复杂的结构或精细的工艺著称于世,如辽宁沈阳故宫、北京国子监和雍和宫、河北承德的外八庙等,这些建筑被认为在同时代清代木构建筑中具有典型性和代表性,因而被列为第一批全国重点文物保护单位,具有典范价值。这些建筑经历了岁月的洗礼,除了形态和结构会给人以"非同一般"的感觉外,往往还有材质老化和病害侵蚀带来岁月痕迹,给人以某种"陈旧"和"古老"的历史沧桑感,使得这些建筑遗产又有了岁月价值。带有岁月沧桑的历史建筑,会使得与生俱来就有怀旧情结的人们看到和走进这些建筑的时候,忆往、怀旧,甚至产生乡愁,从而给建筑遗产赋予了情感价值。还有一些传统木构建筑,历史上就不断进行维护才得以保存到现在,有的建筑因为有主人居住或其他用途的使用才得以维持修缮行为的不断进行。这些不断修缮维护的历史建筑,往往又会抹去岁月给建筑留下的痕迹,给人缺乏历史沧桑的感觉;但是正是这些持续的维修和保养,才使得建筑遗产的本体得以保存,或者使得历史建筑的原有功能得以维持,有的国家和地区还通过这种不断维修和更新使传统的建筑工艺得以传承,从而使得这些建筑遗产有了延续价值,如日本的一些屡经修缮的历史建筑[1]。前述这些稀缺价值、典范价值、岁月价值、情感价值和延续价值等,都是人们对于包括建筑遗产在内的所有文化遗产可能会产生的主观认识价值[2]。当这些建筑遗产被建筑历史学家、建筑考古学家、建筑艺术学家、建筑科技学家等关注和研究以后,他们就会发掘、归纳和抽象出更多的不同学科的相关价值。建筑遗产的历史价值、艺术价值和科学价值,都是建筑遗产可能会拥有的另一大类主观认识价值。建筑遗产的这些价值随着研究的精进和感悟的加深,随时都可能会发现和发掘出一些新的价值,这种价值变化和"增值",正是遗产价值研究的意义和魅力所在。而遗产保护学、博物馆学、传播学、旅游学等相关学科的学者所归纳、评估和阐释的包括历史建筑在内的遗产价值,都是基于前述基础学科的遗产价值研究揭示的成果,用公众熟悉的语言进行的遗产价值的二次阐释而已。

文化遗产具有物质与非物质两大系列,物质文化遗产还有可移动与不可移动两大类型。建筑遗产尽管属于物质文化遗产的不可移动文物类型,但除了建筑的物质形态以外,也还蕴含了建筑的营造技艺这样的非物质的传统。因而当初梁思成先生在总结中国传统建筑特点的时候,就把中国建筑的特征归结为两个方面,一是属于结构取法和发展方面,这方面包括"以木料为主要构材""历用构架制之结构原则""以斗栱为结构之关键,并为度量单位""外部轮廓之特异"四点,其中第四点又细分为"翼展之屋顶部分""崇厚阶基之衬托""前面玲珑木质之屋身""院落之组织""彩色之施用""用石方法之失败"诸要素;二是属于环境思想方面,这方面包括有"不求原物长存之观念""建筑活动受道德观念之制裁""着重布置之规制""建筑之术,师徒传授,不重书籍"四点[3]。梁先生所说前一方面的中国建筑的特征是物质方面的特征,后一个方面的则是非物质方面的特征。我们在研究、评估和保全建筑遗产价值时,就不能仅仅局限于建筑遗产

---

[1] 郭开慧、陈曦:《文化相对主义视角下的日本木构建筑遗产保护价值观研究》,《新建筑》2020年第6期。

[2] 关于主观认识价值,参看孙华:《遗产价值的若干问题——遗产价值的本质、属性、结构、类型和评价》,《中国文化遗产》2019年第1期。

[3] 梁思成:《中国建筑史》(油印本),中华人民共和国高等教育部教材编审处,1955年;转引自梁思成:《中国建筑史》,百花文艺出版社,1998年,第13—21页。

的物质层面,还应该关注建筑遗产的非物质层面特征与价值。

关于建筑遗产非物质层面的价值要素,就要说到不同国家和地区的建筑文化传统。中国的腹地是世界最大的黄土覆盖区和冲积区,木材获取相对容易,而石材获取相对困难,因而古人通常使用木材作为房屋的主要建设材料,久而久之,木结构建筑就成为一种根深蒂固的习惯,形成了源远流长的传统。木材如同人一样具有生命周期,从泥土长出最后又回归泥土;木构的建筑难以永存,自然降解和水火之灾都会导致建筑毁坏乃至于消失。因而中国传统文化的观念是把建筑视为衣冠车马,随着自己财富的增加和地位的提高就会营建新的替代品,重视新创新建而不注重维护既有建筑,不追求建筑的永久性。木构建筑如果朽烂不能继续使用,往往就重新营建新的更好的建筑进行替代。我国保留下来的古代建筑都经过屡次重修重建,一座寺观祠庙的原初建筑往往只有主要大殿的主要木构架,其余附属建筑都是重建后的后期遗存。究其原因,主因应是主要殿堂用材较大,后世寻找替换或重建的木料困难,只好将就原有大殿木材的大木作框架,只是重建附属建筑并更换主要殿堂的小木作部分。由于这个缘故,中国文化传统对建筑的修缮自然也就会唯恐不新,修旧如新的建筑修缮传统也是整个建筑文化传统的一种体现。而深受中国文化影响的日本,他们更注重保持建筑的新貌,最为特别的是为了保持神宫尊严,也为了传承建造神社及相关器具的技艺的"式年迁宫"制度。他们的建筑遗产保护机构修缮的建筑遗产往往显得很新很整洁,修缮前后对比鲜明。至于根据学术研究成果在遗址上复建的已经不存的过去曾有的建筑,其工艺、结构、形态和色彩都努力还原当年创造时可能的原貌。以上这些,都与西方建筑遗产修缮传统和修缮实践存在显著的不同。

建筑遗产属于不可移动文物,它与可移动文物的保护和修复传统也有很大的差别。可移动文物,过去习惯称之为"古物",它包括玉器、铜器、瓷器、字画等许多种类,但直到清末民初,古代建筑还没有列入古物的范畴[1]。古物是人们自

---

[1] 清末民初,随着文物流失的渐趋严重,清政府及以后的民国政府相继出台了一系列的有关文化遗产保护的专门法令,但这时的"古物"概念的内涵并未超越中国传统的"(金)以钟鼎彝器为大宗,旁及兵器、度量衡器、符玺、钱币、镜鉴等物……(石)以碑碣墓志为大宗,旁及摩崖、造像、经幢、柱础、石阙等物"(朱剑心:《金石学》,文物出版社,1981年,第3页)的既有范围。1930年,国民政府公布了中国第一部《古物保存法》,共有14个条款,对古物的概念、古物的保存、古物的发掘和古物的出口做出了规定。1931年,又颁布了《古物保存法实施细则》,才增添了对古建筑实施保护的内容,古物才包括了不可移动文物。

古就十分看重的东西,尤其是金石学兴起后的近古时期,由于铜器和石刻具有"证经补史"的作用,尤其为人们所重;而古建筑如同人们的弊冠旧服,一旦不敷使用,就弃之如敝屣。古物经历了漫长的留传时间或埋藏时间,当然会留下岁月的侵蚀痕迹,有的还有残损,古物修复也就成为古已有之的一个行业。中国传统的古物修复是要使修补部分与未修补部分浑然一体,几乎难以分辨,这就要求修复师不仅要惟妙惟肖复现古物的原有形态和纹饰,还要遮盖修复材料新色泽和新色彩,使得古物不仅要恢复它原有的艺术完整性,还要呈现新物变成古物后的岁月痕迹,因而"做旧"是中国传统古物修复的重要步骤。换句话说,中国固有的可移动文物的修复传统,就是"修旧如旧",如果哪位修复师把古物修复得像新的一样,一定会受到知识阶层的嘲讽。鲁迅先生就曾记录过这样一个关于艺术"雅"与"不雅"的故事,说一个土财主突发雅兴,买了件周代铜鼎,把铜鼎表面的土花锈迹都打磨干净后,才将闪闪发光的铜器摆放在客厅中展现给客人,当然就受到一众客人的嘲笑。鲁迅先生却不以为然,他"觉得这才看见了近于真相的周鼎",因为"鼎在周朝,恰如碗之在现代,我们的碗,无整年不洗之理,所以鼎在当时,一定是干干净净,金光灿烂的"[1]。鲁迅先生是非常之人,当然会说出不同常人的非常之理,这更反映了"修旧如旧"才是中国传统知识阶层固有的可移动古物的修复观念[2]。

---

[1] 鲁迅《题未定草》七:"记得十多年前,在北京认识了一个土财主,不知怎么一来,他也忽然'雅'起来了,买了一个鼎,据说是周鼎,真是土花斑驳,古色古香。而不料过不几天,他竟叫铜匠把它的土花和铜绿擦得一干二净,这才摆在客厅里,闪闪的发着铜光。这样的擦得精光的古铜器,我一生中还没有见过第二个。一切'雅士',听到的无不大笑,我在当时,也不禁由吃惊而失笑了,但接着就变成肃然,好像得了一种启示。这启示并非'哲学的意蕴',是觉得这才看见了近于真相的周鼎。鼎在周朝,恰如碗之在现代,我们的碗,无整年不洗之理,所以鼎在当时,一定是干干净净,金光灿烂的,换了术语来说,就是它并不'静穆',倒有些'热烈'。这一种俗气至今未脱,变化了我衡量古美术的眼光,例如希腊雕刻罢,我总以为它现在之见得'只剩一味醇朴'者,原因之一,是在曾埋土中,或久经风雨,失去了锋棱和光泽的缘故,雕造的当时,一定是崭新,雪白,而且发闪的,所以我们现在所见的希腊之美,其实并不准是当时希腊人之所谓美,我们应该悬想它是一件新东西。"鲁迅:《且介亭杂文二集》,人民文学出版社,2006年,第222—223页。
[2] 修复可移动的古物,采用补配旧部件和覆盖旧色彩的手法,使修复后的古物给人古色古香的感觉,这不会仅是中国固有的修复观念和手法,不同文明地区的古董商人都会采用这样的策略,以掩盖古物的不完整性和不完美性,从而使得修复后的古物能够有更高的偏离实际价值的价格。参看徐子骅:《"修旧如旧"与"Like-For-Like"Repair》,《自然与文化遗产研究》2019年第12期。

第二章　文化遗产价值研究

不可移动文物，无论是雕塑还是建筑，我们的文化传统都是要维持它焕然一新的面貌。石窟、摩崖造像和摩崖题刻，如果原先的妆彩妆金经风化剥蚀，形象衣饰残断损坏，文字笔画漫漶不清，宗教社团、乡绅文士、善男信女们就会筹集资金，重新给妆彩妆金，修补完善，剜刻填色。古代建筑，如前所述，我们的文化传统仍然是维持建筑的崭新状态，只要人力、物力和财力许可，就希望推倒旧的建筑重建新的更宏大的建筑，即便无法实现整体的以新换旧，也希望局部的全新以代替原先整体的陈旧。可移动文物修复的"修旧如旧"与不可移动文物修复的"修旧如新"，是中国传统文化对待先前文物的两种不同观念。如果把中国传统的可移动文物修复理念移植到不可移动文物的修复上，在古代建筑的修缮中也采取新添新换构件与原构件的外表色泽相似的做法，就与梁思成先生"整旧如旧"的古代建筑修复主张发生了关联。

在建筑遗产的修缮工程中，要保证修缮后的建筑外观与修缮前的外观一样或接近，不外乎两种做法：一种做法是仿照已经损坏的古代建筑的构件形态，采用相同材质的新料重新制作该构件以更换原构件，并在原构件表面做旧，使之与原先保留部分在视觉上保持一致；一种做法是使用其他毁坏古代建筑保留的旧料进行补配，使得古代建筑修缮后的部分与原先保留的部分对比不那么鲜明，外观比较和谐。我国古代建筑保护界曾经将这两种修复手法分别称之为"修旧如旧"和"整旧如旧"，认为二者存在着本质上的不同，前者是古董商的造假手法，后者才是文物保护界的修复原则。不过，正如徐子骍先生所说，"修旧如旧"与"整旧如旧"，二者并没有本质上的不同。在建筑遗产的修缮过程中，只要是用了新的构件取代原有的构件，无论是木质构件还是砖石构件，新的材料肯定不会蕴含经历了一定时间跨度才会有的年代价值；即便建筑遗产修缮使用的是从其他古代建筑上拆除的旧木构件或砖瓦，材料具有年代价值，但这些旧料当初并不是该建筑遗产上的东西，时间和空间都发生了错位，也难以说是建筑材料上的绝对真实。我们试想，如果两件一对的古代木器，一件完整，另一件只存部分，修复师用与之同时的旧木料修复了残缺木器的缺失部分，这两件古代木器的价值会是等同的吗？可移动文物的修复不可能实现真正的材质上的"修旧如旧"，建筑遗产修缮也不可能在材质上做到"整旧如旧"，所谓"修旧如旧"或"整旧如旧"，只能是在新换构件的外表实现视觉上的"旧"观。事实上，无论如何使得修缮后的建筑遗产新旧协调，浑然一体，表面观感上的"旧"仍然不能改变新增或新换构件实质上的"新"。建筑遗产保护更需要关注的，应该是作为建筑主要构成要素的建筑功能、建筑技术和建筑形象,而不能只局限于建筑形象中的部分细节。

三、建筑遗产的价值保全

文化遗产的保护,是针对不同类型遗产的特点和问题,基于对这类遗产和这个遗产的共有价值和独特价值的认识,遵循遗产保护界共同的保护理念和原则,采取适当的人为干预措施,以保存和维系遗产的性状和价值,使之能够长久保存下去的人们个体和集体的行为。建筑遗产的保护当然也不例外。

关于建筑遗产的保护,欧洲的建筑学及文物保护学界的学者早就根据西方建筑的类型特征,基于欧洲建筑遗产保护实践过程的经验和教训,提出了一系列建筑遗产保护与修复的理念和原则。这些原则在《关于古迹遗址保护与修复的国际宪章》(又译作《保护文物建筑及历史地段的国际宪章》,简称《威尼斯宪章》)中已经有过精炼的表述。《威尼斯宪章》将包括历史城市在内建筑遗产视为一种广义的纪念碑,简要阐述了建筑遗产"保护"和"修复"的原则,前者即建筑遗产要注重日常维护,建筑的原功能应当尽力维护,遗产周边原有环境不得改变,以及主体及其附属艺术品须原址保护;后者即建筑遗产的历代正当贡献须尊重而不得追求风格的统一,缺失部分的修补既须保持整体的和谐但也必须保持与原物的区别,可采用经过验证的有效现代保护技术取代已不适用的传统技术。《威尼斯宪章》的基本思想就是建筑遗产的保护要遵循维护遗产真实性的原则,保持遗产物质本体的年代价值[1]。西方的建筑遗产以砖石材料和拱形结构为显著外部特征,这些砖石的结构和外形远比木构建筑能够抵御无情水火和生物侵蚀,具有相对的耐久性,因而被认为是西方建筑师和修复师崇尚遗产保护真实性原则的文化基础。不过,正如陈志华先生所说,"西方主流的文物建筑保护的价值观、原则和方法中,看不出它们是仅仅从石质建筑的维修中引发出来的。它们讲的是一般的、基本的理论,与建筑的材料、构造等等没有关系"。西方建筑遗产表面上是以砖石为特征,但砖石不过是建筑的外壳,其内部仍然多为木构的楼层、梁架和屋顶,事实上西方建筑也多为砖石与木材的复合建筑,西方建筑遗产保护学界倡导的这些文物保护的原则与理念,同样也适用于东亚的木结构建

---

[1] 联合国教科文组织世界遗产中心、国际古迹遗址理事会、国际文物保护与修复研究中心、中国国家文物局主编:《国际文化遗产保护文件选编》,第52—54页。

筑的保护和修缮[1]。陈先生长期从事西方建筑史和建筑文化的教学和研究,又长期致力于中国乡土建筑的调查、研究和保护,他对西方建筑遗产保护原则的产生背景及其普适性的理解,应该是准确的。

不过,无论是西方还是东亚的建筑遗产,其木结构的部分总不如砖石结构经久耐用[2],当西方历史建筑内部的木结构已经不能实现其原有结构功能时,当然也不得不用新木料制作的部件替换原有的木质部件。这些抽换的木质部件,如果遵从《威尼斯宪章》可识别性的原则(尤其是折中处理欠妥时),有可能会带来经过修缮的建筑遗产的风格不统一,美学价值受到影响的问题。陈志华先生曾经举过一个例子:"我参观过《威尼斯宪章》主要起草人之一负责修缮的一座拿破仑的兵营。兵营破损严重,在补足楼板的时候,为了做到'可识别性',他设想了许多方案,最后实施的方案是:因为原有的楼板是顺向铺的,所以补足的楼板便横向铺,使二者有明显的差异。这做法就像打了一块块不高明的补丁,不大好看,但文物建筑保护学界很赞赏这个方案。"[3]西方建筑的木结构一般在砖石墙体的内部,具有较强的隐蔽性,但即便如此,也会引发人们对这样处理手法意义的疑问。著名的巴黎圣母院2019年失火以后,石构部分虽得以基本保存(但中庭的石拱还是垮塌了),可以追溯到9世纪的用橡树原木制成的屋顶构架烧毁,正在维护的教堂耳堂和中庭屋顶的尖塔坍塌,随之启动的修复工程自然还要使用大量新的木材制作内部的木构架,以恢复教堂的结构、形态和外观。原先巴黎圣母院的木构是橡木,由于现在难以获得大量橡木大料来满足重建的需求,也可能出于用材料分辨今古的可识别原则,修复巴黎圣母院内部木构架的木料使用的是预制工程重型木材[4]。这项引人瞩目的建筑遗产修复工程,毁掉的木构部分完全使用新的木料,且这种木料不是原有的橡树原木,修复后的巴黎圣母院的木构部分不仅不具有年代价值,建筑遗产的其他价值要素也只延续了原有结构

---

[1] 陈志华:《文物建筑保护中的价值观问题》,《世界建筑》2003年第7期。
[2] 严格地说,木质文物如果保护和养护得当,也能够长久保存,干旱的荒漠地区的木结构可以保存数千年,新疆罗布泊小河墓地的3 500年前的木构"祭堂"、护栏、标志物、棺木等一直保存到现在;饱水环境下的木结构也可以保存上千年,湖北随州曾侯乙墓距今2 500年的多重棺椁和随葬漆木器仍然保存完好。文物界有"纸千年,绢八百"之说,说的就是木本和草本植物制作的长纤维的纸张可以保存千年以上。只是由于建筑的木构部分,因建筑经历史上的多次动乱,无人养护,其强度会受到影响。
[3] 陈志华:《文物建筑保护中的价值观问题》,《世界建筑》2003年第7期。
[4] 陈美臻、龚蒙:《现代工程木材在修复法国巴黎圣母院中的应用》,《国际木业》2020年第4期。

和形制，没有保持原有的材料和技术，如果不是原有的石构外墙和券拱还维持着这处遗产的部分价值外，这处遗产与东亚原址重建的木构建筑已经没什么不同了。

西方建筑遗产的木构多数只用于内部构件，东亚木构建筑有不少外皆以木构件为主体，裸露在外的木构往往兼有装饰的作用，不少古代木构件建筑的裸露木构件表面还有彩画，彩画具有保护木构件和装饰的双重作用。这样的木构建筑一旦木构部件失去了它原有的材料强度和使用功能后，就不得不用新的木材制作的构件进行替换。修复前后该建筑遗产价值的变化，我们可用可移动文物修复前后的价值为例进行比较。一件残损的可移动文物，其价值肯定低于同样的完整文物，残缺文物修复后的新增部分既不会减少修复前文物的价值，修复后也不会新增文物的价值；如果这件文物修复得很成功，看起来像一件没有残缺的完整文物（尽管观赏者知道是修复过的文物），多数人就会觉得修复后的文物具有更好的美感价值，无论修复用的是什么修复材料和工艺。建筑遗产那些缺失部分和部件的修复补配也是如此，修复者无论采取原材料、原工艺还是采取新材料、新工艺，极端的还可以不顾及原有结构只复原缺失部分的外形，都不会减少或降低这座既有残损的建筑遗产的原有价值，却有可能增加被复原建筑艺术完整性的美感价值。《威尼斯宪章》所说"缺失部分的修补必须与整体保持和谐"，"任何添加均不允许，除非它们不至于贬低该建筑物的有趣部分、传统环境、布局平衡及其与周围环境的关系"，就可归属这类修复情况。

建筑遗产的缺失修复和补配情况应当比较简单，麻烦的是构件仍然存在于建筑物上，但却已经难以承担赋予该构件在整座建筑中的作用，如何处理这样的失效构件，修复专家可能会有不同的看法和做法。最常见的做法是抽换，也就是用相同材质的木料仿制需要替换的构件，用新构件替换建筑中的旧构件，从而使得新构件能够承担起该构件在建筑整体中的作用；新的构件当然失去了文物的价值，即使把替换下来的旧构件保存在附近库房中或展室中，该构件虽然没有消失却变成了失去原有关系和环境的可移动文物，这自然也就会带来新的问题，这也就是"忒修斯之船"悖论所带来的困惑[1]。当一座建筑遗产的木件逐渐都被替

---

[1] 传说古希腊雅典城邦的人们为了纪念国王忒修斯率众渡海解救生灵的英雄事迹，一直维修保养着忒修斯曾经使用的那艘木船。随着岁月流逝，船只老化破败。人们开始逐渐更换构件，直到这艘船的木构件被全部替换掉了。关于忒修斯之船的分析，参看［英］马丁·皮卡普：《忒修斯之船难题的情境主义解决方案》，《逻辑学动态与评论》第二卷第一辑，中国社会科学出版社，2023年，第27—48页。

换完以后,所有的木件都已不是原来的木料,那么这座建筑还是原来的那座建筑吗?当一座建筑遗产所有的原来旧构件都成为可移动文物存放在一起的时候,这是否就相当于将一座本来具有诸多价值要素的建筑遗产,转变为缺失了建筑设计、结构、功能、形象的一堆构件?事实上,建筑遗产上拆下的原有木构件尽管仍然存在,但它们与将"忒修斯之船"拆除以后的一堆木头已经没有多大的差别,人们不仅不再知道这艘船原先的形态、结构和装饰,就连忒修斯这位希腊英雄,也难以从这堆船的零散构件中获得联想了。

大概正是由于有这样的顾虑,建筑遗产保护者和修缮者总是希望建筑遗产所有部件和构件能够仍然保持在建筑的原有位置,为此他们想了许多应对办法。一种办法是在历史建筑的承重构件下用现代材料进行支护,如同古人在建筑下垂的四个翼角的角梁下用木柱支撑,或者用斜撑支撑倾斜的建筑立柱和檐墙的做法一样。日本奈良东大寺大佛殿是日本最大的单体木构建筑,由于木构梁柱腐朽变形,后来修缮时在梁架下用钢铁构架进行支护,以保证大佛殿的稳定性,就是一个例子。这种用现代建材的框架加固古代木构建筑的做法,看似保持了建筑遗产的整体形态和结构,所有原材料都保持原有位置,但还是使得原有的一些梁柱失去了其原有的结构功能,建筑物内部结构实际上已经发生了变化,并且新增的这些现代材料的构件也会影响建筑的内部空间大小及建筑的美感,前举东大寺大佛殿后加钢铁支护的框架,就是一个典型的例子[1]。另一种方法是在历史建筑的木构部件朽烂或虫蛀以后,既不用新制构件抽换旧构件,也不在其下加装新材料的框架,而是用更加现代的化学材料进行灌注,新的材料填充了原先老构件内部的朽烂和虫蛀的空腔,使其强度得到增强,从而使得原来的建筑构件的位置、外形和功能仍然可以保持。不过,这种处理方法表面上看似乎对原建筑遗产干预很小,但却基本改变了干预后的建筑构件的内部材质,早先某种木材制作的构件变成了这种木材的外皮和内筋,血肉都变成了与木材完全不同的另一种材料。这样处理后的木构件是否还是原有构件,也要打个问号。

众所周知,构成建筑的基本要素是不同历史条件下的建筑功能、建筑技术

---

[1] 这种修复方法就如同可移动文物的一种修复的技术路线,如一件青铜器已经成为残片,修复师先按照这个器物的内腔形态用其他材料制作一个略小于该青铜器外轮廓的造型作支架,将这些残片固定在该支架相应的位置,残片不用焊接或粘接手段进行缀合,缺失的部分也不作增添补充。

和建筑形象即建筑艺术[1],成功营造的建筑应该满足适用、经济、美观的需求。为了达到建筑营建的目标,就要求在建筑设计之前,主其事之人(设计师)仔细考量建筑的用途,全面考察建筑的环境,斟酌使用建筑的材料和工艺,并选取或创造符合时代精神的建筑形式。此外,建筑营造对环境景观的利用和改造也是建筑的重要因素,尤其山水建筑和园林建筑,更是如此。建筑通常都要使用多种建筑材料(无论是砖石还是木构为主的建筑),结构比较复杂,体量往往较大,形态也颇多变化,其功能除了基本的覆罩遮护外,还有许多具体功能,建筑遗产的价值要素构成和排序、保护和修复的方法,肯定既不同于体量较小、功能单一的可移动文物,也不同于面积虽大却本身呈残破状态的遗址。至于仍在延续其原有使用功能的建筑遗产,以及不断使用传统工艺进行维护和修缮的木构建筑遗产,肯定还要基于"文化景观"和"文化空间"的保护和传承理念,根据文化景观的动态特征以及它包括的"各种价值系统和各种抽象性框架理念以及各种传统、技术和经济系统","保护文化景观的目的,并不是要保护其现有状态"[2],还要保持其动态的延续性。

四、结语:木构建筑遗产究竟该如何保护?

建筑遗产,无论是东亚以木构为外观的建筑还是西方以砖石为外观的建筑,其木构部分朽烂虫蚀后,究竟换与不换,更换后在多大程度上影响整个建筑遗产的价值,是否还需要发挥这些木构件的原有功能,以及如何发挥这些木构的原有功能? 这涉及建筑遗产的保护是否要考虑建筑物质形态背后的非物质因素的问题,涉及不可移动文物与可移动文物的价值要素排序是否有所差别的问题。在《奈良真实性文件》中,"依据文化遗产的性质及其文化环境,真实性判断会与大量不同类型的信息源的价值相联系。信息源的各方面包括形式与设计、材料与材质、利用与功能、传统与技术、位置与环境、精神与情感,以及其他内部因素

---

[1] 建筑的功能是指建筑必须满足的不同用途的使用要求,既包括物质方面的,也包括精神方面的;建筑的技术是指建筑营建不可或缺的手段,包括材料技术、结构技术、施工技术、设备技术等;建筑的形象则是指构成建筑整体的要素,包括建筑体量、平面布局、立面造型、空间组合、建筑结构、内外装饰、材料质感、建筑色彩等。
[2] 联合国教科文组织《会安草案:亚洲最佳保护范例》第九章第1—2"框架性概念",载联合国教科文组世界遗产中心等编:《国际文化遗产保护文件选编》,第354—355页。

和外部因素"[1]。这些价值要素涵盖了建筑功能(功能、利用)、建筑技术(材质、材料、技术、传统)、建筑形式(位置、环境、形式、传统)三大要素,精神情感在这三个要素中也都有体现,但这些要素在建筑遗产中的地位和作用不是平行的,它们在木构建筑中应该谁先谁后,文件并未提及,目前也很少有研究予以论述。然而,正是这种要素的先后排序,对于建筑遗产(尤其是木构建筑遗产)至关重要,需要充分讨论,仔细研究。

不同类型的文化遗产,其真实性价值要素的构成和先后有所不同。非物质文化遗产,"传统与技术""精神与情感"就非常重要,需要排在价值要素序列的前列;物质文化遗产的可移动文物对材料和材质的真实性要求更高,没有年代价值的当代制作就是假的,没有或价值很小;不可移动文物中耐久性材质的文物与不耐久性材料的文物,其材质与材料真实性要素的要求可能也有不同,前者更重视构成材料的年代价值,其价值要素排序排在前列。不同功能的文化遗产价值要素的构成和排序也不尽相同,水文遗产的位置和环境要素就至关重要,不能改变;而包括历史纪念性建筑在内的纪念性遗产除了位置和环境外,还要讲求精神与情感,材料与材质的年代价值反而要排在后面了。

---

[1] 与世界遗产公约相关的奈良真实性会议《奈良真实性文件》,载联合国教科文组织世界遗产中心等编:《国际文化遗产保护文件选编》,第141—143页。

第三章　文化遗产保护研究

文化遗产的保护应当根据遗产类型、遗产价值和遗产面临的问题,按照遗产保护的基本理念和原则,遵从国际和国内相关法律和法规,引入尽可能丰富的理论与方法,并结合遗产本身的具体情况,制定保护的策略和技术路线。然后在遗产保护规划的基础上,针对遗产存在的威胁,制定保护实施方案和修缮方案,在方案评审通过的前提下,对遗产进行抢救性和预防性保护。

第一节　我国大型遗址保护问题

"大型遗址"(简称"大遗址")是近年来中国文化遗产保护领域使用颇为频繁的一个概念。这个概念由中国文物行政主管部门提出,已经逐渐被国家行政系统、新闻媒体和一些遗产保护与管理领域的专家接受。无论这个概念作为一个学术术语是否恰当,"大遗址"已经成为中国文化遗产中的一个特殊类型,需要在国家文物保护经费中列支专门的保护经费(或者说是主要的经费)[1],设立专门的科研支撑重点项目[2],成立相关的文化遗产保护规划基地[3],并召开专

---

[1]　见财政部、国家文物局:《大遗址保护专项经费管理办法》(财教[2005]135号)。
[2]　中华人民共和国科技部:《关于发布"十一五"国家科技支撑计划〈文化遗产保护关键技术研究〉和〈大遗址保护关键技术研究与开发〉等2个项目的课题申请指南的通知》,引自科技部门户网www.most.gov.cn,2006年10月26日。
[3]　2008年1月10日,国家文物局以中国建筑设计研究院建筑历史研究所为主要技术支撑部门建立了"文化遗产保护规划国家文物局重点科研基地",这是中国唯一依托大型科技型国有企业的文化遗产保护重点科研基地,其主要研究目标就是制定大遗址保护规划。冯晓芳:《文化遗产保护规划国家文物局重点科研基地挂牌》,http://www.Landscape.cn/news,2008年1月11日(来源:新华网)。

门的学术讨论会来研讨这类遗产所面临的特别的问题[1]。毋庸置疑,大遗址保护已经成为我国遗址类文化遗产保护的重要方面,值得文化遗产保护学界的关注。不过,目前在我国文化遗产保护界中,对于大遗址的概念和定义、大遗址保护和管理存在的问题,以及针对大遗址存在的问题应该采取的对策和措施,还存在一些并不清楚的问题,需要进行探讨。

一、"大遗址"的概念及其定义

"大遗址"的提法尽管近些年才开始流行,但这个概念在中国文物界却不陌生。大遗址的保护具有不同于其他遗产的独特性质,早在20世纪60年代就已经引起了当时中国文物事业管理者的注意。正如曹兵武先生所说,"大遗址的保护不是一个新的课题。20世纪的五六十年代,随着社会主义建设尤其是农村平整土地、新建道路等的展开,重要的古代遗址的保护问题就已经引起关注。1956年国务院发出的《关于在农业生产建设中保护文物的通知》中就附加了一个需要特别关注的'重要的古文化遗址'名单,尤其是1961年第一批全国重点文物保护单位公布之后,直到'文化大革命',各地围绕被列入保护单位的重要的古文化遗址的四有(指有保护范围、有标志说明、有记录档案、有专门机构或者指定专人负责管理)和保护工作开展了大量目的明确的勘察、调查和试掘工作,1964年3月18—24日,当时的文化部文物局在河北易县召开'大型古遗址保护工作座谈会',总结经验,推广试点"[2]。1964年,是中国经过三年严重困难后国民经济开始好转、"文革"的混乱时代还没有到来的一年,在这样的年代提出大遗址的保护问题,既与当时国民经济形势已经可以兼顾大遗址保护的宏观社会背景有关,也与那个时代中国大遗址的保护和管理已经遇到了与通常不可移动文物保护管理不一样的问题有直接联系,所以才需要国家文物行政部门专门召

---

[1] 据笔者所知,2007年在内蒙古蒙古族自治区就召开过"中国大遗址保护研讨会",据王学荣:《"中国大遗址保护研讨会"纪要》,《考古》2008年第1期。以后,国家文物局与地方政府合作在西安、洛阳、荆州连续举办了三次"大遗址保护高峰论坛",见国家文物局编:《大遗址保护高峰论坛文集》,文物出版社,2009年;国家文物局编:《大遗址保护洛阳高峰论坛文集》,文物出版社,2010年;国家文物局编:《大遗址保护荆州高峰论坛文集》,文物出版社,2013年。

[2] 曹兵武:《考古学与大遗址保护》,原载http://q.blog.sina.com.cn/kaoguren。

开针对大遗址保护的工作座谈会,以应对新形势下文物保护出现的新问题[1]。这些新问题的产生开始于20世纪50年代后期,也就是人民公社化时期。随着农村劳动力被组织起来,大量剩余劳动力被投入到改土改田的行动中,原先坡状地貌和起伏地貌的田地,被改造为梯田和平地,大量古遗址的文化堆积因此被挖得面目全非,许多遗址中凸出于地表的建筑遗迹被削平,从而产生了不同于小型遗址保护的大型遗址保护的专门问题。

到了20世纪90年代后半期,随着国家经济状况的好转,国家开始加大包括环境、生态、资源等长期受到忽视领域的投入,文化遗产作为人类共有的一种不可再生的资源也开始受到重视,大遗址保护问题理所当然地成为一个重要问题被提了出来。1997年在中华人民共和国国务院颁发的《关于加强和改善文物工作的通知》中,首次特别强调了"大型遗址"的保护,并提出了针对这类遗址需要采取的具体保护对策。《通知》这样说道:"把古文化遗址特别是大型遗址的保护纳入当地城乡建设和土地利用规划;充分考虑所在地群众的切身利益,采取调整产业结构、改变土地用途等措施,努力扶持既有利于遗址保护又能提高当地群众生活水平的产业,从根本上改变古文化遗址保护的被动局面。"[2]为了把大遗址的保护工作纳入国家发展的总体计划中,1999年,国家文物局在调查研究的基础上开始构拟《"大遗址"保护"十五"计划》,并于2002年向原国家发展计划委员会呈报了这个计划书[3]。据笔者所知,最先提出这个思路的是时任国家文物局文物保护司司长的孟宪民先生,他在他的文章中回忆这段历史说,"1999年,适逢原国家发展计划委员会部署十五规划工作,长期困扰我们而又日显重要与迫切的大遗址抢救保护问题又一次被提出。国家文物局向计委报出了我国大遗址保护规划基本思路,建议国家制定具有长期指导作用的大遗址保护展示体系和重点园区建设规划,并纳入国民经济和社会发展计划"[4]。通过国家文物局与国家其他部门的沟通,将大遗址保护纳入国民经济和社会发展的设想终于逐

---

[1] 有学者认为,"大型古遗址"与"大遗址"的概念不尽相同,大遗址概念的提出只能追溯到1995年的西安会议上,这种说法是牵强的。
[2] 引自中国文化网,http://www.chinaculture.org,2004年6月28日。
[3] 资料来源见陆建松:《中国大遗址保护的现状、问题及政策思考》注1,《复旦学报(社会科学版)》2005年第6期。
[4] 孟宪民:《梦想与辉煌:建设我们的大遗址保护展示体系和园区》,见文社选编:《古玩·文物·遗产》,北京燕山出版社,2001年,第246—247页。

渐变成了现实。从2005年起,我国中央财政开始设立"大遗址"保护专项资金,计划在"十一五"期间投入20亿元人民币用于大遗址保护。除此之外,中央财政还拨出了3亿元人民币用于大遗址抢救性保护设施的建设。随着中央财政大遗址保护专项经费的落实,国家文物局启动了《"十一五"期间大遗址保护总体规划》和100处国家重点大遗址规划纲要的编制工作[1]。"大遗址"这个概念开始为越来越多的人所认识和使用。

不过,"大遗址"或"大型遗址"这个近年来在中国广为运用的概念,并不见于2002年修订的《中华人民共和国文物保护法》及其《实施条例》和《实施细则》,正如有些学者所说,该概念在国家的法规层面还缺乏依据。如果仅是这个问题,那还好办,因为在《文物保护法》中有"不可移动文物"一章,规定"具有重大历史、艺术、科学价值的确定为全国重点文物保护单位",而国务院公布的全国重点文物保护单位中有"古遗址"一类,古遗址中自然就包括了"大型古遗址"在内。但问题却不如此简单,因为从事文化遗产保护和管理的人员和一些学者,为了强调"大遗址"这个概念与通常所说的大型遗址有差异,对这个概念进行了画蛇添足式的解释和说明,将这个简单问题复杂化了。这些解释不仅没有把"大遗址"这个概念说清楚,反而还增加了新的歧义。下面引述几种关于"大遗址"的解释,可以清楚地看出其中的歧义所在。

第一种解释,是将大遗址解释为价值重大的大型古代遗址(包括墓地),陆建松、陈同滨等先生是这种解释的代表。在这种解释中,陆先生在强调遗址意义即价值重大的前提条件时,也强调遗址的面积,认为"大遗址是指大型古文化遗址,由遗存及其相关环境组成,一般是指在我国考古学文化上具有重大意义或在我国历史上占有政治、经济、文化、军事重要地位的原始聚落、古代都城、宫殿、陵墓和墓葬群、宗教遗址、水利设施遗址、交通设施遗址、军事设施遗址、手工业遗址、其他建筑和设施遗迹。它们的面积有几十万平方米、几百万平方米,甚至几十平方千米、几百平方千米"[2];陈先生更强调遗址的价值,她认为大遗址"专指中国文化遗产中规模特大、文物价值突出的大型考古文化遗址和古墓葬。大遗

---

[1] 国家文物局文物保护司:《十六大以来不可移动文物保护成效显著》,《中国文物报》2007年10月24日第三版,转引自中国文物信息网,http://www.ccrnews.com.cn,2007年10月25日。

[2] 陆建松:《中国大遗址保护的现状、问题及政策思考》,《复旦学报(社会科学版)》2005年第6期。

址由遗存本体与相关环境组成,具有遗存丰富、历史信息蕴涵量大、现存景观宏伟,且年代久远、地域广阔、类型众多、结构复杂等特点。在我国各类文化遗产中,其突出的历史内涵与文化价值几乎贯连了中华民族的文明起源和发展鼎盛期的大部分重要文化遗产,是中华民族文明与文化发展史的珍贵物证,在整体价值上可谓我国几千年文明发展史的主要载体,具有不可再生、不可替代的价值与地位,是国家文化资源的精髓部分"[1]。

第二种解释,是将"大遗址"理解为文化遗产和文化与自然遗产集中的区域,这种解释的提出者为孟宪民先生。孟先生认为,"在我国,人们常说的大遗址,已不只是原有文物分类意义上的大型古遗址、古墓葬或大型古文化遗址的简称。大遗址既包括上述文物保护单位个体,更包括与地理环境相关联的遗址及包含有文物、建筑群的遗址的群体综合系统,可引申为区域文化遗产、文化与自然遗产。三峡工程文物保护规划、吐鲁番文物保护规划、集安、桓仁高句丽文物保护规划以及一些历史文化名城、风景名胜区规划,所针对者,即可属此"[2]。

第三种解释,是把"大遗址"的外延扩展,不仅包括了大型遗址和遗址群(大概相当于第二种说法的"区域文化遗产、文化与自然遗产"),还包括了文化景观。如在财政部、国家文物局《大遗址保护专项经费管理办法》中,就特别指出"本办法所指的大遗址主要包括反映中国古代历史各个发展阶段涉及政治、宗教、军事、科技、工业、农业、建筑、交通、水利等方面历史文化信息,具有规模宏大、价值重大、影响深远特点的大型聚落、城址、宫室、陵寝墓葬等遗址、遗址群及文化景观"[3]。

从上面列举的几种关于"大遗址"概念的解释可知,目前文化遗产管理者和研究者对"大遗址"这个概念的理解实际上并不相同。在上述三种解释中,笔者有保留地赞同第一种意见,也就是把"大遗址"定义为"遗址"中的一个部分,是遗址中按照面积和规模进行分级的大型遗址,但不宜将遗址或遗产的重要性作为是否大遗址的衡量标准。笔者的理由是:

首先,任何文化遗产都不是脱离所在自然环境和人文环境孤立存在的,遗

---

[1] 陈同滨:《城镇化建设中大遗址背景环境保护策略》,《中国文物报》2006年7月28日第五版。
[2] 孟宪民:《梦想与辉煌:建设我们的大遗址保护展示体系和园区》,见文社选编:《古玩·文物·遗产》,北京燕山出版社,2001年,第246—247页。
[3] 财政部、国家文物局:《大遗址保护专项经费管理办法》(财教[2005]135号)。

址类文化遗产中的"大遗址"也是如此。保护"大遗址"同时包括了保护附着在其上和衬托在其周围的自然和人文的环境,不能因为这样就将"大遗址"与"文化景观"混为一谈。"文化景观"是联合国教科文组织(UNESCO)世界遗产委员会第16届会议上提出的一个新的遗产类型,当时有学者认为,原有的世界遗产类型还不能涵盖自然与文化相结合的作品,因而建议将具有突出普遍价值的这类遗产以文化景观的类型登录《世界遗产名录》[1]。文化景观由此正式成为世界遗产的特殊类型之一。根据《世界遗产公约》第一条的规定,UNESCO世界遗产委员会认为,文化景观代表着"自然与人类相结合的作品";在来自内部或外在的自然环境及连续的社会、经济和文化力的影响下,在物质条件的限制和其他未知因素的影响之下,文化景观是多年来人类社会和居住点演化过程的例证[2]。将"文化景观"类文化遗产也纳入"大遗址"的类型范畴是不恰当的。

其次,"大遗址"即便再大,也有一定的范围,可以通过考古勘察查明其遗存分布的外部边界。"区域文化遗产"(包括区域自然与文化遗产)是某一文化遗产集中的地域,在这个地域内有多个包括遗址在内的遗产单位,这些遗产单位不一定属于同一类型的遗产,即便这些遗产单位都属于遗址甚至都属于大型遗址,在一个遗址分布范围与另一个遗址分布范围之间都还存在着非文化遗产分布的地域空间。尽管已有一些文化遗产保护与管理的从业人员和研究者借用了国外提出的诸如"遗产区域"等类似的新概念[3],但这些概念是用于阐述某种遗产保护和管理的方法,它们本身不是遗产的一种类型。"大遗址"不等同于"区域文化遗产","区域文化遗产"更不能归入"大遗址"。"遗产区域"既可只以一个遗产单位为中心构成,也可包括了几个不同类型的遗产单位,它还系连有其他与遗产保护、管理和利用有关的元素,其概念与我们现在讨论的"大遗址"概念相去较远,这里不再赘述。

其三,一个学术性的术语应当具有明确的概念,"大遗址"从字面上看是指大型的遗址,本来不会产生任何歧义。在考古学的术语中,遗址是指人类集中活

---

[1] Document WHC-92/CONF.002/12 Report of the World Heritage Committee, Sixteenth Session, Santa Fe. United States of America, 7–14 December 1992.
[2] 参考联合国教科文组织世界遗产中心网站:http://whc.unesco.org/en/culturallandscape/。
[3] 朱强、李伟:《遗产区域:一种大尺度文化景观保护的新方法》,《中国人口·资源与环境》2007年第1期。

动所遗留下来的遗存,其特点表现为遗存的集中性、多样性和残损性,遗存单元间往往具有一定的关联,从而形成了可以系连的区域范围,多数遗址埋藏于现地表以下。遗址包括了毁弃的生产和生活遗存,如房屋、作坊、祠庙等,也包括了与之相关的墓地和墓葬[1]。遗址面积有大有小,价值有高有低,但大型遗址不见得价值就比小型遗址高。从"遗址"中抽绎出"大遗址"这个概念,是因为在文化遗产的保护和管理中,空间范围大的遗址比那些范围较小的遗址涉及的矛盾冲突多,更难以保护,需要国家投入更大的注意力并采取特别的措施。因此,遗址的价值是否重大不是"大遗址"这个概念应当包括的。大遗址价值的高低,只是遗产相关部门和专业人员在给遗址划分保护等级时、采取保护行动和排列保护经费投入的先后次序时才应当考虑的问题。

综上所述,"大遗址"就是"大型遗址"的简称,它是指遗址中规模宏大、范围宽广、保护和管理难度很大的一类遗址。那种通过一段时间考古发掘可以全面揭露、容易采取保护措施的洞穴遗址,那些仍然耸立在地表的石窟寺和寺庙建筑群,那些寝殿和坟丘等都还基本保存完好的陵墓,地面建筑和山石池沼都还完好保存的寺庙和园林等,尽管有的价值重要,但都不属于"大遗址"的范畴。

二、"大遗址"保护存在的问题

古代的城市、村落和专业活动场所废弃后,经过千百年的各种自然营力如暴雨洪水、风吹日晒、冷冻溶解、植物生长、地震坍塌等的侵蚀和破坏,其表面已经被流水和风力携带的泥沙灰尘所覆盖,其内部结构现在已基本稳定,变化已趋于缓慢。如果没有山崩地裂、河堤崩溃等特殊灾害,自然营力对遗址的破坏已经不是大的问题(当然对于那些经过考古发掘新近从地下揭露出的遗迹来说,这些遗迹从原先已经基本稳定的埋藏环境变为新的暴露环境和埋藏环境,如果不施加人为的保护性干预,它们又将面临自然营力的新的破坏)。然而,进入近现代工业社会以来,随着国家基本建设和城乡建设的迅速发展,我国不少遗址面临着人为破坏的巨大威胁,不少遗址已经遭受不小的破坏,遗址景观比起20世纪前半期已经发生了许多变化。这些人为破坏主要集中在以下两个时期:

---

[1] 参看《中国大百科全书·考古学》,中国大百科全书出版社,1986年。

一是20世纪50年代末至80年代初的人民公社时期。在这个时期,为了改善耕作条件,利用被"集体化"后集中起来的剩余劳动力,大规模改田改土,以利水土保持和农业耕作。在这种背景下,原先的平原遗址上可能有重要遗迹的一些凸起的台地和丘垄被削平,不少遗址周围的土筑城墙从此完全消失或部分消失,一些遗址中重要建筑夯土台基的地表部分往往也不复存在;而原先的坡地遗址上自然起伏的倾斜田地,这一时期以后也往往被改造成层层的水平梯田,建设梯田会削高填低,遗址的文化堆积和建筑遗迹因此遭到一些破坏[1]。此外,现代人集中居住的区域往往也是古代人生息的区域,不少古代遗址就位于现代城镇或村庄附近,随着这一时期人口的快速增长,新增人口需要新开垦土地或新增加宅基地,为了多获得田地面积或建筑空间,大遗址上的聚落密度增加,聚落规模也扩大,不少原先是农田或荒野的遗址也被现代聚落所占压。

二是20世纪90年代以来的大规模城市化建设和城乡一体化建设,从中心城市到地方城镇极度扩大,城市化率现在已经超过了53%,许多原先位于城郊和乡村的遗址被占压和破坏。在这轮城市化行动开始之前,城乡土地一直被各级政府高度看重,故城市建设基本上都集中在原有城市范围内进行,拆除旧房建新楼,历史城市的历史建筑大量遭到拆毁,但城郊和乡村遗址尚保存较好;在这轮城市化行动推行以后,大量城乡土地被纳入了新城区的城市建设用地,城郊和乡村许多遗址被新兴城区占压和破坏[2]。尽管古人聚居的城镇后来也往往继续作为城镇,古今重叠的类型占据了现存遗址的相当大的比例,但是古代和近现代的建筑体量都有限,不深的建筑基址对遗址的破坏有限,而新时代的城镇化和城乡一体化规模极大,新的城市高层建筑的深地基对遗址破坏度也很大,通常被纳入新城区的古代遗址,其文化堆积基本会荡然无存。

鉴于大遗址面临的威胁,许多文化遗产保护专家开始关注和分析大遗址目前存在的问题,试图通过问题分析有针对性地采取保护措施。在2005年之前,

---

[1] 最为荒唐的农田基本建设发生在那时的山东省曲阜县,1978年"农业学大寨",为了多增加点田地,居然拆毁了明清曲阜县城墙(该城墙下叠压的就是周代至汉代的鲁国故城东南角城墙遗址),前些年为发展旅游又重建了曲阜鲁国故城城墙,真文物从此成为假古董。

[2] 城市化和城乡一体化的推行,也没有减缓中国历史文化名城的保护压力,过去进行旧城改造对历史城市造成了巨大的破坏,现在城市化后因旧城土地大大升值,在旧城内大肆新建大型高层建筑更使得本来已经遭到破坏的历史城市遭到毁灭性的破坏。

陆建松先生就已开始关注大遗址保护中存在的问题,他将大遗址保护人为破坏因素归结为城乡建设发展带来的破坏,大中型基础性建设带来的破坏,农业生产和生活活动带来的破坏,不合理的旅游开发利用造成的冲击与威胁,屡禁不止的各种文物盗掘、劫掠活动对大遗址上的文物造成极大的破坏五个方面;并认为大遗址保护和管理存在大遗址保护的重要性尚未得到各级政府应有的认识、对大遗址进行急功近利的旅游开发、大遗址保护尚未得到政府有力的行政支持、大遗址保护规划尚未获得明确的法律地位、大遗址保护资金得不到政府财政的有力支持、大遗址保护尚未获得国家专项配套政策支持、大遗址保护规划缺乏理论和技术支撑、大遗址保护缺乏人才支撑、大遗址保护缺乏管理体制支持、大遗址保护规划缺乏文物考古基础工作的支持十个主要问题[1]。以后,又有不少学者从不同的角度对大遗址保护存在的问题进行分析。2009年,时任国家文物局局长的单霁翔先生撰文,认为当前大遗址保护主要存在城市遗址外部环境的威胁加剧、遗址内部环境的持续恶化、农民生活和保护之间的矛盾突出、管理方式亟待改进和保护性破坏五方面的问题,其中大遗址的外部威胁系指国家大型基本建设和大型市政基础设施建设,大遗址的内部环境是指原本生息在大遗址范围内的居民繁衍和村庄扩张对遗址的威胁[2]。此外,还有一些学者从自然因素、保护意识、政策体制、考古研究等方面分析归纳我国大遗址保护存在的问题[3]。

毫无疑问,上述问题都是目前存在的影响我国大遗址保护的因素,但这些因素都是表面现象,真正危及大遗址保护的实质性问题或深层原因,文化遗产保护界的研究目前还很少涉及。在有关大遗址保护与管理的论述中,余洁和唐龙先生以西安汉长安城遗址为例,对城郊型大遗址面临的问题进行了剖析。他们认为,受遗产资源保护的土地用途限制,城郊型大遗址保护区内的产业以传统农业为主,经济发展水平落后;大遗址保护区外的周边地区内的产业则已经转变为以城郊工业为主,经济发展迅猛。大遗址区内外的经济分化基本以遗址保护区为界,形成了巨大的反差。在城市化进程中,处于城乡交错区的大遗址区的各利益主体,包括农户、村集体组织、街道办政府、区政府,发展经济的愿望十分强

---

[1] 陆建松:《中国大遗址保护的现状、问题及政策思考》,《复旦学报(社会科学版)》2005年第6期。
[2] 单霁翔:《大遗址保护及策略》,《建筑创作》2009年第6期。
[3] 曲凌雁、宋韬:《大遗址保护的困境与出路》,《复旦学报(社会科学版)》2007年第5期。

烈。"这种来自草根组织的经济冲动,极大地破坏了政府对该地区有关遗址保护的规制,大遗址区内的小型企业侵占了大量的文物保护用地,丰富的地上地下遗产资源正面临着日益严重的人为破坏。"这种土地流转带来的破坏,主要表现在:(1)"集体行动的土地流转交易与政府管制的对抗。"遗址区内的农户或村集体基于土地使用权赋予的承包权、收益权、处置权,按照市场经济机制将自己的土地出租,从收益高的工业和建筑业获取更大收益,从而与"政府关于遗址区农地必须承担文物保护的土地用途管制"规定发生冲突。(2)"遗址区内外土地价格完全受城市规划界限的影响。"由于政府的规划,使得遗址区内的文物保护用地与遗址区外的非农用地的土地价格相差巨大,"遗址区内的农民要为国家甚至是全人类的遗产价值付出巨大的代价却得不到任何政策性补偿"。遗址区的农民将自己的贫困归咎于遗址用地的土地管制,对遗址存在着怨恨和敌意,加速了遗址区内文物遗址保护用地流转为非农用地的非法交易。(3)"政府规制对文物保护用地的失控。"由于遗址区内村民和村集体都有将土地流转为非农业用地的强烈愿望,因而村集体组织往往以农户对承包土地有自由处置权为由,拒绝对遗址区内的农地进行管理,并向上隐瞒文物保护用地流转为非农用地事实,导致政府对村庄农地保护和文物保护用地的规制失控[1]。余洁和唐龙先生对大遗址问题的分析,尽管是基于汉长安城这类城郊型遗址而言,但在按区位和土地利用类型划分的四类遗址之中,除了荒野型遗址可能不会遇到土地问题(或者土地问题相对较小)外,其余三个类型都不同程度存在着土地问题,土地问题是导致遗址管理失控最根本的原因。

通过考察我国一些大遗址保护和管理的现状,征求一些从事遗址保护和管理的基层文物保护管理单位同仁的意见,对比现行涉及大遗址保护和管理的相关法规与国家土地相关法规,笔者认为,遗址本来就依存于土地而存在,我国现阶段的土地制度设计与我国涉及土地问题的文化遗产保护的制度设计,二者几乎失联。大遗址保护和管理失控的所有问题,都要从我国现行的土地制度去追寻,它是产生其他破坏大遗址问题的症结。为什么这样说呢?

我们知道,中国的中心地区主要是黄土覆盖区和黄土冲积区,自古以来人们就习惯以泥土和木材建造他们的房屋建筑及其他设施。久而久之,这种对土

---

[1] 余洁、唐龙:《城郊区大遗址保护用地流转的制度分析——以西安市汉长安城遗址区为例》,《城市发展研究》2008年第5期。

木的喜好就成为了一种文化传统,土木尤其是木材被赋予了生命等象征意义,成为了一种文化符号。即便在有砖石可以利用的地区或场合,人们还是喜欢使用木材来建造他们居住的房屋。这些由土木构建房屋组成的聚落和城市被毁弃后,随着岁月的流逝,有机质木材逐渐降解,耸立的夯土墙逐渐剥蚀,古遗址的硬质建筑材料被后人拆除揭取利用到新的建筑物和构筑物上,就连原先巨大的夯土基址的表面也被刨平成为耕地。原先地上的城镇和聚落现在已经全部湮没于地下,与土地浑然一体,只有城墙和少许高台建筑或许在地表还有遗迹可寻。换句话说,我国大多数地区的大遗址,由于东亚自身建筑传统的原因,大多已经与土地融为一体。而当一个村落、城市或专门活动场所成为遗址后,它就与其他文化遗产有着不同的性状——它不同于纪念物(monuments)和建筑群,至今仍然基本完整地耸立在地表,可以供人们继续利用和观瞻;它也不同于历史城镇、村落等文化景观,古往今来人们一直都在其中生产和生活[1]。村落、城市或专业场所废弃后,在遗址上生息的人们与先前的村落、城市或专业场所之间已经有了年代上的断层。由于原先的聚落和城市已经荒芜且埋藏地下,遗址所在的现地表不是变成荒原就是开垦为田地,多数大遗址上还形成了不少与原先邑聚已经没有内在延续关系的城镇和村庄,遗址作为一种文化遗产资源直接与土地这种国土资源发生不可分割的联系。

中国号称地大物博,人口众多,人均占有资源(包括土地资源、水资源等)却很少。这种人多地少的状况从明代后期至清代前期之间开始出现,其产生的原因主要有两个:一是适宜于山地种植的高产量作物种类如玉米、红薯、马铃薯等

---

[1] 目前文化遗产保护学界对于文化景观的认识比较混乱,往往将其与文化与自然的混合遗产或遗产本体及其环境的综合体相混淆。UNESCO世界遗产委员会认为,文化景观代表着"自然与人类相结合的作品",在来自内部或外在的自然环境及连续的社会、经济和文化力的影响下,在物质条件的限制和其他未知因素的影响之下,文化景观是多年来人类社会和居住点演化过程的例证。我们认为,这个文化景观的定义还存在着一些不准确的地方,准确的表述应该是:文化景观是介于非物质文化遗产(更准确的表述是"人类行为过程的遗产")和物质文化遗产(更准确的表述是"人类行为结果的遗产")之间的遗产类型。文化景观作为文化遗产的一种"混合"类型,它是一定空间范围内的被认为有独特价值、值得有意加以维持以延续其固有价值的、包括人们自身在内的人类行为及其创造物的综合体,至今还被人们使用,其生活方式、产业模式、工艺传统、艺术传统和宗教传统没有中断并继续保持和发展的城镇、乡村、工厂、矿山、农庄、牧场、运河、寺庙等,都应当属于文化景观的范畴。联合国教科文组织世界遗产中心网站:http://whc.unesco.org/en/culturallandscape/。

在明代后期传入中国,使得先前不适宜人类生存的山地和荒原成为人们可以开发的区域;二是清朝政府实施"摊丁入亩"的税收政策,彻底取消了人头税,使得人口失去了原有的经济制衡因素,人口数量呈几何级数增加。这些新增加的人口产生的人口压力,不仅使得早先开发区域的人口密度大量增加,而且外迁人口的深入使得原先没有人居住的崇山峻岭也都得到了开发。经过明代后期至今的近500年发展,过去荒废的古代遗址,尤其是大型遗址,绝大多数成为现代城镇村落密布的区域。过去的"一家堡""三家村"等单家独户和少许人家的小聚落,已经演化成了数百家甚至上千户的大聚落。如果我们查阅一些历史地图,或翻检一下老旧照片,就可以发现绝大多数中国乡村的人文景观发生了很大的变化。一个被城市、乡镇、村落叠压的遗址或遗址区域肯定会遭到一定的破坏,尤其是现代机械化深耕和多种经营,更给遗址带来了先前所没有的巨大破坏,如中国北方下部挖深坑以保温的蔬菜大棚、南方新挖掘的成片的养鱼池塘、到处都有的改传统耕地栽种果树和经济林木等,这些都给遗址带来了前所未有的破坏和威胁。随着人口的繁衍及人民生活水准的提高,原先建不起房或居住在小房的农民,新建了占地较多的大房子,新成家的农民也按政策在自家的宅基地中营建了新房。随着农村聚落的迅速扩展,占压遗址的现象也日趋严重。

  大遗址所在地的地表下埋藏着古代的遗迹和遗物(当然也有部分遗迹在地表仍然清晰可见),而在其地表以上则往往是现代人们耕作的田地和居住的房屋。文物行政主管部门依照国家的《文物保护法》来管理全部或大部为地表以下的遗址,其他如国土、住建、农业、林业等政府的职能部门按照《土地法》《城乡规划法》《森林法》等来管理遗址以上的地面相应部分,此外县区、乡镇和村社则按照国家的《政府组织法》等管理遗址上的人及其社区。而居住在遗址之内和之上的城市居民和乡村村民,则按照《物权法》《土地承包法》及中央制定的政策与政府相关部门进行互动,以保证和维护他们自己在这片土地上的应有权益。这样,依附于土地的这些不同的利益群体自然就会有不同的利益诉求,作为政府的职能部门和基层组织,自然会优先满足自己直接责任对象的相关诉求,而将包括文物保护在内的责任排在相对靠后的位置。土地权益问题会直接影响到各政府部门的权益,当然也会产生各种各样的矛盾和冲突,无疑是影响大遗址保护的关键的问题。

  "大遗址"面积广大,占有遗址土地的情况也错综复杂。尽管在现阶段中国的土地法规中,土地从所有制上仍然属于名义上的公有(国有、集体),但实际占有却存在多种情况:(1)遗址上城镇的公有设施和公有住房所占用的土地归所在地政府管理;私人住房占用的土地却归房屋所有者管理和使用。(2)遗址上的农耕土地,属于村民集体所有和个人使用;遗址上的荒地和树林则属于个人、集体和国有企业(林场)的都有。多样化的土地使用权的划分,再加上中国以家庭小农经济为主体的农村社会现状,就使得遗址所依附的土地被分割成许多小的权益单元,国家的文化遗产管理部门要行使对遗址的管理权和保护权,不仅要协调国家土地资源管理机构、林业管理机构和公房管理机构的职权范围,更主要还要面对实际占有遗址土地的形形色色的使用者。在20世纪50年代实施农村集体化后,农村形成了"三级所有、队为基础"的制度设计,并通过20世纪80年代继续保留土地的集体所有制,但将土地的使用权和收益权分给农民的"二权分立"的改革,以及后来"增人不增地,减人不减地"的虚化集体权益并固化个人权益的改进[1],除了土地所有权不得私自转让外,农村集体土地所有制已经接近名存实亡。在土地私有制的背景下,遗址所在土地的所有权因为可以流转,土地可以在市场经济的环境中实现集中和流转,只要国家有财力购买遗址的土地,就能够在购买了土地权益的基础上来实施遗址的保护和管理;在土地公有制且权益为国家或集体所有的背景下,因土地权益与农户个人不发生关联,国家只要认为有必要,就可以将重要古遗址所在地域的土地所有权由集体转变为国家,遗址保护和管理应该也相对容易;而在现行二权分立且私权逐渐加大的土地制度下,遗址所在土地表面的权益被划分得支离破碎,文物保护管理者既要面对名义上的土地所有者即村集体(大遗址包括的村级集体往往又不止一个),更要面对数以千计的土地使用者即承包土地的农户,有时还要面对土地的实际经营者即转包土地的个人或企业,给保护和管理带来前所未有的困难。

中国高速推进并仍在继续发展的城市化进程,是以土地权益变更为基础实现的。这种变更是代表国家的地方政府通过土地所有权管制,除了将城市国有土地出让给房地产商集中建房外,更主要的是通过征收城郊原先的农村集体所有土地,转换为城市国有土地,再将其出让给房地产商建房出售。这种农地转用

---

[1] 丁远康、黎登庆:《湄潭农村改革试验区延长土地承包期五十年的实践与思考》,《中国农村经济》1999年第3期;张雷、白尚恒:《湄潭县土地流转的经验思考》,《理论与当代》2014年第12期;刘燕舞:《反思湄潭土地试验经验——基于贵州鸣村的个案研究》,《学习与实践》2009年第6期。

的制度安排,一个很大的好处是很快使原先的小城市转变为中型或大型城市,城市面貌在很短的时间内"旧貌换新颜";但这种土地制度安排带来的问题也是显而易见的,除了政治学家、法学家、经济学家一直在讨论的一些"大问题"外,涉及文物行政管理部门的"小问题"就是原先处在城郊和乡村的古遗址,越来越多地被压在城市的高楼大厦或被圈在工业园区里面了。现代城市与历史城市的建筑完全不同,中国的传统土木建筑因材料和结构特点,其基础一般都较浅,一般不会或较少破坏覆盖在表土下的遗址文化堆积;而现代城市的高楼大厦,需要深挖基础,有的还需要建造多层地下室,大楼之间的街道等空间也需深挖地下给排水等城市公共设施。现代新城区地下的遗址堆积通常都会被铲除干净,最终荡然无存。

大遗址的保护与管理既然与土地权益关系密切,无视大遗址的土地权益问题,试图越过土地的区隔去保护地下的遗址,显然是不现实的。

三、应该如何保护"大遗址"?

针对大遗址保护和管理存在的问题,文物行政管理部门和考古、规划和文物保护相关单位也采取了一系列措施,如强调大遗址保护是遗址所在地政府的责任,并积极从国家财政方面加大了对大遗址保护的经费投入,设立了大遗址保护专项资金;再如,强调文物保护,尤其是大遗址保护,要注重考古基础工作和基础研究,要先行编制保护规划,按规划实施保护措施;还如,为了使大遗址保护受到社会更广泛的关注,为了鼓励地方政府投资保护大遗址的积极性,国家文物局启动了国家遗址公园的评选和建设工作,评选并公布了一些大遗址作为国家大遗址公园。通过这样一些举措,大遗址保护和管理存在的某些问题已经有所缓解,但占压大遗址、蚕食大遗址和在大遗址重要地段深挖土地的现象仍然屡禁不止,就连世界遗产安阳殷墟,原保护范围南部和西部已被修改后的保护规划调整为建设用地,不少遗址上的村集体还在遗址重点保护区修建了大面积的别墅,不仅文物管理部门对此束手无策,就连当地政府也没有多少办法[1]。之所以

---

[1]《小屯的荣耀与烦恼》,新华网,2014年11月25日,news.xinhuanet.com/loc;陈关超、张莹莹:《河南安阳殷墟遗址深陷保护困局》,中国文化传媒网,2014年3月24日,www.ccdy.cn/cehua。

仍然存在这种现象,笔者认为,是我们对大遗址存在的根本性问题分析不到位,迄今还没形成系统有效的保护策略,采取的措施自然也就缺乏针对性或完全是"隔靴搔痒"。要保护好大遗址,需要研究并寻求将遗址所在的集体农用土地流转为国有文物保护用地的制度层面的设计,需要国家中央财政有大遗址土地征收补偿资金的计划,重要的大遗址需要建立包括了权益相关方的统一管理机构,遗址的规划也不能是"自娱自乐"的文物保护规划,而是应建立在有权益和机制制度保障基础上的切实可行的遗址保护与利用的综合规划。下面,我们就这三方面进行阐述。

1. 解决好土地权益的问题,是保护好"大遗址"的前提条件

文化遗产保护的从业人员都知道,要对遗产实施有效的保护和管理,完善的法律法规体系是遗产保护和管理得以有法可依的前提条件。我国大遗址保护的核心问题是土地所有权不明确,以及在此基础上形成的公权和私权法律上的不完善,还有在具体处理公共利益时缺乏可以依据的法理程序,这使得文物主管部门在保护涉及大量土地和居民的大遗址时,不得不寄希望于地方政府采取行政手段来处理出现的矛盾和问题。我国列入保护单位的大遗址,按照文物工作的"四有"要求,都要求划定保护范围,有建设控制地带,有专门的保护管理机构和人员,列入国家级文物保护单位的大遗址还要求编制保护规划,按照规划逐步落实保护管理规定和措施。由于大遗址保护范围内的土地所有权与使用权是分离的,所有权有全民和集体两种情况,使用权也有国家机关、事业单位、企业单位、集体和个人多种,作为各级文物保护单位的大遗址尽管划定了保护范围和建设控制地带,但这些保护区划内的土地所有权没有从集体转移到国有,使用权也没有从单位和个人手中转移到代表国家行使保护和管理权的文物行政机构或事业单位名下,文物保护和管理部门实际上难以遂行《文物保护法》赋予的权利。在现有的大遗址中,即便是被列为"国家考古遗址公园"的遗址,如果没有购买或租赁遗址关键区域的土地,也很难按文物保护规划和遗址公园建设规划来进行保护和展示设施的建设。据我所知,在现有的国家考古遗址公园中,只有陕西西咸新区的咸阳汉阳陵、吉林集安市的高句丽王陵、湖北武汉市黄陂区盘龙城遗址、四川邛崃市的邛窑遗址等不多的几处大遗址,因地方政府出资征收了遗址重点保护范围部分或全部的土地,才能够实施保护规划和遗址公园建设规划的内容。绝大多数大遗址,由于土地问题没能解决,不仅保护规划制定的保护和管理措施难以落实,有的连保护和展示工程都难以开展。

第三章 文化遗产保护研究

　　大遗址面临的土地问题，看似非常困难，但从我国现阶段的城市化进程来看，地方政府解决大面积的城市扩展用地问题却似乎相当简单。城市用地这个转化过程一般分为三个步骤：首先是通过编制或修编城市规划，将原先农村的农用土地转变为建设用地；接着将属于建设用地的集体土地征收，转变为可以建设的国有土地储存起来；最后将储备的国有建设用地资本化，以土地抵押融资，挂牌卖给房地产开发商；开发商在拍卖到的土地上建房，并将这些房屋出售给城市缺房的原居民及来自农村或外地的新居民。在这个集体农用地转化为国有建设用地的过程中，地方政府通过低价征收和高价卖出之间的差价收入，填补了地方政府财政收入的不足，保障了地方政府的日常运转和城市发展的资金。由此可见，只要有资金和资本的驱动，地方政府可以比较容易地做到征收大面积的土地来兴建新城区或工业区，甚至某些大型企业也能够购买包括许多古遗址在内的超大面积的各类土地来修建水库电站。陕西西安市唐大明宫遗址的土地不就是被国有企业征收过来，将其变为了一个为周边房地产升值及旅游开发服务的"主题公园"了吗？现在大遗址的土地问题之所以难以解决，是因为征收古遗址的土地不能将其抵押融资卖出，地方政府没有资金来征收这些土地，也没有积极性来征收这些土地。在我国现行的分税制财政管理体系下，中央税种占了大部分，地方税种几乎都为小额税种，县级财政没有独立的税种收入和稳定的税收来源，除了征地卖地以外，县级财政收入并无保障。诚然，包括大遗址在内的不可移动文物的保护，是文物所在地即县级政府的职责，但在县级地方财政无力承担保护遗址所需主要资金的情况下，财力相对雄厚的中央财政只出"小钱"（遗址重要遗迹保护和展示工程的资金），却将"大钱"（遗址土地购买、租赁和居民拆迁安置所需资金）派给了入不敷出的地方财政，这无论如何是说不过去的。因此，要保护和管理好大遗址，完成大遗址基本构成要素区域的土地转化是基础，土地征收和居民拆迁安置的资金又是保障，而要实现大遗址的重要区域的土地征收和居民拆迁安置，中央财政的支持至关重要。

　　古代人们聚居的地方往往也是现代人们聚居的地方，大多数大遗址的现地表的土地利用现状类型主要是耕地和园地，另有一些住宅用地[1]，耕地中还有不少属于基本农田。如果为了文物保护的需要征收集体的耕地，会涉及不少基本农田，转变其用地性质也会有政策上的限制和障碍。因此，探讨土地利用

---

[1]《土地利用现状分类》国家标准，2007年。

类型是否应该专设"保护用地"之类的新类型或兼顾文物用地和耕地的复合用途类型,也是我们文物保护管理部门和专家应该关注的问题。在我国现行的土地利用现状分类中,"公共管理与公共服务用地"有七个二级类型[1],没有专门的文物或文化遗产的保护性用地类型,只是风景名胜设施用地"包括名胜古迹、旅游景点、革命遗址等"景点及管理机构的建筑用地。有学者已经指出,现阶段采用的《土地利用现状分类》国家标准存在着分类依据不统一、分类标准不明确、分类标准不完整、土地利用现状表达不清楚等问题[2],如果今后国家修编完善新的土地利用分类标准,占了国土面积相当比例的包括古遗址在内的文物或遗产保护用地,应该在国家按用途分类的土地用地分类表中有自己的位置。比较麻烦的是遗址范围内地表的基本农田问题,由于基本农田属于农业保护性用地,具有永久性,按照国家的规定,无论什么情况下都不能改变其用途,不得以任何方式挪作他用[3],将被划定为基本农田的大遗址土地变更为"风景名胜设施用地"之类用地,恐怕会遇到政策上的困难。因此,是否可以探讨将遗址范围内地表的永久基本农田这类保护用地与文物保护用地结合起来的保护思路,即将大遗址的土地从集体土收为国有以后,除了少量需要用作展示的土地需要报批改变其用途外,其余绝大多数土地仍然作为基本农田继续使用。这样,我们或许还可将大遗址的土地作为进一步深化农村改革的试点,尝试通过土地流转,将一家一户的低效率的家庭农业改编为高效率的国有大农业,而拥有土地所有权和使用权的国家文物管理部门,就可以按照《文物保护法》和大遗址的文物保护规划对租赁这些土地的企业进行限制,比如只能种植浅根茎的农作物,耕种深度不能超过多少厘米等,从而切实保证大遗址不再遭受人为破坏。

2. 建立统一保护管理机构,是实现大遗址保护的保证

遗产保护,有法可依只是前提条件之一,前提条件之二就是要有执行相关法规和监督法规落实的机制和机构。正如有学者指出的那样,大遗址由于地面

---

[1] 这7个类型分别是:"机关团体用地""新闻出版用地""医卫慈善用地""文体娱乐用地""公共设施用地""公园与绿地"和"风景名胜设施用地"。
[2] 门雁冰:《土地利用现状分类思考》,《国土资源情报》2011年第5期。
[3] 中华人民共和国国务院:《基本农田保护条例》,第12次常务会议通过,1998年12月24日颁布。2008年,中共中央十七届三中全会通过的《关于推进农村改革发展若干重大问题的决定》,再次强调了"永久基本农田"概念。

有各种不同的利益群体,涉及的管理机构也相当多。除了文物行政和业务管理部门外,还有国土、住建、农业、林业、环保、交通、旅游等行业管理部门,并有乡镇、乡村、街道、社区等直接管理遗址范围内人群的基层政府机构,有的大遗址还专门设立有经济开发区、文化产业园区等,还有的大遗址分属于不同的县区、乡镇、社区等行政管理机构,遗址的保护管理当然就更加复杂。因此,在仍有城市或农村居民居住和生产的大遗址地域建立集合乡镇、村社基层政府机构,并包含有文物、国土、住建、林业、旅游等部门的统一的管理机构,并以文物保护、管理和利用作为该机构的主要考核目标。对于那些最为重要的古代都城遗址,还可仿效美国的国家公园制度,建立垂直的分级管理机构。

大遗址范围广大,除了少数草原荒漠的大遗址外,大多数遗址所在区域内都有城市居民或农村居民。在中国人多地少的情况下,人口密度很大的遗址,遗址范围外也都是人口密集的区域,只有城郊类型的遗址比较容易将遗址上的人口迁移到城市之中,乡村类型的遗址周边都没有空隙地域可以安置整村的拆迁人口,更没有多余的田地可以分配给这些外来移民,不大可能将所有大遗址的邑聚、单位和个人全都迁出遗址范围。可以想见,在相当长的时期内,大遗址内仍然会有城镇、乡村和文物保护以外的企事业单位。可以探讨仿效高新技术区、经济开发区、工业园区等的模式,在重要的大遗址上建立以文物保护和管理为主要目标责任的"遗址保护区"(或"遗产保护区""文化集聚区"之类),成立包括文物保护、环境保护、居民管理、产业管理(包括生态农业、旅游业)等合一的综合保护管理机构,以集约化的方式解决存在矛盾,节约管理成本,提高保护管理水平。

这里,笔者想顺便对目前正在继续推行的"国家考古遗址公园"建设发表一点观感。我国文物行政主管部门推行国家考古遗址公园建设,其初衷应该是仿效美国的"国家公园"制度,通过国家对遗址公园建设经费的投入,调动遗址所在地地方政府保护遗址的积极性,从而实现对遗址更好地保护和管理。不过,考古遗址公园的"公园",是与私人或某社群拥有的形形色色的"私园"相对的概念,具有公有的和公益的基本性质。自从清末民初开始建设公园至今,园区土地、山川、建筑、花木权属的公共性质,以及公权力实施管理且为公众服务的公益性质,始终是公园的基本属性[1]。当初美国建立国家公园,用国家公园制度来保

---

[1] 彭雷霆:《娱乐与教化:近代公园的中国变迁》,《江淮论坛》2007年第4期。

护自然的山川、森林和景观,以后也扩展至包括遗址在内的人文遗产(如世界遗产查科文化国家历史公园),其基本做法除了立法外,建立以联邦政府为核心的集权式垂直管理体系,设立国家公园基金会以整合来自联邦政府和私人机构的资金和资源,并且遗址公园管理部门全权负责管理公园范围内的一切事务[1]。我们的国家考古遗址公园,在法规层面上缺乏国家的相关法规建设为前提,在管理体系上没有建立集权的管理机制作支撑,在资金上更没有国家提供购买遗址所在区域土地的基本资金(而不是少量的建设资金)作保障,只能在遗址的一个狭小的局部进行规划设计,将遗址设计成一个主题公园,遗址已经被设计得越来越不像遗址了。

3. 编制好切实可行的综合保护管理规划,是保护好大遗址的保障

这些年来,文物保护界流行的口号是"文物保护,规划先行",全国重点文物保护单位,尤其是大遗址都要求先有规划,然后才能着手制定具体的保护防护方案。这些规划是在现有考古资料基础上,先确定遗址的保护区划,对不同层次的保护区划制定保护规定并提出保护措施,然后再制定一些相关的专项规划,如研究规划、保护规划、管理规划、利用规划等,最后给出实施这些保护、管理、展示规划所需要的经费。这些保护规划给遗址划定的保护范围,通常都没有全面考虑这个保护区在实际保护中是否能够真正起到限制私权的作用,以及这种限制是否符合现有法规体系的要求,因而规划制定的保护规定每每难以实施,从而影响到规划的执行力度。

编制大遗址保护规划,首先应有系统论和系统规划论的思想,要有全局观念,不应将目光只局限在自己受委托编制规划的孤立遗址上。这一方面是因为遗址先前本身就不是孤立存在的,以古代城市为例,中央都城的城外有礼制郊坛、寺庙神祠、皇陵墓地等,皇家陵寝的陵园之外也还有寝庙、陵邑、陪葬墓地等,它们本身在古代就是一个按某种结构关系组织的系统;另一方面,古代遗址范围内,除了草原、荒漠和山区的遗址没有居民或居民很少以外,绝大多数遗址区域的地下是古代的遗址,地面就是现代的乡镇、村社和企业,这些现代的聚落和企业,城市居民和农村居民也各自构成系统。文物保护需要维系地下和地面这两个系统的完整性,并在照顾二者之间平衡中做出选择。中国的古代都城、地方

---

[1] 杨锐:《美国国家公园的立法和执法》,《中国园林》2003年第4期;朱华晟、陈婉婧、任灵芝:《美国国家公园的管理体制》,《城市问题》2013年第5期。

中心城市、皇家陵园、大型矿业遗址等遗址的占地面积都很大,某些历代建都的地区,拥有多个都城及陵园遗址,如古都西安仅都城和皇陵遗址有周都丰镐、秦都咸阳、汉都长安、隋唐大兴/长安,以及秦东陵、秦始皇陵、汉十一陵等遗址,这些遗址动辄数十上百平方千米。西安市面积不过10 108平方千米,加上西咸新区的部分咸阳县域,不会超过15 000平方千米,这个区域内的古都遗址,即使除去规模宏大但边界不清的秦都咸阳外,其总面积也超过了180平方千米,而皇家陵寝面积,仅是秦、汉两代陵墓就至少有280平方千米[1],仅此两类遗址就占了西安地区一带460平方千米的土地。如果不统筹考虑保护区划、规定和措施,理想化地将自己负责规划的某个遗址用两三个套圈圈起来,并将遗址上的全部乡镇、村社迁往遗址外的某个地方安置,保护是很难做到的。

　　大遗址保护规划编制单位应该包括考古科研单位,规划前的系统的考古工作和研究,是编制好大遗址保护规划的基础。大遗址范围广大且深埋于地下,考古学家可以通过遗址不同区域的抽样发掘,很快地解决遗址的年代分期等问题,然而面对动辄数平方千米甚至上百平方千米的大遗址,考古学家却很难用考古发掘的手段解决遗址的范围边界、道路系统、功能分区、重要节点等问题,而这些在地面上难以判定的问题,恰好是编制遗址保护规划,实施规划的保护规定和措施所必需的基本信息。目前大遗址的考古工作,由于各方面的原因,仍然有许多不如人意的地方。例如世界遗产的大遗址安阳殷墟,是我国考古学家最早开展考古工作且考古工作一直持续的都城,但因为在相当长一段时期内,考古工作大都是配合占压遗址的基本建设进行[2],未能按照城市考古方法开展有计划的主动考古勘察,遗址边界在相当长一段时期内没有搞清楚,近在咫尺的面积达150万平方米的洹北商城直到20世纪90年代末才被发现并确认,并且由于洹北商城与洹南殷墟的主体遗存存在年代的错位,以及洹南殷墟的遗址功能分区不符合其他商代都城的规制,实际上迄今我们仍然不能完全理解安阳殷墟,殷墟遗址的

---

[1] 丰镐遗址17、汉长安城65、唐长安城近100平方千米;秦东陵24、秦始皇陵56、汉十一陵如以汉景帝阳陵20平方千米为标准共200平方千米(除去位于兴平县的50平方千米的汉茂陵)。
[2] 我们一些考古学家一直忌讳采用"配合基本建设的考古工作"这个说法,努力试图消除"配合"这个被动配角的字眼。但从逻辑上说,如果不是配合的被动考古工作,就应该是主动的考古工作,并且在基本建设中,考古也一直扮演着配角而非主角,无须掩耳盗铃式地强调我们不是"配合基本建设的考古",而是"基本建设过程中的考古"。

边界是否完全清楚了,恐怕也还要存疑[1]。因此,需要在查明大遗址的基本构成要素以后,再编制遗址的保护规划,否则规划的保护对象就缺乏针对性。

在把握了某些大遗址的范围边界、道路系统、功能分区、重要节点等的信息,并对这些大遗址的结构、类型、性质、特点有了真正的理解后,保护规划的编制者要首先树立分级保护的思想,将构成遗址边界的城壕城墙、构成遗址脉络的道路水渠、构成遗址重心的宫殿衙署、寺观祠庙、作坊工场等作为重要的保护对象,并在保护区划上把它们作为重点保护范围,在保护措施上将这些重点保护范围的土地转变为国有文物保护用地,在经费估算上要纳入这些重点保护范围的土地征用、拆迁安置、环境保护等项目所需资金额度,否则,大遗址保护规划肯定将难以实施,只能成为缺乏约束力和执行力的纸上规划。

第二节 石刻文物的保护问题

石刻文物是不可移动文物中的一个大类。在我国的不可移动文物即文物保护单位的分类中,石刻文物以"石窟寺及石刻"的名目,与古遗址、古墓葬、古建筑、近现代建筑及史迹并列;在世界文化遗产的分类体系里面,石刻文物没有作为单独的类型,但在"遗址""建筑群"和"纪念碑"这三大基本类型中,石质的雕刻与石料的构筑物和建筑物无疑都是重要的构成要素。石质材料是古代艺术家和建筑师施展才华的主要对象,保留至今的石刻文物是我们认识古代世界人

---

[1] 目前殷墟的范围一直没有发现城墙,被视为殷墟中心宫殿区的小屯,大型建筑基址与祭祀坑、墓葬、占卜场所、手工业工场交织在一起,这与洹北商城、郑州和偃师商城等应当是商王朝都城的情况差异很大。因此,我怀疑安阳殷墟遗址的中心部分并不在目前划定的殷墟的范围内,而是在安阳市区中心所在的区域,今殷墟范围只是相当于当时都城的西侧,也就是郭城的范围。我做出这样的推测理由有三:一是安阳城在北周移邺城居民于此之前,就是有城有郭的一座城池,欧阳忞《舆地广记》卷第十一记河北西路相州安阳县引徐广《晋纪》曰:"石遵自邺城北入,斩张豺于安阳";二是安阳旧城大小方向与洹北商城近似,尤其是南北方向轴线不作正南北向,而是略呈东北至西南向,符合商代城池的方向(明代安阳城即彰德府城曾经缩小,但必定还会至少利用过去两面城墙);三是根据环境考古的研究成果,在西周以前,洹河是从今安阳旧城北经过,在城东北角向南转折,安阳旧城北、东两面以洹河为护城河,其形成时间应当在西周以前。持类似的看法的不仅我一人,日本东京大学名誉教授松丸道雄就认为,殷墟王城应该在小屯以东,见松丸教授2011年5月19日在北京大学考古文博学院的讲演"殷(商)后期的王城——小屯'殷墟'质疑"。

们的创造力、时代风格、传统差异的重要物质材料,具有重要的历史价值和艺术价值。石刻文物由于材质的多样性和所处环境的复杂性,受到不同自然因素的威胁;也由于精彩的石刻作品受到古今人们的共同喜爱,不当的和病态的喜爱也给石刻文物带来了人为因素的威胁。因此,需要按照正确的方式和方法,对这些野外的古代石刻文物采取恰当的保护措施。这些保护措施当然包括了具体的保护材料和保护技术,但正确的保护思想、策略和技术路线,恐怕也应该引起石刻管理者和保护者的足够关注。

一、石质文物的类型与病害

在不可移动文物的两大类型中,除了呈现残破状态且多掩埋于地下的遗址以外,就是保存状态尚基本完好且耸立于地表的那些遗存。与遗址相对的这类遗存,目前还没有一个恰当的名称。在我国的不可移动文物的分类中,通常是把这类遗存再按功能或时代划分为古建筑、古墓葬、石窟寺及石刻、近代史迹及纪念建筑等,石刻类则是按照材质划分的不同于其他类型的大类。联合国教科文组织世界遗产的分类体系中,与遗址对应的这类遗产按照是否有纪念性而被划分为"纪念碑"和"建筑群"两大类,纪念碑和建筑群都主要是以石料为主体构筑和雕刻的遗存。在西方世界中,纪念碑类遗产大都是由砖石构成的规模宏大、兼有雕塑绘画、具有震撼力的艺术作品。可以这样说,无论中国还是世界,不可移动文物/遗产的二级和三级分类都还存在分类逻辑不清晰、分类标准不统一、分类命名不确切的问题,不如可移动文物首先以文物的自然属性即材质为主要标准进行分类那样合理(当然可移动文物的分类还兼顾了按照外部形态即表现形式的分类,标准也还不够统一)。如果参照不可移动文物的分类情况,首先以保存状态将不可移动文物划分为遗址和"遗存"两类,"遗存"再按照材质划分为土质、石质、草木、砖陶、金属诸类,石质文物再根据以构筑为主还是以雕刻为主,划分为石构建筑和石质雕刻两类,恐怕更为恰当。

石构建筑在中国尽管数量不及木构建筑,但石质文物无须经常保养而比较耐久,现在保留下来的石构建筑仍然为数不少。除了许多地方都可以见到的石构桥梁、石铺路面、石构城墙、石构驳岸、石构护栏外,石砌高台、石构佛塔、石构坟墓等都是最常见的石构建筑种类,此外还有一些石构门阙、石构殿阁等特殊和大型石构建筑。石构建筑和建筑构件具有相当的耐久性,即使建筑垮塌,残垣断壁仍能长期耸立。但这些石块垒砌的建筑物或构筑物,屋顶、墙体和台基往往都不是整块石料,石块(板)与石块(板)间的缝隙容易渗水,水的干湿更替,就会造成盐分凝结、霉菌滋生、植物生死,从而给石构建筑带来伤害。高层的石构建筑清除杂草和树木还不太方便,树木如果长得稍大,其根茎就会给建筑物带来损害。在中国长江以北地区,进入石构建筑石块间缝隙和石块裂隙的水,冬季还会结冰膨胀,从而撑坏石构建筑物或建筑构件。

  石构建筑的石材尽管相对结实耐久,但有些种类石料的坚固性却有限。如红砂岩石是中国南方尤其是四川盆地广泛分布的沉积岩,因含丰富的氧化物呈红褐色故名。这种岩石材质细腻,易于开采,便于雕刻,故被广泛用作建筑和雕刻材料。四川盆地气候潮湿多雨,红砂石吸水性又较好,由这种石材构成的建筑和建筑雕刻,容易生长苔藓,也容易因水中盐分结晶而剥蚀。又如石灰岩石,其坚固性、磨光性、黏结性、美观性都很好,并有大理石、汉白玉等非常美观的石材类型,被广泛用于石构建筑材料和建筑雕刻材料,却因为石灰岩的主要成分是碳酸钙,在含二氧化碳水的作用下会缓慢溶解,石构建筑表面的题刻或纹饰会逐渐模糊甚至消失。江苏南京明孝陵的宝顶前的方城,是外部由巨型石灰岩条石构成的长方形高台,高台下部的须弥座和中央的拱门券石都有精美的雕刻,因雨水的作用,不仅石面的雕刻已经漫漶不清,就连高台表面也凝结了许多钟乳石(图9)。随着大气污染的日益严重,空气中的二氧化碳浓度增加,酸雨使得石灰岩类的建

图9 南京明孝陵插图明楼石座,石面上全是斑驳的钟乳。

筑及雕刻的病害加剧。

石质雕刻类文物，从保护的角度出发，那些雕刻在崖壁上的与山体相连的石刻，与那些采用从山体上切割下来石块雕刻的石刻，它们遭遇的破坏因素和我们采取保护行为的难度都有一些不同，二者应该划分为两个类型。连山类石刻与山体崖壁结合在一起，它们除了会有日晒雨淋、霉菌滋生等石质文物的共同问题外，还有崖壁裂隙、山体崩塌、山水渗透、树木根茎等自然危害因素，只是遭到偷盗转移的人为破坏因素比独体类石刻要小一些。独体类石刻脱离了原先石料所在的山体，有的还被搬运到较远的地方，被古人树立在宫殿内、寺庙里、坟墓前或城市的各个角落，它们与人的活动关联紧密，受到人的触摸、车船碰撞，以及有意偷盗的人为破坏威胁都更大一些，此外也还受到风吹日晒、雨淋冻融、霉菌滋生等自然的威胁。

连山类石刻根据其暴露在自然环境中的情况，还可分为三小类：

一是摩崖题刻，就是利用天然崖壁或在磨平的崖壁雕刻的文字或图像，如我国丘陵山地古道旁随处可见的石壁题字，有些地方的石壁上还有阴线或浮雕的佛道造像或祥瑞图案等。这些题刻和雕刻全部暴露在日光、风雨或冰雪的环境中，夏秋暴雨后的阳光暴晒，春生秋死的苔藓剥落，雨水渗透和寒冰凝结，都容易给这些石刻带来损坏。在云南剑川县石宝山石窟的窟间道路旁的山石上，有的地方原先雕刻有阴线的造像，但因暴露在野外，现在雕刻内容已经剥蚀不清，难以辨识。

二是摩崖龛像，就是在崖壁上开凿浅龛，龛内雕凿尊像，观礼者在崖壁外就可以看到龛内造像的全貌，如川渝广为分布的佛道摩崖造像。这些摩崖龛像凹入石壁之内，有些凹入较深的龛像，在通常情况下，风雨只能飘入龛内下部，夏秋炽热的阳光也只有在早晚才照射至龛内造像表面，龛内造像的上部因而往往保存较好。有的开凿较深的大龛，因风雨不能影响至龛的内壁造像，造像往往还保存得相当完整。当然也有例外的情况，四川巴中西龛摩崖造像是开凿于隋唐时期的雕凿技艺很精美的龛像，但因龛像所在山体顶部有水池和水田，渗水使得龛内壁的雕像全都漫漶不清，龛外侧的雕像反而较龛内造像保存得好[1]（图10）。

---

[1] 成都文物考古研究所、北京大学中国考古学研究中心、巴州区文物管理所、四川省文物管理局编：《巴中石窟内容总录》，巴蜀书社，2006年。

三是洞窟造像,就是利用天然崖壁或人工斩山形成大致垂直的崖壁,然后向内开凿洞窟,再在洞窟壁面开龛造像。在窟内石壁上雕刻龛像,如我国北方著名的山西大同云冈石窟、河南洛阳龙门石窟等,洞窟造像因有较小的门道遮挡,风沙、雨雪、阳光都不会对窟内造像造成大的威胁;但因洞窟空气流通不畅,又缺乏光照,容易滋生霉菌。有些洞窟因窟顶浸水或地下水侵蚀,也会对窟内雕刻造成影响。大同云冈石窟的外立面,因遭受风沙雨雪和日晒冻融,雕刻已经残损严重,窟内造像却较少受窟外自然因素的影响,保存相对较好(最典型的内外差异的例子,是早期洞窟的石刻窟檐柱廊,粗大立柱外侧的形态及雕刻都已模糊不清,内侧的形态及雕刻却完好如初)。因山体地下水渗透的缘故,一些洞窟(尤其是东部的第1至3窟)下部造像已经地下水析出的盐碱侵蚀,与保存尚好的造像上部形成鲜明的对比[1](图11)。

当然,不少连山类石刻既有摩崖题刻,也有摩崖龛像,甚至还有洞窟造像。重庆大足宝顶山大佛湾摩崖造像除了大量的摩崖龛像和少量摩崖题刻外,还有圆觉道场和毗卢道场两个大型洞窟造像,就是摩崖题刻、

图10 四川巴中西龛摩崖造像。因地下渗水,龛楣及龛外侧保存较好,龛内造像已经严重损坏。

图11 山西大同市云冈石窟第3窟主室阿弥陀佛像,其下部比上部剥蚀严重。

---

[1] 张焯主编:《云冈》,江苏美术出版社,2011年。

龛像和洞窟三者俱备的一个例子。

独体类石刻有单独一块石料雕刻的独石雕刻,如简单的石碑、连座的石像之类;也有用多块石料加工垒砌成的垒石雕刻,如带碑趺和碑帽的石碑,带座和顶的华表,基座、仰莲、幢体、顶盖等多重石刻叠垒的经幢等。从保护和展示的角度,也可以划分为三小类:

一是石碑板,也就是在扁平石板的一面(也有两面甚至四面)雕刻文字和图像,具有一个主要的朝向面,故人们除了将这些碑碣树立在某个周围可以环绕观览空间外,也喜欢将石碑嵌砌在房屋的墙壁上,只露出有文字的一面。将石碑嵌砌在建筑物的墙体上,这除了观览的原因外,也因石碑底面积通常较小,碑体容易倾倒,即便在碑的下部雕凿出插榫插在碑座的卯孔上,不少石碑还是折榫或脱榫而倒伏,嵌砌石碑在墙壁上,就可避免这些问题。耸立在空旷地面的石碑,受到日晒雨淋和风沙冻融的自然威胁,以及拓片打击和观摩接触的人为影响;嵌砌在墙壁上的石碑尽管避免了露天石碑的某些弊病,因室内空间狭小和空气流通欠佳等原因,也可能导致石面磨损和霉菌滋生等问题。

二是石柱体,也就是在几何体的柱状石块的立面周围雕刻文字和图像,观者需要围绕石刻观览的石柱(华表)、经幢、四面造像碑等。这类独立的石刻,其文字或图像雕刻在柱状体的周围,有的顶部还有雕刻或带雕刻的构件,但下部与基座或地面相接的部位并无雕刻。石柱体接地面积通常较大,除少数较细的石柱仍在柱体下端做出凸榫插在基座上外,其余多是依靠自身重力平放在地基上。传统上对于这类题刻的处理,除了仍然让石刻露天耸立,或修建覆室将其遮盖起来外,主要还是在周围绕以围栏,使观者或行经石刻者不至于接触石刻,防止由此带来摩擦碰撞的损害。

三是石象生,也就是石雕的人像、动物或神像。这类非几何形的石刻,站立的人像与人形的神像一般高度都超过宽厚度,其稳定性不如站立、蹲坐或俯卧的兽类或兽形的神像。站立的人像(包括人形的神像,下同)固定在地面有两种方式:一是凿出凸榫,插在石质地面或石质基座的榫孔上,如四川都江堰出土的著名的李冰石像[1];二是像与基座一体化,用同一块石材雕凿像和基座,如河南巩县宋陵神道两侧站立的文臣武将。无论是哪一种处理方式,如果石人像下面地基不坚固,都可能出现石像倾斜或倒伏的问题。无论是人形还是兽形的石刻,它

---

[1] 四川省灌县文教局:《都江堰出土东汉李冰石像》,《文物》1974年第7期。

们都属于圆雕类，整个外表都属于雕刻形象的组成部分。除了自然因素对石刻的威胁外，人们都喜欢触摸这些石像的头部或身体的某个部位，有些人还喜欢爬到石兽背上骑乘，这些都会给石像带来一些伤害。不过，对石象生威胁最大的，还是不法分子的偷盗行为，已发生多处陵墓神道石刻被盗的事件[1]。人为破坏因素是独体类石刻面临的最大现实威胁。

种类多样的石刻文物，是汉代以来各个朝代艺术品的最主要的类型，是中国艺术发展的实物见证，也是研究中国艺术史的重要资料，具有重要的历史价值。有的石刻如西汉霍去病墓前石刻，其艺术表现还具有超越时空的审美意趣，甚至被当代艺术家当作艺术追求的目标，因此具有不可忽视的艺术价值[2]。

二、我国石刻保护的传统与问题

我国自古以来就一直就有保护石刻文字载体的传统，这是有原因的。中国最早的成熟文字体系是形成于商代的汉文字体系，占卜用甲骨文是保存下来的最早的文书类型，这与先秦人们"唯殷先人有册有典"的说法基本吻合。在中国先秦时期，与原始宗教相关的专职人员有史官、贞人、巫师等。史官是当时统治阶级集团中知识最丰富的人员，他们对于远古神话传说和本族的历史传说了如指掌，是国家祭祀等宗教活动的主要参与者，担负替王室草拟文书、记录国家发生的大事和编辑史书的重要职责，严格意义上，他们是最需要文字的。

中国古代史与巫的发展有一个地位由高到低、区分由不明显到明显的过程，在文字发明之初的时代里，史与巫的地位应当还是比较尊崇的，所以那些对文字发明有过突出贡献的巫史在文献中保留下了名字。许慎《说文解字·叙》

---

[1] 例如，2016年，江苏南京市栖霞区狮子坝一座无名南朝石兽被盗，该石刻属于市级文物保护单位，附近安装有监控，不法分子趁雷雨夜色切断监控电源盗走了这座石刻。据"法律法规网"2016年9月8日《南京千年南朝石刻流落野外被盗，警方介入侦破》一文报道。

[2] 文物或遗产的艺术价值与科学价值一样，目前存在着许多认识上的误区，往往就将其与历史价值混为一谈了。实际上艺术价值是指艺术品或艺术形式对于艺术的有效性，反映了遗产本身对人类艺术的重要功能和作用。它主要体现在三个方面：一是反映了不同社群和文明所具有的独特的传统审美取向，说明其审美水平和艺术表现力得到了古今不同时代人们的认可和传承；二是反映了人类追求自然、返璞归真的心理诉求，纠正经历了多次艺术变革后的异化的艺术形式；三是可为当代艺术家激发创作灵感，提升艺术创作力，为艺术的变革和发展带来重要的启示。

说:"黄帝之史仓颉见鸟兽蹄迒之迹,知分理之可相别异也,初造书契。"创造文字的圣人仓颉,本身就是传说中黄帝的史官,在文字的发明创造方面,古代的巫、史一类神职人员曾经作出过特别的贡献。汉文字正是由他们创造,首先在他们这个圈子中通用流行,然后才成为贵族阶级学习的"六艺"之一。会写字的人,本来地位就高,秦代皇帝刻石多为丞相李斯所书,今所存者《泰山刻石》《琅琊刻石》即其例证。以后著名文人都有撰写碑文,甚至书写碑文之举,有的还成为名家。如东汉的蔡邕、东晋的孙绰、唐代的韩愈等著名文人,都是撰写碑文的大家。不少字写得好的文人,还以写碑出名。有地位和财力的人家以及财力雄厚的寺庙,碑文、书碑、刻碑都邀请名家,这就是所谓"三绝碑"。中国古代不重视保护建筑和雕塑,却注重保护碑刻,其主要原因就在于碑刻多与历史上的文人相关。

中国古代重视保护碑刻,还有另一个原因,就是石碑及相关石雕往往树立在墓葬旁边,是墓葬的组成部分,古人从关注先人墓葬的角度出发,爱屋及乌,连带也重视墓前的碑刻。自从祖先崇拜代替自然崇拜和图腾崇拜以后,重宗尊祖,尊尊亲亲,慎终追远就成为古人道德、信仰和礼法的一个核心。注重父母长辈故去后的丧葬礼仪,维护先人的坟墓,是中国从周代以来贯穿始终的传统。就连改朝换代以后,后代帝王也往往要保护前代帝王的陵墓。古代中国历朝历代多有保护墓葬不被盗掘的法律,这主要是基于保护死者遗体安全和"孝道"的考虑,保护范围涵盖了古代和当代的墓葬,但客观上也起到了保护古代墓葬及其相关碑刻等文物的作用。由于保护全国墓葬不被盗掘,也就能够起到保护自己祖先的墓葬不被盗扰的作用,古代王朝针对盗墓现象的立法和执法往往非常严厉。至迟在秦汉时期,已经有打击盗墓的相关法律条文。《淮南子·氾论训》引《天下县官法》曰:"发墓者诛,窃盗者刑",并说"此执政之所司也"。这种对盗掘坟墓惩处非常严厉的体现,就是如果坟墓被盗,居住在周围的居民要承担相关的连带责任。南北朝时期的刘宋政权曾经比照"符伍遭劫不赴救"之律,连坐盗墓发生地附近的村民,就是一个典型的例子[1]。直到清代,盗墓都是重罪,发墓导致尸

---

[1] 《宋书》卷一百:"世祖出镇历阳,行参征虏军事,民有盗发冢者,罪所近村民,与符伍遭劫不赴救同坐。亮议曰:'寻发冢之情,事止窃盗,徒以侵亡犯死,故同之严科。夫穿掘之侣,必衔枚以晦其迹;劫掠之党,必欢呼以威其事。故赴凶赫者易,应潜密者难。且山原为无人之乡,丘垄非恒涂所践,至于防救,不得比之村郭。督实效名,理与劫异,则符伍之坐,居宜降矣。又结罚之科,虽有同符伍之限,而无远近之断。夫冢无村界,当以比近坐之,若不域之以界,则数步之内,与十里之外,便应同罹其责。防民之禁,不可顿去,止非之宪,宜当其律。愚谓相去百步同赴告不时者,一岁刑,自此以外,差不及罚。'"

体外露者要处"绞监候",即使盗取随葬器物和墓上砖石物件,也要按照一般盗窃罪论处[1]。这也在一定程度上促成了对古代墓地石刻的保护。

不过,古代中国文人有保护著名人物墓前所立墓碑的传统,古代王朝政府立法保护的却是这些石碑后面的墓葬,二者的关注对象并不尽相同——前者关注的是地上石刻,后者关注的是地下死者。传统与律令在墓葬构成要素保护上的这种差异,导致了保护古墓葬构成要素的分离。当中国最后一个古代王朝被推翻,原先保护墓葬的律令已经废除,孝道作为一种封建糟粕被扬弃的时候,注重保护墓上石刻的传统就逐渐成为保护古代墓葬的基本倾向。这种关注墓上石刻传统的延续,再加上中国近现代保护不可移动文物的主要推动力来自建筑学家,使得他们在给国家建议重要不可移动文物的保护名单时,往往将墓葬石刻与墓葬剥离开来,不将这些本来是墓葬构成要素的石刻纳入古墓葬的范畴,而是将其归入"石窟寺及石刻"的类型。江苏南京城郊那些重要的南朝陵墓,只有墓上石刻被列入全国重点文物保护单位,神道及墓葬就被忽略,从而造成保护对象不完整,保护范围过小的后果,影响了文物本体的完整性以及文物环境的真实性。

中国传统的连山类石刻的保护,主要有雕凿岩檐和营建窟檐两种做法。

暴露在崖壁上的石刻,古人也知道雨水冲刷会给石刻带来危害,故在刻字造像时就尽量选择具有岩厦或崖面稍微凹进的地方。重庆奉节县的瞿塘峡题刻就选择在峡谷右岸崖壁,其下有斜坡堆积便于乘船登临,崖壁本身又有一道天然的横向凹入带的地方,故这些文字雕刻在石壁上以后,题刻上面崖壁的雨水就会从石刻前流到地下,不会流经石刻表面,可以保证石刻长久保存[2]。对于那些不便利用天然崖厦或石壁凹入带的摩崖造像一类石刻,古人往往在开岩凿像时就在雕像上方留出挑出较远的岩檐,使之如同木构窟檐一样遮蔽风雨和阳光。这方面最典型的例子就是四川大足区宝顶山大佛湾的"华严三圣像"。该组造像位于礼佛道路内侧,道路临崖壁垒砌,宽度有限,为了使得礼佛者能够有较好的视觉感受,也为了能够使岩檐外展更远,在当初雕凿时就将造像以一定的倾角向

---

[1]《钦定大清会典事例》卷七百九十七·刑部·刑律贼盗·发冢二:"查律载:凡发掘人坟冢见棺椁者,杖一百流三千里。已开棺椁见尸者,绞监候。发而未至棺椁者,杖一百徒三年。若年远冢先穿陷,及未殡埋而盗尸枢者,杖九十徒二年半;开棺见尸者亦绞。杂犯、准徒五年。其盗取器物、砖石者,计赃准凡盗论,免刺。"

[2] 重庆市文物局、重庆市移民局、西安文物保护修复中心编著:《瞿塘峡壁题刻保护工程报告》,文物出版社,2003年。

外倾斜，三尊造像头部外展的毫光及外伸手臂下垂及地的衣袖，构成三道类似建筑物的斜撑，将其上的岩檐撑出很远，飘雨就不能到达三尊像足下的莲花座之下，可有效地保护雕像及其妆彩免受风雨侵蚀（图12）。

对摩崖龛像和洞窟造像，古人往往采用修建窟檐的形式，无论是古代雕凿的文物还是当下雕凿的新物。古人对这些石刻的保护，主要是为了保护这些雕像上的妆金和妆彩，防止它们被雨水冲刷而磨灭。云冈石窟自北魏开窟之初并未在洞窟前营建木构窟檐建筑，而是在岩石上雕凿出地面、石柱、梁枋和屋檐形态结构，将石窟本身当作佛殿供人观瞻供养。孝文帝迁洛后，僧众才在新开凿的洞窟前构建木

图12　大足宝顶山的华严三圣像，略倾斜的身躯支撑其上的岩檐。

构的窟檐，使之成为真正的"山堂水殿"。《水经注·㶟水》："武州川水又东南流……其水又东转迳灵岩南，凿石开山，因岩结构，真容巨壮，世法所希，山堂水殿，烟寺相望"，描写的就是这以后的景象。在云冈石窟第1至20窟的崖面，还保留有当初木构建筑的梁孔、椽眼等痕迹，考古学家也曾在昙曜五窟前的辽代敷地砖下，发掘出北魏的筒瓦和板瓦等建筑构件，可推知当初窟前建筑之盛[1]。巨大的四川乐山大佛是高达71米的弥勒佛像，现在的大佛背靠凌云绝壁，面向三江汇流，露天垂足倚坐。但该大佛刚被海通和韦皋雕凿完毕时，覆罩有多层木构瓦顶的大阁[2]，就连两侧的护法天王也有覆室遮护。只是由于宋元之际的战火，大阁连同附属的建筑都被焚毁，乐山大佛才成为今天我们习惯的露天模样[3]。云冈石窟和乐山大佛的窟檐覆阁都是造像完成后不久就兴建的，属于保护新物的

---

〔1〕　彭明浩：《云冈石窟的营造工程》附录二《云冈石窟窟檐建筑》，文物出版社，2017年。
〔2〕　关于乐山大佛原先覆罩的大阁层数，有七层和十三层两说，有学者认为是十三层外檐七层内楼，实际上更大的可能是七层外檐、二层以上有暗层的内十三层的形式。
〔3〕　罗孟鼎编著：《世界关注乐山大佛》，巴蜀书社，2002年。

保护性建筑,有些石窟寺先前建的窟檐年久失修垮塌后,后人在摩崖洞窟前重构窟檐,尽管其主观意志可能仍然属于基于宗教信仰的一类功德,但客观上却已经属于保护古物的行为了[1]。不少摩崖或洞窟造像前的现存窟檐都是为了保护古代龛像才营建的,如重庆市域内的潼南区定明山大佛寺、合川区涞滩镇二佛寺、江津区石门镇大佛寺等唐宋时期雕凿的大型依崖坐像,佛像当初雕凿完工时或其后不久就营建有高大的佛阁覆罩大佛,但这些佛阁在宋元之际或明清之际的战火中都被破坏,现代的多重檐的佛阁都是清代重建,这些都属于保护旧物的保护性建筑(图13)。

中国传统的独立石刻的保护,其保护对象一般是与名人相关的碑刻,保护方式主要是在碑刻周围绕以围栏、加盖覆室或将碑刻嵌砌在有屋檐遮蔽的墙体上。不少碑刻,尤其是皇帝圣旨或御书的碑刻,当初立碑时就建有碑亭进行保

潼南区大佛寺	合川区涞滩二佛寺
南岸区弹子石五佛殿	江津区石门大佛寺

图13 重庆市域的石刻造像的清代保护性建筑

---

[1] 大同云冈石窟的窟前普遍有辽金时期的建筑遗迹和堆积,石窟立面的较小梁枋孔洞也属于辽金时期,辽金时期在云冈的北魏石窟前营建了大规模的窟檐建筑,这就具有保护旧物的保护性建筑性质了。

存。元人《齐乘》卷四载青州有元世祖圣德碑，当时就建有亭子覆罩。"碑亭：旧城北。世祖皇帝平李璮后，赈恤青人，民立圣德碑，翰林阎复子静文。"民间在庙宇、坟墓等处修建保护性的建筑保护名人碑刻，也是常见的现象。宋代建康即今江苏南京有晋元帝庙，南宋嘉定五年迁建于石头城旁。新庙落成后，叶适写记，滕宬书碑，碑刻好后就树立在庙的廊庑内，故刘克庄诗道："元帝新祠西郭外，野人吊古独来游。……叶碑廊下无人看，欲去摩娑又少留"[1]。北宋欧阳修祖坟，坟前高达丈余的石碑就建有碑亭，"绍兴乙卯宫焚，不余一瓦，碑亭独无恙"[2]。现存的古代营建的碑亭为数不少，山东曲阜市孔庙大成殿前横列有历代十三御碑亭，最早的碑亭年代为金代，这是目前保存下来的最早的碑亭。不少名碑也是有赖碑亭保护，其碑文至今还比较清晰。江苏南京市栖霞山栖霞寺前侧唐代所立"明征君碑"（全名"摄山栖霞寺明征君之碑"），因历代有碑亭保护，历经千年，仍然保持着相对较好的状态（图14）。

图14 江苏南京市栖霞山明征君碑亭，四面开敞，其内石碑保存状态较好。

---

[1]《景定建康志》卷四十四《祠祀志》。
[2]《宋人轶事汇编》卷八引《独醒杂志》。

营建覆室来保护古代石刻,这不仅用于保护石碑一类简单的石质雕刻,也用来保护复杂的石构建筑。有的具有纪念性的重要石构建筑,天长日久,建筑细部和雕刻就会受到自然的侵蚀,变得没有当初新建时那样完好,古人就会采用给石碑修建碑亭的办法来保护这些建筑。当然,石构建筑往往体量较大,覆罩在它们上面的建筑也会更加宏阔。四川安岳县木门寺是明代著名禅宗大师无际了悟禅师墓塔所在,塔为八角五檐石塔。为了保护这座石塔,信徒用石料构建了一座精雕细琢的近方形平面、四面封闭、单檐攒尖顶的仿木构石亭——无际禅师亭,使之覆罩在无际禅师塔外。四川的红砂石质地细腻但相对松软,到了明末清初,这座明正统年间兴建的石构无际禅师亭也出现了风化的迹象,为了保护这座石亭,信徒们又在石亭外覆罩了一座体量更大的面阔五间、三檐歇山顶的木构瓦顶殿堂——无际禅师殿。墓塔、石亭、木殿重重相套,其中层和外层都属于保护性质的建筑,构成一个古代石质建筑保护的特例(图15)。

古代石刻往往位于荒郊野外、废墟丘墓,难以进行保护和管理。故至迟从宋代起,古代中国的一些地方政府机构就开始搬迁重要碑刻进行异地保护。随着复古传统的兴盛,许多荒郊野外的碑刻等文物被搬到城中的衙署、文庙、学校的廊庑中,有的碑刻还专门修建了保护的亭阁(图16)。陕西西安的碑林是我国集

图15 安岳木门寺无际禅师殿,信众为保护无际禅师石塔和石亭所建,从殿的后侧拍摄。

中收藏碑刻文物时间最早、数量最多、影响最大的地方，它始建于北宋元祐二年（1087年），当初本为保存孔庙中唐开元年间的《十三经》和《石台孝经》石刻而建，后经历代不断收集迁入西安城乡散布的重要碑刻，其规模渐大，碑石林立，清代因有"碑林"之称[1]。实际上不仅是古都西安，宋代以后不少中小城市的官府也都曾有搬迁重要石刻在城内集中保管的举措。笔者曾经从事田野考古工作的重庆忠县，汉代曾有孝子严永、耆老严就和忠臣严颜，其坟墓和碑阙原在城西十多里处；宋代的忠州地方官为了弘扬忠孝，不怕麻烦将这些严氏碑阙（阙身上刻有文字）搬到了城内，安置在州署的仪门门廊内；直到元明时期州署迁移后，州署旧址成为土主庙，土主庙的庙门就在当初州署的仪门位置，才形成明清至现代"双阙在门"的状况[2]。

图16 山东曲阜市原汉鲁王墓前石人像，清乾隆年间移入城内，现在孔庙建亭保护。

随着当代文物市场兴起，文物被盗和走私猖獗，耸立在荒野地表无人看管的独体类古代石刻首当其冲，就连摩崖龛像和石窟造像这类连山类石刻都时有被不法分子盗割的现象。笔者所在的北京大学校园，位于首都首善之区，校园未名湖原燕京大学校园及建筑即是全国重点文物保护单位，然而位于临湖轩与俄文楼间交叉路口花圃内的明永乐年间的汉白玉石鱼洗，就在2007年一个夜晚被不法分子盗走了。由于散布在野外的石刻文物受到威胁，不少地方的文物保护管理部门为了防止石刻被盗，不得不将分散的古代石刻搬迁到便于看管的地方集中进行保存。四川芦山县是我国汉代石刻比较集中的地方，县域散布着多处汉代石阙及石兽。前些年为了防止散布乡间野外的汉代石刻被盗，当地文物保

---

[1] 马志祥：《西安孔庙与西安碑林之关系衍变》，《碑林集刊》二十二期，2016年，第1—7页。
[2] 孙华：《忠县土主庙阙为严氏墓阙新论》，载重庆中国三峡博物馆编：《长江文明》第一辑，重庆出版社，2008年，第28—34页。

管部门将蜀郡属国都尉杨统墓前的一对石狮、石羊村的一对石兽、石箱村的残石阙及一件石兽,全都集中搬迁到全国重点文物保护单位樊敏阙墓园中,与樊敏墓阙前的两对石兽(其中一对未雕刻完成)排列在一起,作为"芦山东汉石刻馆"的展品对外展示。这些汉代石刻露天摆放,未能解决石刻原先面临的阳光暴晒和风雨侵袭的问题;石兽除石箱村的一件石兽与石阙摆放在一起可知其原先相互关系外,其余石刻都紧密排列在一起,难以分辨原先的彼此关系;而这些石刻离开了原先所在墓地,已经失去其作为神道和墓葬标识的作用(图17)。

最大规模的石刻文物异地搬迁集中保护的案例,是浙江宁波市鄞县东钱湖南宋墓葬石刻。这些南宋石刻群原散布在东钱湖东西两岸的多个山谷中,相对集中分布8个区域20余个地点的墓葬前。墓葬以南宋长期执掌朝政的史氏家族墓地最为著称,其中包括史氏祖茔(1188年建衣冠冢)、冀国夫人叶太君墓、越国公史诏墓(1130年后)、齐国公史渐墓(1195年)、魏王史浩墓(1194年)、卫国忠献王史弥远墓(1233年)、郑国公史弥忠墓(1244年)、鲁国公史嵩之墓(1257年)等。这些南宋权臣及其亲属墓葬的规模宏大,墓前都有长达50至数百米不

图17 四川芦山县汉代石刻园,在樊敏阙园内。

等的神道,神道两侧按照宋代制度,排列着神道坊、石笋、石鼓、石羊、石虎、石马、武将和文臣石像,坟丘前还有石碑,有的墓葬附近还有寺庙。这些墓前石刻经过历代破坏至"文革"后尚存200余件,据说原先数倍于今存数[1]。随着盗窃野外石刻的现象渐趋严重,以及东钱湖地区城市化进程的迅猛推进,宁波市文物保管部门不得不将这些石刻都集中在东钱湖东岸黄梅山麓,以石刻保存相对完好的南宋齐国公史渐墓及其神道为核心,并新发掘确认的史渐墓西侧山岙南宋史曼卿墓及其石刻等文物,最后建成了石刻文物总数达400余件(其中南宋石刻140多件)的"南宋石刻公园"。公园将搬迁来的石刻重新组合,集中排列在公园一侧名为"瞻仰之道"的山坡上,路旁排列相对的石兽,广场放置列队的文武官员,给人以眼花缭乱、杂乱无章之感(图18)[2]。更为麻烦的是,由于将原墓地上作

图18 东钱湖南宋墓石刻。上:史渐墓神道石刻;下:经过集中重组后的南宋墓葬石刻。

---

[1] 陈锽:《浙江鄞县东钱湖南宋神道石刻调查》,《南方文物》1998年第4期。
[2] 陈安居:《石刻艺术品的公园化展示——以南宋石刻公园为例》,《中国园林》2012年第12期。

为标志物的墓前石刻都搬迁了,原墓葬却未一起搬迁,也未在原墓地上复制石刻作为标识,这些没有了石刻的南宋权贵墓地很快会淹没在荒草灌木之中,或者为城市建筑所占用。将一个区域或某种类型的石刻文物搬迁至异地集中保护、管理和展示,不得不十分慎重。

三、石刻文物保护的原则和建议

石刻文物保护应该遵循一些基本的原则。这些原则除了我们耳熟能详的最小干预、可识别干预效果、可持续干预的文物保护原则外,石刻文物还应该根据其类型及其面临的问题,有所为而有所不为。下面,笔者就根据自己对石刻文物保护原则的理解,提出以下建议:

(1)石刻文物有许多是纪念某人、某事或标表风土名胜的纪念物,即便那些没有纪念性和标志性的石刻,它们树立在城镇之中、乡村之旁、寺庙之内、坟墓之前、道路旁边、桥头之上,总有其缘由、背景、意义和环境,如果将它们搬离原位,运送到博物馆或其他场所集中保管,这些石刻文物的相关信息就会失去。因此,如非山体崩塌,水位大涨,不可避让的重大工程等不得已的情况,石刻文物应该坚持原地保护的原则,不宜迁移到异地进行保存和展示。

连山类石刻由于与山体岩壁连为一体,切割搬迁相对困难,一般会在原地进行保护和展示。不过,现代科学技术发达,只要有充分的资金保障,即便位置偏僻,地形险恶,体量巨大的石刻文物,今人也能够将其切割搬迁到异地。将原先附着于山岩的雕刻切割搬迁到异地,肯定会失去旧观。即使我们将其重新嵌砌在与原山崖类似的崖壁上,此崖壁也非彼崖壁,搬离原址的石刻文物原先所有的关联要素都已丧失。当然,在不得已的情况下,有的连山类石刻不得不切割搬迁。如重庆奉节县瞿塘峡题刻,千百年来就刻在夔峡绝壁上,供往来舟船上的人们观览,成为长江三峡瞿塘峡段重要人文景观的组成部分。三峡水利枢纽工程兴建后,位于水库淹没线下的这些石刻需要采取保护和展示措施。措施主要有两种:瞿塘峡题刻中最重要的或具有地理标识的题刻,如鸿篇巨制的《皇宋中兴颂》,书刻壮观的《瞿塘》《夔门》等题刻,原刻或被切割搬迁到重庆中国三峡博物馆的"壮丽三峡"展馆作为展品,或切割搬迁至原刻下游较高的石壁上安装作为标识;而那些年代较晚、体量较大、价值较小的题刻,则在原址上加固并安装防护钢网封存于水下,复制的题刻也按原先相对位置嵌砌在原刻下游的崖壁上,供游览三峡的游客观览,形成了一个新的景观[1]。

不过,位于水库蓄水线以下的石刻,即使不切割搬迁,也不会因此损失,它们仍然保存在水下的原址,只是我们不能再参观欣赏这些石刻罢了。为了既原位保存淹没在水下的石刻,又能够满足人们继续参观的需求,文物保护专家采取了更复杂的工程技术。重庆涪陵区白鹤梁题刻,是唐代至民国长江上游枯水水位及相关人事和民俗的历史记录,具有重要的历史价值和罕见的科学价值。长江三峡水库蓄水后,白鹤梁题刻位于水库淹没区内(当水库处在最高蓄水位时,题刻会深深淹没在水面40米下的深度),当时就有专家提出将这些题刻切割下来,搬迁到水际岸线上进行保护和展示的方案。大多数专家都不同意这种异地搬迁的方案,认为宁可牺牲今人和后人可继续参观的意愿,将白鹤梁题刻永久封护在水下的库底,也好过失去原址水文环境信息的切割搬迁。当然,最后采纳并实施的方案是折中的,兼顾了全部题刻水下原位保护,大部分题刻原位水中展示的"无压覆室"方案[2]。该方案尽管仍然存在一些不尽如人意的地方,但却是在当时科学技术条件和经济条件下能够采取的最佳方案,也是世界范围内目前所知的科技含量最高的文物保护工程。通过这项工程,基本保存了白鹤梁题刻的真实性和完整性,应该作为石刻文物原址保护的范例。

将分散的独体类石刻文物搬迁并集中保护和管理,是一种不得已的权宜之计,并不是一种好的保护和管理办法。应加强分散石刻文物的人工巡查和技术监控,加大对盗窃和破坏石刻文物行为的打击惩处力度,而不是为了防止盗窃就将分散的石刻文物搬迁,集中到文物保护管理机构的院子里或博物馆中。对于不得不搬迁的散布在野外的古代陵墓石刻和地标石刻,应该在原址放置原大的复制品,以指示陵墓的神道并保留相关信息。现当代有数字雕刻、三维打印等新的复制手段,复制一些石刻应该是不难做到的。

(2)保护石刻文物,保护者应该对石刻的原有属性有清醒的认识,应关注石刻当时的功能及其角色,要将其纳入当时的关联体系之中,不能将石刻从它所属的体系中剥离出来,只保护石刻而忽略保护石刻所属的文物整体。要研究石

---

[1] 重庆市文物局、重庆市移民局、西安文物保护修复中心编著:《瞿塘峡壁题刻保护工程报告》,文物出版社,2003年。
[2] 葛修润:《白鹤梁题刻——世界第一古代水文站在长江三峡水库库底的原址水下保护工程简介》,载云冈石窟研究院:《2005年云冈国际学术研讨会论文集·保护卷》,文物出版社,2006年,第11—21页。

刻文物的原有体系、关联和环境,在保护对象的认定、保护区划的划定、展示导览的确定以及园区景观的设计上,综合进行考虑。

就连山类石刻而言,当初有不少摩崖龛像和石窟造像附近都有寺观,木结构的寺观建筑朽烂垮塌或毁于战火后,仅有石质的龛窟造像被保留下来。现在独立存在的摩崖造像和石窟造像,有时只是寺观遗存的一个重要组成部分,石刻龛像加上前面或旁边的寺庙遗址,以及后面或附近的僧人墓地,才构成了完整的寺庙体系。只是由于土木结构的寺庙往往朽烂垮塌或被战火焚毁,本来复合的寺庙遗存的一部分石窟造像才成了寺庙的全部,在文物分类中才被归入了"石窟寺与石刻"。由于自然营力作用造成的崖面垮塌和逐渐剥蚀,不少石窟造像前部(甚至全部)的立面已经不存,一些洞窟只保留了崖前的遗迹平面,这就使得有些石窟造像又分化出窟像和遗址两类。新疆拜城县克孜尔千佛洞是4至8世纪的佛教遗存,石窟开凿在木札提河北岸明屋达格山的崖壁上,当时开凿石窟时,除了在平地可能建有寺院外,有些区段的石窟还自成一体,大佛窟、塔形窟、僧人窟等相邻排列,由共同的窟前廊道连接在一起,组成一个具有相对独立性的小寺院[1]。这些石窟构成的寺院有的还基本完整,有的保留了部分洞窟,有的部分或全部都成为只有地下平面遗迹的遗址。地面以上仍然保存的洞窟,容易受到人们的关注,但崖前的地下遗址部分就容易被人忽视,在窟前开展保护、管理和展示工程时,就容易造成建设性的破坏。当初在克孜尔千佛洞前施工时就出现过这样的问题,后来新疆龟兹石窟研究院注意到窟前遗迹的保护,除了道路和管线施工与洞窟所在崖壁要保持一段距离外,工程开始前还要先作考古调查,获得考古专家和文保专家现场评估认可后,才实施相关工程。这是一个应该提倡的做法。

独体类石刻文物大多数都不是孤立的,往往都是寺庙、墓地、古迹等的组成部分。古寺庙或古墓地内的石刻,如果地面上的相关建筑物或构筑物还保存较好,这些石刻会作为寺庙或墓地等的附属文物;但如果地面上的建筑物或构筑物已经不存或不那么明显,人们就可能忘记或忽视与石刻相关的其他文物,将其看作单纯的石刻。六朝古都江苏南京市郊(包括丹阳)散布着南朝时期的皇陵和王陵,这些陵墓是由正对封土的神道、神道两侧的石刻、凸起的坟丘以及围绕

---

[1] [意]魏正中:《区段与组合——龟兹石窟寺院遗址的考古学探索》,上海古籍出版社,2014年。

图19 江苏南京市萧恢墓石兽。石刻环境已经改善,但两兽间的神道却被植物遮挡。

陵园的围墙所组成,反映了当时的帝陵和王陵的陵墓规制[1]。经过千百年岁月的洗礼,沧海桑田,这些六朝陵墓的封土因水土流失和改土改田已经不再显著,原先的神道多成为田地或荒地而几乎湮没,神道两侧的石刻大多只有个别存留而难以看出夹路排列的气势,陵园的围墙和大门也基本上被平毁而无踪迹可寻。因此,在全国重点文物保护单位的名单中,这些六朝陵墓上的石刻不是被列在古墓葬类,而是被归入"石窟寺及石刻"一类中。进而在保护对象的认定上,只关注石刻而忽略陵园和陵墓;在保护区划的划定上,保护区只涵盖了神道石刻区而没包括封土墓园区;而在展示利用上,多处六朝陵墓石刻园区的设计和营建都在神道的位置开挖水池或种植树木,阻断了陵墓神道的贯通,破坏了石刻彼此的呼应,尽管石刻文物的环境景观得到了改善,却失去了陵墓石刻应有的意象,并不一定恰当。

因此,石刻文物的保护和展示,需要首先考察研究石刻的历史关联,认知石刻及其关联文物的原有布局,复原当时包括石刻在内的整体景观。我们在四川雅安市雨城区雅安高颐阙墓的研究中,就将高颐石阙、石兽和石碑当作整个墓园的组成部分,分析历史上通过高颐墓前古官道的位置、古官道与高颐墓神道的关

---

[1] 朱偰:《建康兰陵六朝陵墓图考》,商务印书馆,1936年。

系、汉代相当级别官员墓园石刻布置规则、高颐墓石刻位置变动情况、高颐墓坟丘原有范围和高度等,大致复原了高颐墓园的墓园景观,为保护大棚设计和相关园区的景观设计奠定了基础。

（3）石刻文物的所在地面大多已经发生了变化,原有地面被掩埋在地下,其上有后世不同时期的文化堆积和不同时期的新地面。可以通过考古发掘,了解这些堆积和地面的变化过程,揭露石刻所在区域的原有地面,并将其与相关道路和建筑的地面进行连接。对那些基础不稳、沉降倾斜、石刻倾倒的石刻,可以实施基础加固工程和归位扶正工程。但是,不应为了使掩埋于地下的石刻下部露出地面,就重新加高石刻的基座,抬升石刻文物本体,从而改变石刻的高程信息。

我们所站立的地面,随着风沙的沉降、泥沙的淤积、人类的活动,尤其是城乡建筑废弃物的堆积,往往地面会逐渐垫高。古代石刻所在的位置,随着地面的垫高,其基座甚至部分主体都会掩埋于地下。古人对这种现象司空见惯,有时还喜欢这种沧桑的感觉,不大愿意花大力气将这些石刻周围的地面降低,或通过抬升石刻和加筑地基使古代石刻全部暴露在当时的地上。这种不作为尽管使得不少石刻难以观察其全貌,却保存了古代石刻本身及其所在地面关系的地理信息,保存了古代石刻相关的古代遗存的绝对和相对的高差数据。许多古代石刻都不是孤立的存在的,如汉代石阙台基的下端地面与当时神道相通,阙前石兽和阙后石碑、祠堂和坟丘,都在这条神道地面的分位上;隋唐城镇十字路口的经幢,四向是当时的通衢,四隅则是当时里坊的转角;宋元寺庙的石雕佛像、石构塔幢或石碑等,它们的基座所在地面就是当时寺庙院落的地面标高。当这些独体的石刻因种种原因被部分掩埋以后,古人要么保留其原状,要么就将石刻周围的泥土挖开成坑,在坑边缘砌砖石为边栏,使观览者能够看到石刻全貌。总之,我们的古人对于抬升石刻总是持一种审慎的态度,这里面自然有技术和财力的原因,但审慎无为而非轻率躁动,却为我们保留下来许多有用的信息,也符合当今遗产保护界奉行的"最少干预原则"。

随着我国社会经济的发展,国家在文物保护上的财政投入逐年加大,独体类石刻所在地的政府部门和社会公众,多不再愿意看到独体类石刻文物呈现部分掩埋在现地表以下的状态,希望古代石刻能够完整地高耸于现地表之上,给人以宏伟壮观的视觉感受。一些文物保护专家为了满足地方政府或社会公众的心理需求(有的文物保护专家也有这样的想法),在实施独体类石刻保护工程的时候,习惯将这些石刻被掩埋部分从地下挖掘出来,然后将石刻旁移暂置,重新加固并加高基础后,再回移安置的石刻文物,从而使石刻文物能够全部露出甚至高于现地表,回归他们想象的石刻历史原貌,或他们构拟的石刻理想状态。例如,四川现存的汉代石阙大多基座和阙身下部被土掩埋,文保专家在维护这些石阙时,大多采取拆卸石阙,重新加固加高基础,然后重组石阙的做法。全国重点文物保护单位绵阳平阳府君阙、雅安高颐阙、芦山樊敏阙等莫不如此,有的石阙拆卸重组重做基础还不止一次(如绵阳平阳府君阙就刚刚完成了第二次重做基础和阙体重组工程)。加高这些汉代石阙的基础,本来就改变了石阙及其石阙所指示的墓地神道的原地面,有些工程报告还只报道了新做基础的高度,没有说明抬升的高度,就连原石阙所在地面的标高数字也没保留下来[1]。

有鉴于此,我们对独体类题刻实施保护工程时,不宜轻易拆卸重组,重组时也不要轻易抬升原石刻的高度,否则就不是"复原复位"维修工程了。文物的原位信息应包含了平面位置和垂直位置两个维度,改变了石刻文物的原有标高,即便没有改变其水平位置,也属于文物搬移,要采取慎重的态度。对于那些下部掩埋于现地表以下的石刻文物,比较可取的做法是降低石刻文物周边现地面的高度,使之接近或达到原先地面,使石刻文物完全暴露出来,然后再采取其他保护措施。

(4)石刻文物的保护,无论是石构建筑类还是石质雕刻类,无论是连山类雕刻还是独体类雕刻,都要以治水为第一要务。水有来自天上的雨水,来自地表的漫水,来自地下的渗水,来自空气中的游离水,以及由水冻结而成的冰及其融化的水,每种水中所携带的盐分都可能对石刻文物带来危害。不过,水的防治(尤其是地下水的防治)是一项很复杂的工程,不能头痛医头,脚痛医脚,应找准问题的根本,采取尽可能远离石刻文物本体的方式,解决水的问题。

连山类石刻文物往往位于山体的一面或多面的崖壁上,雕刻所在的崖壁如果距离平地较近,就容易受到地下水位的影响。在编制这类石刻的文物保护规划时,建设控制就要对附近河流筑坝蓄水的位置制定相应的规定,以免邻近石刻上游的水位升高导致石刻所在山体岩石含水量增加,或邻近石刻的下游水位升高导致石刻的地下水位抬升。对于地下水位本来就较高的石刻,不妨在距离石刻较远处开凿水井或开挖水池以抽水或蓄水,从而使得石刻之下的地下水流入并汇聚在井池中,相应降低石刻位置的地下水位。位于靠近山顶崖壁的石刻,虽然地下水的水位升降对石刻影响不大,但由于石刻距离山顶近,山顶表面的雨水

---

[1] 曹丹:《试析雅安高颐阙——兼述复位复原加固维修工程技术》,《四川文物》1985年第4期。

漫流和渗透就很容易到达石刻附近，从而给石刻带来威胁。填堵倾向石刻方向的山顶岩石的裂隙，清除山顶浮土铺设防水层后再恢复山顶景观，在山地修筑导流水渠将积水引排至远离石刻区的山下，都是连山类石刻治水容易实行的措施。连山类石刻治水最麻烦的是连绵山体内地下水的阻断，地下水的水源方向、流经路线、源路多寡等问题，都需要通过勘探和排查才能逐渐明确，一些摩崖造像和石窟造像实施了阻水工程后，仍然未能阻断地下水源，就反映了这个问题的复杂性。连山石刻的治水工程甚为要紧，重庆大足北山石刻在修筑保护大棚前就找到了山体地下渗水的根源，彻底封堵截断了地下水流，故任何时候去参观北山石刻，保护大棚内的石刻都保持着干燥的状态。这就是连山类石刻断水成功的一个例子。

独体类石刻除了遮蔽天上雨水外，也有隔断地下水的问题。不少暴露在野外或覆罩在碑亭内的石碑，其上部文字还保存得相当完好，下部文字却模糊不清，主要原因就是下部受地下水上升和盐分析出的影响。因此，在石刻文物基座下做防水层，隔断地下水对石刻的影响，应该至关重要。如果石刻下面的地下水不再上升，再加上石刻覆室遮蔽雨水，以及石刻周围有防止屋檐落水飞溅的栏板，石刻应该就能够比较好地保存下去。

不过，石刻文物的治水是相当复杂的保护工程，除了需要仔细勘察影响石刻文物的地下水来源外，有的被古人有意利用的水泉，还需要考虑断水后是否会影响古人雕造像设的用意。重庆大足区宝顶山的九龙浴太子造像，宋人造像时就巧妙地利用了从崖壁中喷出的山泉，以泉水出口为中心雕凿九只伸出的龙首，正中体量最大的龙头，口中有清泉喷出，洒浴在其下刚刚出生的悉达多太子身上（图20）。流水穿石，泉水当然会使其下的太子雕像缓慢地削减，但如果贸然截断泉水，九龙浴太子的雕刻创意就会受到影响。这样的石刻是否需要断水，如

图20　重庆大足区宝顶山九龙浴太子造像，虽经断水工程，但仍未完全阻断泉水，苔藓滋生严重。

何断水或如何采取别样的保护措施,都需要全面思考,慎重决断。

(5)在阻断地下水对石刻文物的影响以后,就可以考虑石刻文物遮蔽雨水和阳光的保护工程,也就是给石刻文物加盖保护性的建筑。文物的保护性建筑是在不触动文物本体的前提条件下,在外部修建保护性建筑全部或部分覆罩石刻的文物保护手段,因而被广泛地运用于包括石刻在内的文物保护领域。石刻文物保护性建筑的设计,应根据石刻的类型及其面临的问题,设计不同的保护性建筑。

连山类石刻文物修建保护性建筑,主要是摩崖和石窟的窟檐或覆阁之类,是我国传统的保护石刻的方式。这些窟檐和覆阁大大减轻了自然环境对文物的损害,有效地保护了其内的石刻。新设计的窟檐和覆阁应当本着简单实用的原则,不宜采用重塑山体和崖面形态的设计意图。设计前要对需要覆罩的石刻文物进行细致的调查勘测,避免新设计建造的保护性建筑覆盖或破坏崖壁前或崖面上古代建筑或雕刻痕迹。保护性建筑的梁架和屋盖如果可能脱离崖壁进行构建,就不要在石刻所在崖壁上开孔插梁,屋盖与崖壁间也宜采用柔性连接而非刚性连接,以免增加石刻所在石壁的负重。在不存在风沙和冻融等病害威胁的南方地区,窟檐和覆阁屋身的三面应尽量敞开,以保证石刻所在崖面的通风和干燥。保护性建筑的结构选型,应以钢材仿木结构的构架式作为首选,以拼合式组装作为主要连接方式,以体现方便拆卸的"可逆性"原则。

独体类石刻文物的保护性建筑,也应效仿传统的木质构架式的碑亭或覆室,摒弃传统的砖石垒砌式碑亭或覆室,尤其不宜用钢筋混凝土整体构筑。云南大理市太和城的宫门前、要道边,竖立着著名的"南诏德化碑",该石碑高大古朴,碑文很长,主要记述南诏王阁逻凤的丰功伟绩,包括南诏与唐朝和吐蕃间的战事缘由和经过,表明了叛唐的不得已和希望与唐和好的愿望,是研究云南历史的重要资料。该碑历经千百年来风雨侵蚀,文字已经大半风化残沥,故现代修建了碑亭进行保护。碑亭是用钢筋混凝土构筑的方形攒尖顶仿古建筑,就连屋顶也是钢筋混凝土整体模制的,高大厚重(图21)。这样的碑亭修建在地震多发的地区,一旦碑亭出现问题,就容易连带其内的古代石碑。类似的钢筋混凝土的保护性建筑现在已经建筑了不少,如江苏南京市侯村失考墓神道石兽的保护亭等[1]。尽管修建保护性建筑保护石刻文物,比不修建亭子或覆室的保护效果要好很多,但在建筑材料和结构的选择上,还是应该首先考虑钢材或钢木混合的组

---

[1] 杨详民:《南朝陵墓石刻保护现状分类及建馆保护方案探讨》,《南京艺术学院学报(美术与设计版)》2009年第1期。

图21 云南大理太和城南诏德化碑亭及石碑

装构架式。此外,保护性建筑体量不宜过小,出檐不宜过短,仅比需要保护的石刻大不了多少的保护建筑,不能完全免除日光斜照和飘雨溅水的威胁。

需要强调的是,保护性建筑是为了保护建筑内的文物,就如同博物馆陈列的文物,不能过分突出托架、展台和背景一样,保护性建筑也不宜标新立异,喧宾夺主。现在有些石刻文物的保护性建筑,设计师为了表现自己,将建筑外形设计成肖形或具有某种象征意义的形态,使得建筑外形极其宏伟壮观,引人瞩目,这就有违保护性建筑的设计原则。当然,那些简陋得连自行车棚都不如的保护性建筑,使得其中所保护的石刻失去了应有的尊贵,这也是不足取的。

(6)采取接触性的措施对石刻文物本体实施保护和修复时,须在完成了上述外围防治和保护措施以后,并在实施工程时应采取格外慎重的态度。科学技术进步很快,不少现在看来先进的材料和技术,今后可能就会被认为落后或不宜。再加上不少保护材料只在实验室内做过加速老化试验,并未在文物所在实际环境中经历足够长时间的检验。贸然将未经过验证的材料和技术用于重要的石刻文物,有可能会导致不良的后果。

对于连山类石刻文物,首先需要利用和完善古人开龛造像时营造的既有设施,如果原有岩檐经过长期自然的侵蚀已经部分损坏或者变短,就应该修复甚至加大岩檐挑出的长度,使之恢复甚至强化遮雨蔽日的功能。其次,采用无盐的无机材料填塞黏结延伸至石刻本身及其附近的岩石裂隙,防止裂隙继续扩展和渗水。其三,才是对石刻文物采取清洗去污、防霉除藓、整体加固、局部修复等措施,这也需要在修建了窟檐或覆室以后予以实施,否则就将陷入修复—损伤—再修复的循环中。摩崖龛像和石窟造像往往相当复杂,历代增刻、重妆和游人题记交错重叠,对这类石刻表面的妆彩贴金进行修复的时候,需要在修复工程开始前仔细勘察,做好文字和图像记录,并在施工过程中注意保留先前的信息。近来,继重庆潼南县大佛寺大佛和大足区宝顶山千手千眼观音像重新贴金后,合川区涞滩二佛寺的大佛也开始了贴金的修复重妆工程。涞滩二佛寺的大佛是唐代始凿,宋代才完成的相当复杂的造像,因佛像高大,其头部背面及头部遮挡的崖面从来没有进行过勘察记录。希望工程施工方面关注这个问题,在搭架完成和重妆开始前补充完成记录工作。重妆尽管满足了宗教信众的需求,却无疑对文物的历史信息和岁月痕迹有较大的影响,需要格外慎重,不能因潼南大佛和大足千手千眼观音重新妆金,就跟随效法。

在那些独体类的石刻文物中,有些碑刻、经幢、佛塔等,本身就有顶盖和腰檐,那些出檐深远的这类石刻,檐下的雕刻会受到一定程度的保护。因此,按照文物修复的原则,采用近看可识别、远看不影响整体观感的修复方式,修复那些因年代久远遭到损坏的顶盖和腰檐,应该是一种既可起到保护作用,又能增加石刻完整的美感的方法。江苏南京市栖霞山舍利石塔是建于南唐的重要石质文物,石塔部分檐石已经残损坠落,残损处的檐下雕刻受到日晒雨淋的程度就比塔檐完好处要严重。早先的两次修复工程已经修补了部分损毁的基座,复原了基座的栏杆,并重新设计制作了已毁的塔刹,如果今后能用某种新型轻便的材料修复残损的塔檐,或许可以使石塔整体受到更好的保护(图22)。体量很大的石

图22 江苏南京市栖霞山舍利塔,损坏的塔檐下的石雕不如保存完好塔檐下的石雕。

构建筑,其每一层都是由若干石块构成,石块间的缝隙会导致雨水下渗,给石构建筑带来隐患。如何封堵或遮蔽这些缝隙,还不致影响石料的热胀冷缩效应,都是石构建筑类型的文物面临的问题。

尽管石刻文物的保护是石质文物保护专家的工作,但石刻文物保护管理部门的日常维护也很重要。不少被列入全国重点文物保护单位并对公众开放的石刻文物,石构台基上已有较高的杂草和较大的灌木,并且这些草木就在人们不用任何辅助工具就可拔除的范围内,这无论如何是说不过去的。加强石刻文物的管理,很有必要。

第三节　文化景观遗产的保护

文化景观类型遗产的概念早在1984年即提出讨论,并于1992年正式纳入世界遗产范畴,世界许多国家和地区也已经将文化景观作为本国和本地区遗产的重要类型,国内外已经有不少关于文化景观定义、特点、价值、分类、保护和管理的介绍和讨论。不过,在世界遗产保护与管理领域内,尽管文化景观这一概念已经提出了30多年,尽管在世界遗产的申报等实践中已将一些具有突出普遍价值的遗产归入了文化景观的范畴,但是,由于文化景观的一些最基本的问题,如文化景观作为遗产类型概念的定义、文化景观所能包含的遗产类型、文化景观与其他类型遗产的关系、文化景观的保护和管理特点等问题,现在还没有解决,因此,有必要对文化景观这些基本问题进行探讨,以求这类文化遗产的保护研究一开始就建立在比较坚实的基础上。

一、"文化景观"的概念分析

"文化景观是景观整体含义中的一个支系",与"历史景观""人为景观"或"人文景观"具有词义等同性[1]。这个在20世纪初期由地理学家提出的地理景象

---

[1] 关于文化景观参看汤茂林:《文化景观的内涵及其研究进展》,《地理科学进展》2000年第1期;胡海胜、唐代剑:《文化景观研究回顾与展望》,《地理与地理信息科学》2006年第5期。

的类型概念,到了20世纪末期被引入到遗产保护学界,逐渐成为文化遗产的一个特殊但相当热门的类型。将"文化景观"作为世界遗产一个新类型的动议肇始于1992年。这年在美国圣菲(Santa Fe)召开了联合国教科文组织世界遗产委员会第16届大会,与会专家提出将具有突出普遍价值的文化景观纳入《世界遗产名录》。从此,文化景观正式成为世界遗产的一个特殊类型在世界各国得到普遍的应用,现已提名了不少被归类为"文化景观"的世界遗产,世界遗产中的文化景观类型的数量和比重正在迅速增加[1]。受世界遗产类型的影响,不少国家和地区在进行遗产分类时,也都将文化景观作为文化遗产的重要类型之一。不过,尽管世界遗产中文化景观的概念已经提出近30年,正式将文化景观作为世界遗产类型之一的"申遗"实践也经历了20个年头,但由于实施世界遗产公约的《操作指南》对这一概念阐释不够确切,文化景观这一遗产类型与既有遗产类型(以及后来提出的新遗产类型)的阶元关系不太清晰,使得包括我国在内的不少国家的文化遗产保护和管理界人士对于文化景观的理解出现了不少问题,需要加以讨论。

  文化景观这个概念自从被引入遗产学界作为文化遗产的重要类型以来,关于文化景观的概念,包括这个名称及其蕴含的意义,它与文化遗产其他类型的关系,以及先前人们使用过的文化与自然混合遗产之间的关系,就不是那么清晰和明确。《操作指南》认为,"文化景观属于文化财产,代表着'自然与人联合的工程',它们反映了因物质条件的限制和/或自然环境带来的机遇。在一系列社会、经济和文化因素的内外作用下,人类社会和定居地的历史沿革"[2]。这个文化景观的定义,主要强调了两点:一是这类遗产是人类与自然相互作用的作品,二是这类遗产是人类具有历史演进过程的"人类社会"和居住区域。第一点是所有文化遗产共有的特点,只有第二点实际上才是《操作指南》所说的文化景观自身的特点,因为所有文化遗产都是人类与自然相互作用的产物,对照着《世界

---

[1] 截至2014年,以文化景观类型列入《世界遗产名录》的遗产"已有88项文化遗产和4项跨境遗产(1项被取消的遗产)",见UNESCO官方网站http://whc.unesco.org/en/culturallandscape/。

[2] 参考联合国教科文组织世界遗产中心网站:http://whc.unesco.org/en/culturallandscape/,中文翻译采用联合国教科文组织世界遗产中心、国际古迹遗址理事会、国际文物保护与修复研究中心、中国国家文物局主编:《国际文化遗产保护文件选编》,并与2015年7月8日版的《操作指南》进行了对照。

遗产公约》对文化遗产三个类型的定义,就连"遗址"也是"人类工程或自然与人联合工程以及考古地址等地方"。如果按照第二点,文化景观的范围就较窄,就只应当被限定在有"人类社会"并还在延续的人类居住场所,即有社区存在的历史城镇和传统村落。这样,就与目前世界遗产委员会所认定的一些文化景观不合,现在遗产学界实际运用的文化景观的概念,要比这个定义宽泛得多。举例来说,中国最早以"文化景观"类型列入《世界遗产名录》的庐山是既具有地质地貌、自然风光性质一类自然遗产因素,又有一些寺庙宫观、书院古迹一类文化遗产因素,刚开始申报时采用的是自然与文化的混合遗产类型,后来列入《世界遗产名录》时才改为文化景观。如果庐山是文化景观,为什么先前的泰山和黄山却是自然与文化混合遗产,以后的嵩山又是文化遗产的建筑群(与嵩山一样以古建筑著称的五台山又被归入文化景观)[1]?同样性质的名山被归入不同类型的世界遗产,可见《操作指南》遗产分类的不合理和文化景观概念解释的不确切,这不仅使从事遗产申报的遗产所在地相关部门无所适从,同时也会使从事申遗文本编制和"申遗"审查的专家们莫衷一是。

大概有感于《操作指南》文化景观定义存在的问题,联合国教科文组织2005年在越南会安通过的《会安草案——亚洲最佳保护范例》(简称《会安草案》)中,世界遗产委员会又对文化景观重新进行了定义。按照这个定义,"文化景观是指与历史事件、活动、人物相关或展示出了其他的文化或美学价值的地理区域,包括其中的文化和自然资源以及野生动物或家禽家畜"。这个解释的确大大拓宽了文化景观的外延,按照文化景观的这个定义,一些历史上发生了重大历史事件的地域,如著名战役发生的战场、著名人物活动过的纪念地、有审美价值的自然景观等,就不再属于文化遗产和自然遗产中的相关类型,而是属于文化景观了。在《会安草案》的第九章框第1—2"框架性概念"一条中,世界遗产委员会的专家又强调,"文化景观产生于人与自然环境长期持续的相互作用";文化景观是动态的,"保护文化景观的目的,并不是要保护其现有状态",而是要"了解和管理形成这些文化景观的动态演变过程";"亚洲的文化景观受到了各种价值系统和各种抽象性框架理念以及各种传统、技术和经济系统的影响与感

---

[1] 按照我们对"文化景观"类型遗产的理解,包括泰山、嵩山在内的"五岳",包括五台山、峨眉山在内的佛教"三山"或"四山",都属于仍然在延续的其宗教和象征意义的"圣山",都属于宗教文化景观的范畴。

染"[1]。在这些对文化景观概念的补充解释中,实际上对于理解文化景观有帮助的也是最重要的是第二点,也就是文化景观类型遗产不是静态的,而是不断发生变化的。那么什么样的文化遗产才是不断变化的呢?这就是有人在其中活动的有"人类社会"的遗产。这个遗产可以是乡村,也可以是城镇,还可以是其他一切有人生产或生活(包括物质的和精神的)的场所。笔者以为,正是这一点,才是正确理解和认识文化景观,且可以把文化景观与其他类型的文化遗产区别开来的关键。

"文化景观"是来自地理学的概念,地理学的"景观"一词是指地球表面各种地理现象的综合体。由于地球表面的这种现象,自人类产生后就出现了人类创造的景观,因此,地理景观也就被分为两大类:一类是自然现象构成的自然景观,另一类是人文现象构成的人文景观。今天地球表面上绝大多数自然现象的综合体都或多或少地受到了一定人为作用的影响,纯粹自然现象的综合体已经罕见。绝大部分地理景观都是利用自然界所提供的材料,在自然景观的基础上,叠加上自己所创造的文化产品[2]。正是受到了地理学景观这个概念的影响,再加上《操作指南》一开始就强调文化景观"代表着'自然与人联合的工程'",不少从事遗产研究的学者和管理的官员,都把"人与自然环境之间长期持续的相互作用"作为文化景观的基本特点,而忽略了文化景观其他方面的更主要的因素,从而导致学术界对于文化景观认识的模糊,认为文化景观是一种人与自然交互作用的遗产,或者是兼具文化与自然的复合遗产。我们知道,所有文化遗产都是人类适应自然、改造自然的作品,如果按照通常文化景观的解释,所有文化遗产都会与文化景观发生关联;而如果将文化景观视为文化遗产与自然遗产的叠加,或者具有广阔自然景观背景的文化遗产,就容易与自然与文化复合遗产或其他文化遗产类型发生混淆。文化景观这一概念,如果需要使用的话,就需要更准确的重新定义。

由于《操作指南》等文件对文化景观遗产的定义含混不清,因而遗产保护学界的一些专家撰文进行解读。这种解读又因为受到原有定义的制约,有时候越解释越不清晰。有学者认为,"文化景观的提出似乎弥合了世界遗产操作指南中自然和人文之间的裂痕,使得任何人类遗产都可以找到对应的归宿";"换句

---

[1] 联合国教科文组织世界遗产中心、国际古迹遗址理事会、国际文物保护与修复研究中心、中国国家文物局主编:《国际文化遗产保护文件选编》,第273页。
[2] 王恩涌、赵荣、张小林编著:《人文地理学》,高等教育出版社,2001年,第43页。

话说,在我国已被确认为文化遗产或双重遗产的,其实均属文化景观范畴";如果再加上《操作指南》中的"有机进化的景观",也就是"自然、文化遗产之后的第三类遗产类型——社会遗产",就可以概括所有的文化景观的类型[1]。部分学者已经注意到文化景观原有定义存在的问题,也注意到了学界有无限扩大文化景观外延的趋势,为了限制这种文化景观的不断泛化,一些学者从不同角度提出了对文化景观概念的新的解读。这种限制性解读朝向"文化"和"景观"两个方向,前者如王林在分析龙脊梯田时对文化景观含义的解释,他认为文化景观类型遗产的景观"不仅仅是个生态环境和视觉欣赏意义上的场所或自然栖息地",而应该被看作"古代佚失作品的来源","包括古人的文化、劳作方式、生产方式、生产资料、气候等"[2];后者如侯卫东正确指出,所有文化遗产都具备"人类与自然联合的工程"的条件,因而他认为文化景观遗产的核心应该是"遗产所能体现出的足以打动人类情感的物质文化形态之美"[3]。然而,这种具有一定主观性的形态之美,正是一些学者解读文化景观这一遗产类型概念时,要努力予以淡化甚至剥离的。邹怡情就指出,"文化景观虽带有景观一词,但它的自然价值并不仅限于遗产地的景观价值和美学价值。考察文化景观类型遗产地可以发现,当人们生产生活活动顺应自然环境条件时,遗产地的景观必然和谐美好"。因此,我们对文化景观这一概念还需要重新定义。

在给文化景观这个概念下定义前,我们需要先对当前遗产学界存在分歧的几个问题再作一点简单的讨论。

首先,我们看文化景观与自然遗产的关系,即是否应当把自然遗产的因素作为文化景观的基本特点之一,是否可以用文化景观的概念来取代自然与文化混合遗产的问题。我们认为,文化景观既然冠以"文化"的形容词或限制词,就

---

[1] 秦岩、王衍用:《如何认识世界遗产中的文化景观》,《中国旅游报》2012年5月14日。
[2] 王林:《文化景观遗产及构成要素探析——以广西龙脊梯田为例》,《广西民族研究》2009年第1期。近似的看法还有一些,如邹怡情就认为,"文化景观的文化价值强调了景观的历史可识别性(historical identity)和它保持着作为一种可持续的记忆的属性。文化景观可能与当地居民的活态传统(living tradition)直接联系,也可能存活于人类的记忆和想象中,并与场所名称、宗教和民俗等密切相关。文化景观的自然价值在于它的保护有利于传统土地利用方式的可持续发展,可以保持或增强遗产的自然价值;并且遗产地所延续的传统土地利用方式可以保护生物的多样性。"参见邹怡情:《文化景观:在争议中影响人类实践的遗产认知》,《中国文化遗产》2012年第2期。
[3] 侯卫东:《从遗产中的文化景观到文化景观遗产》,《中国文物报》2010年5月7日第六版。

第三章　文化遗产保护研究

应当属于人类社会演进的产物。"文化"一词,尽管非常宽泛,作为不同学科的术语有不同的内涵和外延,但文化是人类在一定社会机制制约下的行为、观念以及由此而产生的作品,文化遗产必须与人的社会关系、行为及其结果相关,这是可以肯定的。因此,文化景观尽管与自然环境密切相关,它与所有文化遗产一样,都是人与自然相互作用(无论是直接的还是间接的)的产物,但从该类遗产的本质特征上来说,从该类遗产与其他遗产类型的基本差异上来说,却不宜将自然与人类的相互作用作为文化景观的基本特征,也不应将停止了发展演变的自然演进的产物(如化石埋藏地),以及与人类行为和社会机制等文化要素没有关联的野生动物纳入文化景观的范畴。

其次,我们看"文化景观"概念中"景观"一词的含义,也就是作为遗产学的文化景观与地理学、景观学的"景观"之间的关系。由于文化景观这个概念来自地理学而非人类学和社会学,这个概念也就很容易把人类行为与人类行为的结果给分离开来。例如,中国台湾地区的《文化资产保存法》第3条就认为,文化景观是指神话、传说、事迹、历史事件、社群生活或仪式行为所定着之空间及相关联之环境,而排除了在这个空间环境中活动的人及其行为[1]。一旦排除了人及其活动,人类及其行为所创造的物质存在,无论它是处在毁坏状态还是基本完好的状态,无论它是置于独特的自然环境中还是普遍的自然环境中,都不可避免地会与文化遗产中的遗址、建筑和具有纪念性的文物发生混淆。严格地说,文化景观这个概念,尤其是"景观"一词,带有太多的外在形态的东西,容易遮掩"文化"一词所具有的更重要内涵,并不是一个最好的遗产学术语[2]。如果要使用这个概念,必须要重新对这个概念进行限制,使它的含义更加清晰和明确。

---

[1] 中国台湾地区《文化资产保存法施行细则》对文化景观概念的解释,更清晰地表述了这种认识。该《施行细则》第4条说,文化景观包括神话传说之所、历史文化路径、宗教景观、历史名园、历史事件场所、农林渔牧景观、工业地景、交通地景、水利设施及其他人与自然互动而形成之景观。

[2] 在非物质文化遗产的类型中,有"文化空间"或"文化场所"(Culture Place)一类,该类型是非物质文化遗产的一种特殊类型,它是与非物质其他类型相关的空间场所(联合国教科文组织的《保护非物质文化遗产公约》)。文化空间是传统的口头文学、音乐舞蹈、神话传说、礼仪习惯、传统工艺等赖以存在的空间背景,是介于物质和非物质文化遗产之间的特殊类型。这个文化空间,不外乎是历史城镇(包括街区)、传统村落、手工作坊、宗教圣地之类,这与"文化景观"是"人类社会和定居地的历史沿革"相吻合。与其用"文化景观"这个概念,还不如用"文化空间"这个概念,尽管这个概念的物质含义过于明显。

其三,我们看文化景观与其他类型遗产的关系问题。在《操作指南》第二章第1节的"世界遗产的定义"中,"文化景观"与"文化和自然的遗产"和"可移动遗产"并列,属于同一分类层级;在《操作指南》附件三中,"文化景观"是与"历史城镇和城镇中心""遗产运河""遗产线路"并列的"几种特殊的文化与自然遗产类型";在《会安草案》第九章"亚洲遗产地保护的特定方法"中,"文化景观"又与"考古遗址""水下遗产""历史城区和遗产群落""纪念物、建筑物与构造物"并列,这五类遗产又成为了同一层级[1]。这些遗产类型关系的处置都不很妥当,而这种不当就会影响文化景观的外延,从而发生不同遗产类型的交叉和混淆。《操作指南》已经指出,"文化景观属于文化遗产"(附件三第6条),它不能游离在文化遗产之外独立存在,更不能游离在自然与文化遗产之外独立存在。《会安草案》将文化景观作为文化遗产下与物质文化诸类型并列的类型,肯定是不妥当的。试问,具有"动态演变过程"并"受到了各种价值系统和各种抽象性框架理念以及各种传统、技术和经济系统的影响与感染"的文化景观,怎么可能与水下遗产、遗址、建筑物和构筑物等全都没有生命的多类遗产在同一类型层级呢?《操作指南》将文化景观所在的遗产类型层级定得偏高,《会安草案》又把文化景观所在类型层级定得偏低,文化景观处在两者之间的一个层级应当更为合适。

我们前面已经指出,在《操作指南》和《会安草案》对文化景观的定义中,最值得注意的《会安草案》的第九章第1—2"框架性概念"中所强调的,文化景观是发展的,不能终止文化景观的发展,而是要保持它的延续性;文化景观不单纯是物质的,它还包括了非物质的观念、习俗、工艺和传统。换句话说,文化景观具有两个方面的最重要的特征:一是这种文化遗产中现今还有人在居住、生产和生活,因而这种遗产不是静止的,而是随着时间的推移在不断发生变化;二是这种文化遗产不但是人类创造的有形的物质作品,同时包括了人们的观念和行为等无形的或动态的非物质的东西。

这样来界定文化景观这类文化遗产,不仅仅是基于《操作指南》的文字阐述,同时也是通过考察文化景观这类遗产类型产生背景所得到的判断。关于文化景观类型遗产提出的背景,也就是世界遗产委员会为何要推出文化景观这个新遗产概念的问题,有的世界遗产专家认为,这是由于文化与自然长期以来都是

---

[1] 《会安草案》在遗产分类里加入了"水下遗产",与"考古遗址"等同级,这很成问题。无论在水下埋藏还是陆地埋藏,都属于人类毁弃的遗存,都应当归入"遗址"的范畴。正确的处理方式是,遗址包括了两个埋藏类型,一为陆上遗址,一为水下遗址。

两个相对立的概念,自然遗产强调越少人为干预越好,文化遗产则强调人类的刻意创造,使得文化遗产只是包括纪念物、构造物、建筑物及遗迹等孤立现象,较少思考整体结构与景观本身。鉴于原先的定义方式已经无法应用于文化遗产的整体区域与多样化类型,"文化景观"作为一种新增处理机制于1992年被世界遗产委员会有意识地创造出来。这种原因分析是不确切的。因为任何文化遗产,都离不开其产生的自然环境,尤其是建筑群一类文化遗产,有不少都是巧妙利用环境景观的杰作。遗产分类的顶级概念有两个,即自然遗产和文化遗产,这两个概念的分类标准是其创造者的不同,前者的创造者是自然,后者的创造者是人类,两者之间的复合类型就是自然与文化混合遗产。从这个角度来说,原来的世界遗产分类体系是完整并符合逻辑的,在世界遗产已有的分类体系中,究竟还存在什么缺失需要弥补呢？我们认为,这个缺失就是在遗产第二层级的概念中,文化遗产有物质文化遗产和非物质文化遗产的分别,却缺少了既具有物质文化遗产又具有非物质文化遗产的中间类型,文化景观这个地理学的概念于是乎被借用过来作为这个遗产类型的名称,尽管这个名称并不怎么贴切。

通过上面的分析,我们可以给文化景观重新下一个定义：

> 文化景观是介于非物质文化遗产(更准确地表述是"人类行为过程的遗产")和物质文化遗产(更准确地表述应是"人类行为结果的遗产")之间的遗产类型。作为文化遗产的一种"混合"类型,它是一定空间范围内的被认为有独特价值、值得有意加以维持以延续其固有价值的、包括人们自身在内的人类行为及其创造物的综合体。至今还被人们使用,其生活方式、产业模式、工艺传统、艺术传统和宗教传统没有中断并继续保持和发展的城镇、乡村、工矿、牧场、寺庙和圣山等,都应当属于文化景观类型遗产的范畴。文化景观是介于"物质(有形)文化遗产"和"非物质(无形)文化遗产"之间的遗产类型,兼具这两种文化遗产的特征。

二、文化景观遗产的分类

文化景观既然是物质文化遗产与非物质文化遗产的综合体,是具有延续性和变异性的特定文化遗产,它的类型自然也就比其他种类的文化遗产复杂,需要对该类文化遗产进行分类。按照《操作指南》附件三《世界遗产名录》中特殊类型的遗产申报指南"(Guidelines on the inscription of specific types of properties on the World Heritage List)[1]中对文化景观遗产的阐释,文化景观可分为三种类型:

一是由人类有意设计创造的建筑的景观(Clearly Defined Landscape)。包括出于美学原因建造的园林和公园景观,它们经常(但并不总是)与宗教或其他纪念性建筑物或建筑群相联系。

二是有机进化而来的景观(Organically Evolved Landscape)。它产生于最初始的一种社会、经济、行政以及宗教需要,并通过与周围自然环境相联系或相适应而发展到目前的形式。这一类以其形式和组成要素的特征反映出进化的过程,它又包括两种次类别:(1)残遗物或化石景观(relict or fosscil landscape),代表一种过去某段时间已经完结的进化过程,不管是突发的或是渐进的;(2)延续性景观(continuing landscape),它在当今与传统生活方式相联系的社会中,保持一种积极的社会作用,而且其自身演变过程仍在进行之中,同时又是展示出历史上其演变发展的物证。

三是关联性文化景观(Associative Cultural Landscape)。这类景观列入《世界遗产名录》,以与自然因素、强烈的宗教、艺术或文化相联系为特征,而不是以文化物证为特征[2]。

世界遗产中心的专家对于文化景观类型的划分,其各类型的特征不明确,外延相互交叉,且与世界遗产的既有类型也多有重叠。在文化景观所划分的三个类型中,缺乏统一的分类标准,其中第二类的第二小类还具有整个文化景观的核心含义,是文化景观类型遗产的最主要类型,将这样的类型作为一个次级的小类型,这无论如何也是不合适的。

我们首先看《操作指南》的第一类文化景观。人类出于审美和休憩的目的而有意设计和创造的私家园林和公共园林等景观,它本来就与自然环境等自然因素具有密切的关联,设计者在设计和建造时要充分考虑与环境景观的协调和联系,需要考虑如何调动赞助者和公众的情感共鸣(例如中国古典园林的借景、引景等手法,需要构成某种诗情画意的艺术境界),即使这些景观本身不具有宗

---

[1]《操作指南》(2005)附件三《〈世界遗产名录〉中特殊类型的遗产申报指南》。
[2]《会安草案》中文化景观的三种类型,与《操作指南》相同,但认为"这三种类型可能彼此重合"。

教含义和纪念性质,但它们与《操作指南》第三类的所谓关联性文化景观中的自然因素、文化和艺术肯定有关联。事实上,将是否"有意设计和创造"作为区分文化景观类型遗产的标准,存在着三方面的问题:(1)某种文化遗产是"有意设计"还是"无意生成",在多数情况下是难以分辨的,这除了包括文化景观在内的大多数文化遗产没有留下"设计"的信息外,更主要的是,文化遗产的创造大都是"有意设计创造"的,只有漫无目的的人类足迹或遗弃物等可以算是无意的,"有意设计创造"不宜作为文化景观类型遗产不同小类型的分类标准。(2)即使我们将"有意设计创造"限制在那些由某个或某些设计师设计的作品,"有意"和"无意"也是相对的,以东亚历史城市为例,多数城市自上而下的规划和营建都是只到城市的某个层面为止(如街区层面),下层层面都是由居民"自组织"完成;传统村落更是如此,通常村落只是最初的核心区有一定的规划设计,以后随着人口的繁衍,就从先前的核心区逐渐扩展开来;越是规模宏阔、空间巨大的文化景观,越可能呈现为自然天成、有意设计和无意遗留的综合体。(3)所有当初"有意设计"或"无意生成"的文化景观,随着历史的演进,都可能发生遗产形态上的改变,当初规划的人们居住的城市和村落,满足人们物质需求和精神需求工矿和寺庙,提供给人们休憩游览的公园或私园等,都可能发生功能上的转移,有的甚至成为废墟遗址——"残遗物或化石景观",这就容易与第二类文化景观发生混淆,也容易与遗址、建筑群和纪念碑等发生混淆。

我们接着看《操作指南》的第二类文化景观,《操作指南》对这类文化景观的总的定义既然说"它产生于最初始的一种社会、经济、行政以及宗教需要,并通过与周围自然环境的相联系或相适应而发展到目前的形式",就不应该将已经在历史上终结了发展进程的"残遗物(或化石)景观"作为该类文化景观的一个小类型。化石既包括人类遗骸形成的化石,也包括其他在人类产生以前就已有的动物遗骸的化石,后者不属于人类社会的遗存,与人类创造的文化遗产没有关系。而人类化石往往出土于人类集中居住或活动的洞穴或旷野,其化石本身连同其遗留的遗迹和遗物,以及这些古人类当初居住和生活的自然环境,构成了旧石器时代的遗址,应当属于文化遗产中遗址(Sites)的一个类型[1],不应当

---

[1]《保护文化与自然遗产公约》第一条将文化遗产分为三类:遗址(Sites)类文化遗产是"从历史、审美、人种学或人类学角度看具有突出的普遍价值的人类工程或自然与人联合工程以及考古地址等地方"。

归入文化景观的范畴。同样，晚于旧石器时代的其他人类社会的遗存，包括遗物（Relict）在内，都应当归入到文化遗产的遗址类型中去，将其放在文化景观类型遗产中，不仅会给文化景观的定义和内涵带来混乱，还将使本来就已经不甚清晰的《世界遗产公约》中文化遗产的定义和分类更加混乱[1]。换句话说，文化景观类型遗产不能包括"代表一种过去某段时间已经完结的进化过程"的遗物或化石。即便我们将"残遗物（化石）景观"理解为某种象征意义的化石，而非石化的那些古生物或古人类骨骸，那些"代表一种过去某段时间已经完结的进化过程"，已经早就终止了继续进化和发展的"残遗物景观"，如古代城镇、村落、工矿、寺庙的废墟，实际上就是遗址等其他类型的文化遗产，将其作为文化景观的一个类型，既不符合文化景观的定义，也与其他遗产类型相混淆，完全没有必要。至于该类文化景观的第二小类，"在当今与传统生活方式相联系的社会中，保持一种积极的社会作用，而且其自身演变过程仍在进行之中"的文化遗产，属于这类遗产的不外乎传统社区仍存、历史文脉未断、社会需求尚有的历史城镇、传统乡村、手工作坊、宗教场所等。这是文化景观类型的主体，《操作指南》对第二类的第二小类文化景观的诠释，可以作为所有文化景观这类遗产的定义。

最后来看《操作指南》的第三类文化景观。这类文化景观既然是与"强烈的宗教、艺术或文化相联系"，"不是以文化物证为特征"的遗产类型，那么，这种文化遗产与联合国教科文组织2003年通过的《保护非物质文化遗产公约》（简称《非物质条约》）中的"非物质文化遗产"就非常相似。按照《非物质条约》的定义，非物质文化遗产是"指被各群体、团体、有时为个人视为其文化遗产的各种实践、表演、表现形式、知识和技能及其有关的工具、实物、工艺品和文化场所"[2]。因此，被《操作指南》归入文化景观第三类的遗产实际上就是非物质文化遗产，尽管非物质文化遗产这个名称也未见得最为准确。

由于《操作指南》对世界各国处理文化景观类型遗产有着巨大的影响，许多国家基本上都是按照《操作指南》的分类框架来处理文化景观的类型问题。以

---

[1] Sun Hua, World Heritage Classification and Related Issues——A Case Study of the "Convention Concerning the Protection of the World Cultural and Natural Heritage"，载北京大学北京论坛学术委员会编：《文明的和谐与共同繁荣——人类文明的多元发展模式　北京论坛（2007）论文选集》，北京大学出版社，2008年，第294—306页。

[2] 严格地说，《保护非物质文化遗产公约》总则第二条第1款中把"工具、实物、工艺品和文化场所"作为非物质文化遗产的内容，这并不恰当。事实上，该公约在第二条第2则所罗列的"非物质文化遗产"的五个方面，并不包括定义中的上述内容。

美国国家公园管理署的文化景观分类为例,我们可以清晰地看出《操作指南》的影子[1]。不过,已经有学者指出《操作指南》的分类欠妥,并基于文化多样性和亚洲文化景观的特点,提出了不同的分类框架。毛翔等就把文化景观视为"文化生态系统",并将文化景观遗产划分成人类长时间居住地,宗教、历史、园林建筑(群),农业、工业遗迹和人类迁徙、贸易等活动路线四种类型[2],尽管这种划分与文化景观的内涵和外延也不尽吻合;李和平等则认为不同文化传统的地域有不同类型的文化景观,因而将中国的文化景观划分为设计景观、遗址景观、场所景观、聚落景观和区域景观五类,其中区域景观又分为名胜区、文化线路、遗产区域三小类[3],这种文化景观的分类当然也有泛化之嫌。不过,大多数研究者还是拘泥于《操作指南》的分类,在原有的三种四类中来处理中国特有的文化景观。如易红就将中国私家园林、皇家园林、寺庙、历史风景点等归属于人类有意设计和建筑的景观,将大遗址归属于有机进化之残遗物(化石)景观,将历史文化名村、名镇等归属于有机进化之持续性景观,并将风景名胜区中的自然资源环境部分归属于联想性文化景观[4]。不止一个学者强调过文化景观的地域差异性,不容否认,作为文化多样性体现的多个不同文化区的文化景观千差万别,但作为一种涵盖世界范围的遗产类型,文化景观自身的分类应该能够概括世界范围的各种类别,否则就是不合理或难以令人满意的分类。

---

[1] 美国国家公园管理署将文化景观分为人种史景观(Ethnographic Landscape)、历史设计的景观(Historic Designed Landscape)、历史乡土景观(Historic Vernacular Landscape)、历史场所(Historic Site)四大类。对比《操作指南》,二者不仅分类相近,而且每一类的描述语言也非常接近。美国国家公园管理署的"历史设计的景观",是指由有关专业人员专门规划和设计的公私园林,这与《操作指南》上的"由人类有意设计的景观"完全相同;美国国家公园管理署的"人种史景观"指"与人类有关可以被定义为遗产资源的自然与文化资源",如当代聚落、宗教圣地与大型地质结构,这大致相当于《操作指南》第二大类第一小类的"遗物及化石的景观";美国国家公园管理署的"历史的乡土景观"是"一处由于人类活动或占有演化而形成的景观。……包括了农村、工业复合建筑与农业景观",其表述虽与《操作指南》不同,但其主要内容与所谓的"延续性景观"有共同之处;美国国家公园管理署的"历史场所"是"与某一历史事件、活动或人物有重要关系的景观",也就是《操作指南》第三类"关联性景观"的范畴。转引自周年兴、俞孔坚、黄震方:《关注遗产保护的新动向:文化景观》,《人文地理》2006年第5期。
[2] 毛翔、李江海、高危言:《世界遗产文化景观现状、保护与发展》,《五台山研究》2010年第2期。
[3] 李和平、肖竞:《我国文化景观的类型及其构成要素分析》,《中国园林》2009年第2期。
[4] 易红:《中国文化景观遗产的保护研究》,西北农林科技大学硕士学位论文,2009年。

既然《操作指南》对于文化景观类型遗产的分类并不恰当,基于上面论述的、应该是更为准确的文化景观定义,根据文化景观类型遗产不同的传统和景观特点,尤其是这些文化景观的功能差异,我们认为,文化景观可划分为以下几大类型:

1. 农业文化景观[1]

人类主要以人工开垦土地为基本的生产资料、以人工栽培的植物果实为主要生活资料、以定居聚落为主要社会组织和生活方式,且这种生产和生活方式一直在持续和发展的文化景观。人类对土地的耕作利用体现了农村社会及族群所拥有的多样的生存智慧,折射了人类和自然之间的内在联系,是农业文明的结晶。农业文化景观类型遗产又可以作物种植模式及其形成的景观分为两个小的类型,前者是建立在传统农业基础上的村落文化景观,后者是建立在近代农业基础上的农场文化景观。传统的村落文化景观因为自然和传统的区隔,其形态的多样性尤为显著,是农业文化景观类型遗产的主体。

2. 牧业文化景观

人类利用天然的草场规模化饲养驯化动物的区域所形成的居住方式、生产方式、生活方式及其由此产生的文化事项的总称。其基本特点是季节性追逐水草放牧羊、牛、马,以这些牲畜及草场作为主要的生产资料,以这些牲畜提供的奶和肉作为最主要的生活资料,以分散的可拆卸组装的简易房屋作为住所,并由此形成了不同于农业区域的生产方式、生活习惯、社会组织和文化传统。牧业是与农业同时产生和长期并行的人类最重要的产业模式和文化传统,其实体存在构成了牧业文化景观。

3. 工业文化景观

工业是人们组织起来采集原料,并把它们加工成可供销售产品的工作和过程,它是社会分工发展的产物。仍然有原料开采和生产储运活动,且组织管理、技术工艺、生产流程和产品种类一直保留和发展,可以作为工业革命以来乃至于前工业时代某种专门产业的物质和非物质的见证,这种具有独特价值的工业遗

---

[1] 在现有的世界遗产的分类框架中,没有农业遗产却有工业遗产,这是很大的疏漏。联合国粮食与农业组织(FAO)有"全球重要农业文化遗产(Globally Important Agricultural Heritage Systems,简称GIAHS)",其定义为:"农村与其所处环境长期协同进化和动态适应下所形成的独特的土地利用系统和农业景观,这种系统与景观具有丰富的生物多样性,而且可以满足当地社会经济与文化发展的需要,有利于促进区域可持续发展。"这显然与我们所定义的"农业文化景观"类同。

产可以视为工业文化景观。严格的工业文化景观是工业革命时代以后在原料开采、产品制造和产品运输方面的工业活动一直延续的矿山、工厂、车站和港口等,广义的工业文化景观则可扩展至还在维持生产和经营的传统手工业作坊[1]。

4. 宗教文化景观

历史上某一团体或个人出于某种宗教信仰建筑的寺庙、寺庙群或具有宗教象征意义的圣山,这些宗教场所除了建筑物(构筑物)和雕塑一直保存外,其宗教教团和神职人员一直在使用这些宗教场所,宗教祭拜活动和神圣象征意义始终保持并未中断,这种至今仍然延续的具有突出历史价值、艺术价值和精神情感价值的著名宗教场所和区域,都可归属于宗教文化景观的范畴。

5. 城镇文化景观

城镇是以非农业人口为主、具有一定规模工商业、人口相对集中的居民点,它是一定区域乡村的中心。城镇在产业结构上是以从事非农业活动为主,一般聚居有较多来自不同地方的没有血缘和亲缘关系的人口,其占地面积、人口密度、建筑密度、空间形态和文化景观上都不同于乡村。此外,城镇往往还是工厂、商贸、学校、医院和文化娱乐场所的集中地,是一定地域的政治、经济、文化的中心,人们的生活方式、价值观念、知识结构等都与乡村的人们有一定的差异(尽管这种差异随着社会的进步在逐渐缩小)。那些具有悠久历史、保留下大量历史建筑并且城市传统没有中断的具有突出价值的历史城镇,就是城镇文化景观。

除了以上五类文化景观外,在内部功能和外部形态上有别于上述诸类的文化景观还有渔业文化景观、商业文化景观、工程文化景观等。前者如渔村及其采用传统捕捞方式和生活习俗(这在我国可能已经不复存在),中者如某些传统的集中贸易的专门场所且该场所不是城市的组成部分,后者如仍然在使用且某些管理制度和传统习俗依旧沿袭古代水利工程的设施,四川的都江堰水利枢纽工程就是这类文化景观的典型实例。只是这几类文化景观数量不多,这里不再赘述。

---

[1] 工业文化景观也是"工业遗产"(另一种文化遗产分类体系中的一个类型)的类型之一。从保存状态上来说,工业遗产有三种不同的性状——有的工业遗产已经完全毁弃,成为工业遗址;有的工业遗产已经停产、停业或转作他用,但厂矿站港和生产运输流程仍旧保存,成为工业遗留;有的工业遗产还在继续生产和使用,不仅厂矿站港和生产运输工艺依旧,而且生产技术和工艺一直保留和延续,就可以视为工业文化景观。

三、文化景观遗产的保护

文化景观类型遗产既然是介于物质文化和非物质文化之间的遗产类型,它除了具有这两种文化因素都有的要素外,还具有二者复合所形成的一些新要素,从而使得文化景观成为最复杂的一类文化遗产。这类文化遗产的复杂性具有以下特点:

一是空间范围较大。通常给文化景观的定义都首先会提到它是"自然与人类相结合的作品",这个关于文化景观的定义尽管不够准确,但却也反映了文化景观这类遗产某方面的特点。由于文化景观主要是指迄今仍然有人居住、生产、生活或从事专门活动的城镇、村落、工矿、寺庙等,这类遗产,除了个别范围较小外,普遍空间范围较大。历史城镇往往本身就规模宏大,传统村落周边还有田地和山林水泽,工厂矿场多涵盖原料采办至产品储运等不同场所,郊野寺庙往往也讲究山水环境。文化景观既然是一个既有文化遗存又有自然资源的区域,其空间范围自然也会相对广阔。

二是时间贯穿古今。文化景观的一个特点就是其传统从古至今,延绵不绝,是"活态"的文化遗产。这种文化遗产超越了"文物"的层面,它没有终止发展,不能完全采用保护文物的方法去保护文化景观。文物是前人行为的创造物,无论是基本完整保存至今的古建筑和古石刻,还是已经处在残破状态且多埋藏地下的古遗址和古墓葬,它们都已经是历史上的遗留,除了自然侵蚀和人为破坏外,不会再发生其他变化;而文化景观如城镇、村落等却因为有人居住、生产和生活,其物质文化形态和非物质文化要素都在不断变化。静与动、旧与新、传统与现代、保护与发展之间的冲突会始终存在。

三是文化结构复杂。在所有文化遗产中,文化景观包含了物质文化遗产和非物质文化遗产,包含了文化的表层、中层和深层三个层面的存在,其结构最为复杂多样。就拿相对简单的村落文化景观来说,一座传统村落既有村民居住的村落本身、村民赖以生存的周边田地以及田地周边的山林,还有村内活动的村民及其社群,有其信仰的神祇和英雄的坛庙,有各种各样非物质文化的事项。每个村落中的文化因素也远非单纯,本村、外村、本族、外族、传统、现代等因素交织在一起,需要辨识并分别进行保护。

文化景观既然如此复杂,保护文化景观就不能用对待古代遗址、建筑群、纪念碑的方法处理。例如,某省区有一个少数民族村寨以"某某寨古建筑"的名义被列入全国重点文物保护单位,需要编制保护规划。保护规划项目的委托方具有一定的文化景观的知识,知道要保护这个传统村寨必须树立整体保护意识,需要用发展的观点来看待村寨的保护,要将保护文化传统与改善村民生活品质结合起来。为此,他们特地委托具有乡村文化景观保护规划设计经验的某高校建筑学院某教授的团队来承担这个项目。该教授接受这个委托后,也全力以赴地投入到该村落的规划设计研究中。其规划文本不仅包括了村落本身的保护,还将保护范围扩展到村寨赖以存在的田地和山林;不仅包括了传统建筑的有机更新,还包括了产业结构的调整、生态农业的发展,乃至于居民居家生活品质提升等方面的设计。然而这样一个传统村落的保护规划却没能够通过文物专家的评审,专家们提出的修改意见是无须考虑过多,只要选取其中的文物建筑,划定其保护范围和建设控制地带,针对存在问题制定出保护和管理的规定和措施即可。这些文物专家的意见不能说错,因为他们是按照全国重点文物保护单位规划编制要求,保护村寨中的"古建筑"而非整个村寨;而当地文化行政管理部门和规划编制者希望保护的对象是村寨整体,包括物质文化和非物质文化遗产、村寨建筑及周边环境,此外还要兼顾保护遗产与提高村民生活品质。保护对象的不同,自然会产生对保护规划编制要求的不同。严格地说,一个作为文化遗产的村落,如果只保护其中几幢文物建筑,其价值就会大大降低。尤其是西南少数民族村寨,其阶级分化不明显,村民住宅的年代和建筑规模相差无几,除了"芦笙坪"或"月坪"之类的小广场外没什么公共建筑,为何要保护这几幢村民的住宅而不保护其余村民住宅,本身就是一个问题。保护乡村、城镇等文化遗产,需要将其视为兼具物质文化遗产和非物质文化遗产的综合体,将其视为仍然在持续发展的"活态"文化遗产,需要不仅保护其中已终止发展的"文物",还要保护其中仍在继续发展演变的"传统"。只有做到这几点,才能够实现《操作指南》所说"保护文化景观有利于将可持续土地使用技术现代化或提升景观的自然价值"(附件三定义第10款),才符合《会安草案》所说"保护文化景观的目的,并不是要保护其现有的状态,而更多的是要以一种负责任的、可持续的方式来识别、了解和管理形成这些文化景观的动态演变过程"[1]。

---

[1] 联合国教科文组织《会安草案——亚洲最佳保护范例》(2005),载联合国教科文组织世界遗产中心、国际古迹遗址理事会、国际文物保护与修复研究中心、中国国家文物局主编:《国际文化遗产保护文件选编》,第354—355页。

遗产保护学本来就是涉及很多学科和专业的交叉学科,文化景观又是兼具物质与非物质两种遗产形态的复杂文化遗产。这种复杂性体现在这类遗产的文化结构上,就是既有文化表层物质层面的鲜明直观,也有文化中层非物质层面的变化多样,还有文化深层非物质层面的坚韧凝重。从文化的表层来看,不同文化景观的外部景观、内部形态、建筑风格、装饰服饰等均不相同,使得人们能够从外部识别不同文化景观的个体差异、类型差异和地域差异;从文化的中层来看,不同文化景观的生产技艺、生活方式、行为方式、风俗习惯、语言文字等也都有所不同,使得人们可以从内部认识不同文化景观的功能差异、性质差异和传统差异;从文化的深层来看,其他文化遗产难以准确把握的社区组织、思维定式和社会机制等,都可以从文化景观遗产中获取相应的信息。因而保护文化景观,既需要保护物质文化遗产的理念与技术,也需要保护和传承非物质文化遗产的方法与措施,还有二者交叉所形成的诸如"文化场所"之类相关领域所需要的理论与方法[1]。换句话说,保护文化景观类型的遗产,要充分考虑这类遗产的复合型和复杂性,要根据保护对象和保护主体,采取恰当的保护理论和方法,并根据这类遗产与其他遗产的异同,采取不同的评估标准,对文化景观保护的成效进行评价。

(1)就保护对象而言,保护文化景观类型的遗产,需要树立整体保护和系统保护的思想,既要保护该遗产的物质和非物质的遗产本体,及其所赖以存在和发展的载体和空间,还要保护和维持创造、使用和传承这些物质和非物质文化遗产的人们及其社群。这涉及时间、空间、文化结构几个方面:① 在时间方面,文化景观是从古延续至今且其遗产状态仍然在不断发生变化的"活态"的文化遗产,在确定保护对象时,不能忽视这类遗产贯穿古今的时间属性,不能仅满足于保持遗产的现状,否则将无法维持这类遗产继续发展的动力,从而失去文化景观类型遗产重要的价值属性——延续性。② 在空间方面,文化景观类型遗产大都空间范围较大,遗产的空间构成有核心、主体和外围区域的不同。以农业文化景观的传统乡村为例,其核心区域自然是村落,遗产主体是村落和周边田地,外围则是田地周边的山林水泽;就村落本身而言,它也是通过不断发展才形成今天的景观,村落中心的建筑年代较早,外侧的建筑通常较晚,形成诸如水涡一般

---

[1] 周小棣、沈旸、肖凡:《从对象到场域:一种文化景观的保护与整合策略》,《中国园林》2011年第4期。

的空间层次。如果只注重文化景观的核心区域而忽略其基本区域及外围区域，就可能导致遗产保护的片面性，从而影响文化遗产的另一重要的价值属性——完整性。③ 在文化结构方面，文化景观有物质的外壳、物质和非物质的主体以及非物质的内核，其中文化内核即决定人们行为方式和物质形态的社会组织和文化传统，是文化多样性的决定因素，也是文化景观类型遗产最为重要的价值要素。如果只关注保护文化景观的物质文化遗产部分，只注重城镇、街区、村落的空间格局，甚至只注重其中的部分代表性建筑物，而忽视其中的非物质文化遗产部分；或只关注保护文化景观的非物质文化遗产的行为层面，只注重记录这类遗产的口头传说、文化事项、传统工艺，只注重扶持这类遗产中非物质文化的个别代表性传承人，而忽视了人类社会最重要的社会关系范畴的保护；这些保护都可能会导致文化景观真实性和完整性的缺失。当一个文化景观类型遗产所赖以存在的社群及其社区被瓦解以后，文化景观类型遗产就会发生性质的转变，从复合遗产蜕变为单纯的物质文化遗产和个别的非物质文化遗产事项。

（2）就保护主体而言，文化景观比自然遗产和物质文化遗产复杂[1]，其保护主体不单单是我们通常所说的共同拥有这些遗产的"全人类"，还包括了遗产本体的构成因素的人的个体和社群。我们知道，自然遗产的地质遗产、生物遗产和自然景观，其遗产本身不包括"人"在内，相对于遗产这一客体而言，保护主体也相对简单，主要是这些遗产所在国及其所属的各级政府机构和政府授权进行保护和管理的机构。文化遗产中的物质文化遗产，如遗址、建筑群、纪念碑之类，它们尽管是历史上人类所创造，但大多已经成为历史遗留的古迹，遗产中的人及其社区与遗产本身的联系已经不紧密，外于遗产的保护主体如国家的各级政府机构可以代行保护职责。而文化景观类型遗产中的城镇居民及社区组织、农村村民及村社组织、厂矿工人及行会组织、寺庙僧人及教团组织等，他们既是遗产的构成要素，是非物质文化遗产的传承者和文化方向的确定者，同时从遗产权属来说，他们还是遗产的所有者和使用者，理所当然，他们应当是文化景观类型遗产的保护主体。换句话说，是否要保护某个文化景观类型遗产？该遗产的哪些要素需要保护和传承？哪些因素可以舍弃或改进？如何保护这个文化景观类型

---

[1] 非物质遗产的情况不同于物质文化遗产，它的遗产承载者就是作为主体的人，遗产的主要构成要素是人的行为（包括思维）过程，如作为遗产传承人的口头讲述、节庆表演、工艺流程等。拥有这些非物质文化的既有个人，也有个人组成的社群，他们既是非物质文化遗产的承载者，也是保护和传承非物质文化遗产的主体的一个重要组成部分。

遗产？如何处理保护与发展的关系？凡此等等，文化景观遗产之外的保护主体，无论是政府还是非政府机构或个人，都要充分尊重文化景观遗产所有者或使用者的意见，不能越俎代庖。

（3）就保护方法而言，保护文化景观可以借助的现成的理论方法很多，诸如一般系统论和系统规划理论、自组织理论、岛屿生物地理学理论、文化结构和谱系理论、生态博物馆的方法等，都很适合文化景观类型遗产的保护。由于文化景观是复杂的复合遗产，在保护中所采取的方法自然也就纷繁多样，保护者应根据选取的保护对象的具体情况，有选择性地组合运用相关理论和方法，制定出符合实际的保护思路和技术路线。理想的保护程序是：① 选取需要保护的文化景观，对该文化景观进行调查和记录，通过全面和细致的调查，增强对保护对象的历史、文化和存在问题的认识和理解，以便有针对性地提出保护思路和具体的技术路线。调查者要有时间维度和空间层次的观念，要对调查对象的文化结构进行分析，将文化景观的表层、中层和深层文化要素和关系都充分展示出来，把现象和导致这些现象的主要原因基本揭示出来，避免遗漏或误读重要的文化现象，从而带来保护思路和保护行动的偏差。② 基于系统论的思想，全面分析该文化景观具有的关联要素，做到保护的完整性。防止遗漏文化景观这类复杂文化遗产的重要构成要素，避免出现诸如农业文化景观只保护村落本身而不保护这些乡村赖以存在的农田，城镇文化景观只保护历史城市的传统街区而将居住在其中的人全部迁出等现象。在那些具有较大分布范围，周边有天然区隔的文化景观集中区域，还需要运用岛屿生物地理学理论，合理选取纳入保护的文化景观的周围边界和空间范围，在区域规划和保护性用地方面予以充分的考虑[1]。③ 外来的保护者应与文化景观拥有者和相关者进行充分沟通，在文化主人自主、自愿和自发的前提下，组建能够代表绝大多数拥有者意愿的合作社、理事会或管理委员会（当然我国乡村既有的"两委"，也应该成为这个委员会的主要成员），由这个自组织的机构代表该文化景观向政府、学术机构、社会团体提出保护和发展的诉求，由政府和学术机构根据这个自组织机构的要求，派出相关的专家团队为该文化景观制定保护与发展规划，并为实现这个规划寻找资金和资源。④ 在需要保护的文化景观中，通过自组织机构的同意，可以将文化景观当作一个需要保护、传承、展示和发展的系统，通过建立生态博物馆来保护和展示遗产、认知和传

---

[1] 祁黄雄：《中国保护性用地体系的规划理论和实践》，商务印书馆，2007年。

承文化。在这个生态博物馆的建设规划中,首先规划设计一座"认知中心"[1],使之成为该文化景观的拥有者认识自己文化的场所,成为展示自己文化的窗口,从而唤起文化自觉和自信。⑤由自组织机构与政府、专家一起协商研究制定文化景观的保护与发展规划,保护规划应该以保持和维系传统文化为基础,采用系统规划和动态规划的设计理念,明确保护与发展的基本目标和最终目标,以及要达到这些目标的具体技术路线,并对文化景观保护行动可能对遗产带来的变化进行预判。作为各级文物保护单位、各级自然保护区、宗教活动场所、历史文化名城等的文化景观,保护规划要与相关法规和上级规划协调一致。

（4）就保护效果来看,对于文化景观要有不同于一般文化遗产的保护效果评估机制。首先是性质的评估,通过保护行动,遗产所在地的社区或社群是否与遗产本体和环境有性质上的关联（遗产的延续性是否中断）,遗产性质是否仍然保持着文化景观的"活态"特点,遗产保存和文化传承赖以存在的生态环境是否不断得到改善？其次是机制的评估,是否具有能够反映遗产拥有者意愿的机制,其保护事项和管理决策是否做到了民主化？其三是效益的评估,通过保护行动是否为该文化景观的拥有者带来了文化自觉和自信,是否使所在区域经济有所发展,居民的生活质量有所提高？

最后,笔者认为需要强调的是,保护文化景观类型遗产需要的不仅仅是理论、方法和技术,更重要的是制定保护策略和实施保护行动的人,他对所要保护的对象必须具有人文关怀。保护者首先应该是具有满腔热情的社会学家,其次才是文化遗产保护专家。只有对文化景观类型遗产中创造、拥有或使用物质文化的人产生感佩之情,才会关注他们的切身利益,从而真正做到保护与发展的平衡,也唯有这样,才能够实现对文化景观类型遗产的真正保护。

第四节　文物保护建筑设计

"文物保护建筑"有广义和狭义之分。广义的文物保护建筑是指因保护需要而建设的不可移动文物的覆室、可移动文物的库房、保障文物安全的监控用房

---

[1] 生态博物馆的"认知中心",通常称之为"资料信息中心",中央民族大学的潘守永教授认为,将后者改称为"认知中心"更名副其实。

和设备用房等建筑,而狭义的文物保护建筑只是专门为被保护的不可移动文物提供所需的防护及安全保障的建筑。本文所说的"文物保护建筑"是后者,也就是狭义的覆罩不可移动文物的保护性建筑物。这种建筑是为文物古迹提供的一种辅助性保护措施,是一种不触动文物本体的保护手段。具体来说,是通过在文物外部搭筑建筑物、构筑物和其他覆罩性设施,来营造一个将文物本体与所在环境进行分隔的可人工调控的微环境,从而降低自然或人为不利影响,消除文物受到雨雪、霜冻、风沙、阳光等外来因素的破坏,保障文物的安全,提高文物的安全性和可持续性。

由于文物保护建筑是一种对文物本体干预小,具有可重复进行干预的可逆性保护措施,因而是许多不可移动文物的重要保护手段。随着国家经济的飞速发展,设计并建造文物保护性建筑,尤其是大型的遗址类保护性建筑已经成为可能。不少有文物展示诉求的不可移动文物都已经建成或计划设计建造文物保护建筑。不过,学术界目前对文物保护建筑还缺乏系统研究,一些名为保护性建筑研究的论著大都还是以介绍自己设计的某座文物保护建筑为主,顺便对国内外文物保护建筑做些分析,没有从所要保护的文物与其外的建筑之间的关系进行考察,也没有得出系统的可供建筑设计参照的设计要求。有鉴于此,笔者对文物保护建筑的发展历史、现行状况、存在问题、理念原则、设计建议等问题进行了一些研究。本节再就文物保护建筑的发展历程、建筑类型、设计原则等问题作一些探讨。

一、文物保护建筑的发展历程

作为一项与结构加固、原物重组、回填保护、异地保护等并列的古迹遗址保护与管理措施,保护建筑的特点在于利用人工营造空间的建筑及技术手段,以封闭或半封闭方式在原址将文物的整体或局部覆罩起来,一方面降低或隔绝自然环境对文物的不利影响,另一方面也为持续性的记录、考古、研究、展示及公众教育创造理想的场所。

如何完整保存价值突出的古代遗存与其原生环境,并使场所的文化意义在新时代得以延续发扬,对于有着浓厚怀古情结,又青睐于土、木等易损朽建筑材料的中国人而言,这并不是一个全新的挑战。在中国古代,对于与名人相关的独立碑刻,传统的保护方法是在碑刻周围绕以围栏、加盖碑亭或将碑刻嵌砌在有屋檐遮蔽的墙体上；对于连山类石刻的保护，一般有雕凿岩檐或营建窟檐两种做法；对于大体量的石构文物的保护，甚至会覆罩体量更加宏阔的殿阁。文物保护建筑是古已有之的特殊功能性建筑，不是近现代的创造。

我国古代的文物保护建筑，在宋代以前就已有之，宋代复古思潮兴起以后，这类建筑变得比较常见。宋代四川民间有一定影响的佛教教派柳本尊教派，创自五代的成都附近，中心道场是汉州（今四川省新都县）弥牟镇的本尊院。两宋之际前后，柳本尊教派已经衰微，弥牟镇本尊院破败为尼寺，柳本尊墓已经荒芜。南宋绍兴十年（1140年），四川眉山中岩寺名僧祖觉根据几种柳本尊传记的民间版本，去其鄙俚不经之处，重新撰写了《唐柳本尊传》。也就在此时，已经破落的弥牟镇本尊院也得到退休官员王直清资助，重修柳本尊墓并立塔建殿覆罩，将刻有祖觉撰写的《唐柳本尊传》的石碑立于墓侧。《唐柳本尊传碑铭》说："主事者导公拜其墓于榛莽之间，公顾而问曰：'本尊灵异□□，□□四方，□□□□不□□□□□□□一匾□□□以崇奉之⬚意⬚。乃命本院⬚尼⬚仁辩□□□资，为本尊建塔于墓之上，架屋以覆之。"[1]柳本尊是唐末五代人，其墓到了南宋初期自然已是具有纪念性的古迹，为了保护这座教派祖师之墓所建的墓塔和覆室，应可视为文物保护建筑。

宋代为保护旧物而营建的相对复杂的建筑实例，可举浙江湖州市飞英塔为例。湖州飞英塔由内部的石塔和保护内塔的外套木塔构成。它始建于唐，现存唐代地宫，内外塔身则是南宋遗构。其中内塔重建于南宋绍兴二十四年（1154年），为八面五层的仿木楼阁式塔，由一百多块太湖石雕凿拼叠而成，残高14.55米；外塔于百十年后的南宋端平初年（1234年）"葺而新之"，为八面七层的木檐楼阁式木塔，底层设副阶，通高55.45米。为了在覆罩内塔的同时观瞻内塔，外塔内部四层以下中空，未满铺楼板，各层向内出挑平座，形成一圈可供观瞻的内廊，并沿塔内壁的斗拱修建悬挑木梯，参观者可拾级盘旋而上，逐层近观石塔（图23）[2]。

类似于文献记载的南宋柳本尊墓、塔、覆室的具有内外先后，且后建的外层建筑保护原有的内层墓葬或建筑的实例，还有四川安岳县木门寺的无际禅师塔

---

[1]（宋）祖觉撰：《唐柳本尊传碑铭》，引自重庆大足石刻艺术博物馆、重庆市社会科学院大足石刻研究所编：《大足石刻铭文录》，重庆出版社，1999年，第207—210页。

[2] 刘杰：《湖州飞英塔空间结构分析》，《古建园林技术》2016年第2期。

（墓）、亭和殿。无际禅师塔是明代禅宗名师无际了悟禅师的墓塔，塔为八角五檐石塔。四川的红砂石质地细腻松软，容易风化，为了将祖师的墓塔覆罩保护，明正统年间，信徒们又用同样的石料构建了一座精雕细琢的仿木结构的三间石殿即"无际禅师亭"，使之覆罩在无际禅师塔外。不过，石构无际禅师亭在明末也出现了风化，因而信徒们又在石亭外兴建了面阔五间的木构瓦顶的无际禅师殿。这样，墓塔、石亭、木殿重重相套，其中层和外层都属于保护性质的建筑，构成一个古代石质建筑得到很好保护的案例。

中华人民共和国成立以后，我国开始以科学方法保护和展示古代遗址，其中较早的案例是敦煌石窟、龙门石窟重点龛窟的保护和半坡遗址的保护。建国之初，以《敦煌石窟勘察报告》为基础，敦煌石窟进行了大规模的危崖加固工程，并利用传统方法在第458、459、159、194等窟前搭建了临时性窟檐，对

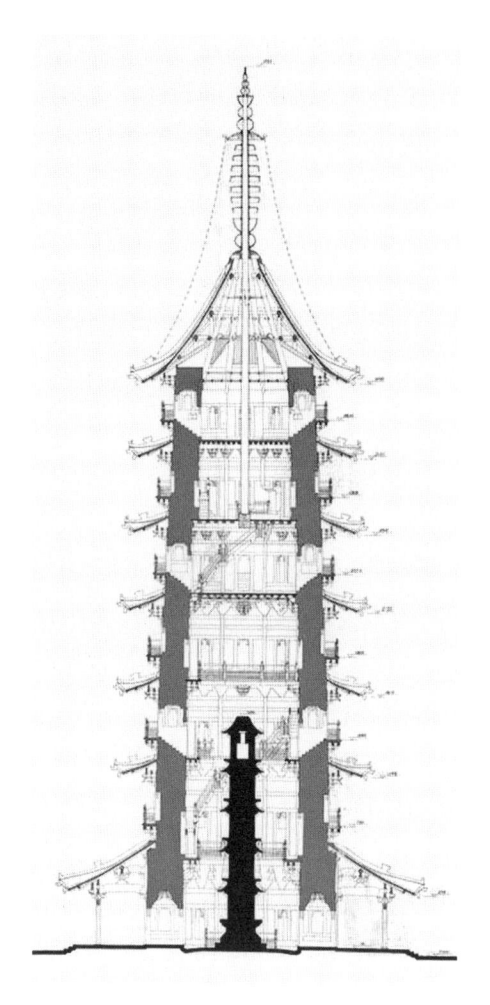

图23　浙江湖州市飞英塔

保护性建筑提出了可逆性的要求[1]。与此同时，还考虑以搭建窟檐的方式保护龙门石窟的奉先寺，保护性建筑的形象问题，尤其是新建建筑对文物形象的影响，引起了当时学术界的关注和讨论[2]。半坡遗址博物馆是国内第一个利用保护性建筑对大遗址进行原址保护和展示的案例。当时为了揭示反映母系氏族社会特征的史前聚落，考古学家对陕西西安市半坡村的仰韶文化遗址进行了大

---

[1] 陈明达等：《敦煌石窟勘察报告》，《文物参考资料》1955年第2期。
[2] 陈明达：《关于龙门石窟修缮问题》，《文物》1959年第3期；梁思成：《闲话文物建筑的重修与维护》，《文物》1963年第7期。

规模揭露,已经揭示的聚落需要向公众展示,以便用实物资料说明中国也经历了史前氏族社会这一社会发展的普遍规律[1]。因此,在遗址发掘后的1956年,有关部门就开始在发掘出来的遗址居住区设计建造保护大厅,于两年后建成我国第一个遗址博物馆并向公众开放。这座博物馆采用轴线分散式布局,柱网的布置和施工着重注意了遗址的实际情况,全面揭露的半坡聚落被覆罩在土遗址保护大厅内,并结合遗址对典型房屋和远古生活场景进行了复原展示。半坡遗址保护建筑对遗址起到了较好的保护作用,只是在使用了多年后,先前建造的木结构保护大棚出现了材料老化等问题,因此在2005年至2006年间又拆除了旧的保护大厅,重新设计建造了新的保护大厅。新保护建筑为整体钢结构,屋面采用夹保温棉的双层彩钢板和贴膜玻璃(紫外线贴膜处理在建成5年后进行),使建筑的保温、隔热和防紫外线的性能有所提高[2](图24)。

20世纪80年代以后,有关部门先后为秦始皇兵马俑坑、大葆台汉墓、临淄殉葬车马坑、杭州官窑遗址等重要的古代遗址设计建造了保护性建筑,须弥山石窟、大足北山石刻、天龙山石窟、云冈石窟等石窟寺也修建了不同形式和材料的新窟檐和栈道。基于这些实践经验,一些建筑、文保学者围绕遗址保护建筑的构造设计、风格选取和环境营造等问题展开了

图24 半坡遗址旧、新保护大棚外景。右下角为重建后的保护大棚。

---

[1] 西安半坡博物馆编著:《西安半坡》,文物出版社,1982年。
[2] 高强:《守望与责任——半坡遗址新保护大厅建设过程中文物保护工作概要》,《史前研究》2010年,第94—100页;刘慧芳:《半坡遗址发掘六十年周边环境变迁及遗址保护探讨》,《史前研究》2013年,第546—550页。

讨论[1]。进入21世纪，文物古迹的原址保护和展示需求增多，保护建筑已广泛应用在保护遗址（尤其是建筑基址）、墓葬、石窟寺和石雕碑幢等不同类型的文物中。在遗址公园里，保护建筑还常常与大型遗址博物馆相结合，功能更多，体量更大，建筑结构也更为复杂。这时期保护性建筑的造型和规模都有显著突破，如牛河梁红山文化遗址群Ⅱ号点保护篷采用了狭长椭球体造型，长轴达到161米，宽约53米，矢高17米[2]。四川广元千佛崖石窟的整体式覆罩则计划保护全长近400米、距地面近50米的造像崖壁，采用通透瓦幕墙为表皮，悬臂式钢架为支撑，目前已完成长36米、高18米（最高处崖壁距嘉陵江面36米）的试验段的施工[3]（见图32）。

西方的古代建筑主要为砖石建筑，砖石建筑毁坏后的"硬"遗址，能够保存较长的时间，通常没有加盖保护建筑的迫切需求。西方还追求集建筑和雕塑为一体、体量庞大、给人以视觉冲击的"纪念碑"，壁画、雕塑与建筑本来就三位一体，且纪念碑往往还具有持久性，也无须专门加盖保护建筑。除了一些考古发掘出来的建筑物残垣断壁的壁画需要修建保护建筑覆罩外，西方大多数不可移动文物设计建造保护建筑的需求不那么急切。因此，西方学界一般认为保护建筑发端于近代，它是伴随着现代考古学和博物馆的发展，以及遗址原址保护理念的转变而出现的。

19世纪初，欧洲的保护建筑最早被施加于有马赛克、壁面图绘这类艺术价值高、保存难度大的古迹遗址中，尤其在英、德等国得到了采纳和推广。欧洲最早一批保护建筑往往采用石木或砖木结构，外观与当地普通民房相似，针对保护效果或展示陈列的特别措施极少。例如，1812年至1818年，为英国西萨塞克斯郡（West Sussex）比格诺尔罗马别墅（the Roman Villas of Bignor）的马赛克遗迹修建的保护建筑采用椭圆形平面，以砖石为墙身，以茅草覆盖锥形屋顶，形如当地的乔治式民居（Georgian Building）。由于砖石墙体上的窗洞小，室内通风

---

[1] 可参见杨谦：《遗址保护中的建筑设计问题》，《建筑学报》2001年第11期；周双林：《谈谈考古遗址的展示保护》，《文物保护与考古科学》2006年第2期；裴胜兴：《论遗址与建筑的场所共生》，《建筑学报》2014年第4期。

[2] 杨霄、葛家琪、赵天文：《牛河梁红山文化遗址群Ⅱ号点保护篷结构设计》，《建筑结构》2014年第1期。

[3] 崔光海、安心默、马智刚、李京：《广元千佛崖摩崖造像保护建筑试验段工程，四川，中国》，《世界建筑》2017年第3期。

条件有限，当地水文环境在近年又发生了变化，保护建筑内部马赛克遗迹的保存状况日趋恶劣，最终不得不采取措施进行改造（图25）。

图25 英国西萨塞克斯郡比格诺尔罗马别墅遗址的保护建筑

从20世纪初开始，西方保护建筑工程的数量明显增多，随着建筑材料和结构的发展，这类建筑的设计理念和技术选型也大为扩展。在庞贝古城的米斯特里别墅（Villa dei Misteri）遗址，为保护珍贵的壁画，自1930年代开始在遗址上加盖简易的木屋顶，20世纪六七十年代增建、改建了一些混凝土结构屋盖，稍晚又分别加建了钢筋混凝土和空心砖、钢木等不同结构的覆罩，同时将它们作为展示别墅布局的手段[1]。在1970年代的土耳其，保护性工程尽管同是采用钢筋混凝土结构，却构筑了截然不同的建筑形态，如在肯雅（Konya）阿拉乌丁山公园遗址（Alaaddin Hill）构筑了如帐屋一般的拱形保护覆罩，在反金牛座山（Anti Taurus Mountains）山顶卡拉提佩（Karatepe）遗址修建的梁柱式覆罩突出了平

---

[1] Carpani B, Marghella G, Marzo A, et al. "A Methodology for the Safety Assessment of Protective Roofs Covering Archaeological Sites: The Case of the 'Villa dei Misteri' at Pompeii." *SAHC 2014-9th International Conference on Structural Analysis of Historical Constructions,* F. Peña & M. Chávez (eds.) Mexico City, 2014.

直舒展的屋檐。1968年，英国菲什本罗马宫殿（Fishbourne Roman Palace）遗址修建了一座当时该国最大的马赛克遗迹保护性建筑，其南立面整体采用玻璃墙面，显得通透亮泽，一改既往保护建筑的封闭形象。

相较以往，这一时期的保护建筑开始注重房屋体量对遗址及其环境的叠压破坏或遮蔽影响，也开始考虑游客参观的视线和活动需求，从而留下了风格、造型各异的建筑作品，也从保护的角度积累了成功或失败经验。例如，受切萨雷·布兰迪（Cesare Brandi）的"风格性修复"理论影响，意大利的建筑师佛朗哥·米尼西（Franco Minissi）针对遗址保护提出了"博物馆化（musealizzazione）"理念，他提出，博物馆不只可视作集中存储古物的场馆，也可以存在于任何具有历史和艺术价值的地点，并将文化遗产的识别、存档、保存和保护作为一项整体性工作。因此，他在意大利西西里岛三处遗址——杰拉古镇（Gela）的希腊时期堡垒遗存、卡萨尔罗马别墅遗址（Villa Romana del Casale）和亚埃拉克莱米诺瓦（Heraclea Minoa）剧院遗址的保护建筑设计中，大面积采用了玻璃、塑料等透明材料，拟合古迹遗址的复原形态修建遮覆建筑。竣工之初，这三处遗址的保护建筑创造了相当别致的视觉和艺术效果。尽管如此，随着塑料板老化，建筑立面的透明度降低，温室效应和植物生长暴发，对遗址造成了难以逆转的破坏。

正是由于类似实践对遗址造成的负面影响，西方学界意识到开展保护建筑理论和方法研究的迫切性和必要性。大致从1980年代开始，发表的相关研究成果逐渐增多。据西方学者统计，截至21世纪初，有关保护建筑的见刊论著共81篇，其中4篇发表于20世纪六七十年代，41篇发表于八九十年代，35篇为20世纪的最后十年所作[1]。研究内容包括：某一遗址不同保护建筑设计方案的比选，某地区或某类遗址的保护建筑案例讨论，保护建筑的普适性纲领、地方化策略，保护建筑的评估、更新和改造，等等。20世纪80年代至今，西方保护建筑的工程实践显现出两方面特点。其一是跨学科合作增多，大型项目往往需从考古、城市规划、城市景观、建筑设计及展陈布置等角度综合考虑，保护性建筑成为一种表达遗址地艺术感和营造展陈环境场所感的媒介。第二是保护建筑的决策、评估和监测更趋理性、科学化，如针对具体病害开展保护建筑涂层材料、构造形式等研究，利用新科技监测遗址微环境及保护建筑自身的稳定安全性，都使保护建筑的

---

[1] Demas M. "Annotated Bibliography on Protective Shelters for Archaeological Sites." *Conservation and Management of Archaeological Sites*, vol.5, no.1-2, 2002, pp.91-105.

第三章 文化遗产保护研究

更新改造及遗址地管理条例的编制有据可依。

2009年，为保护马耳他西南海岸线上两座彼此毗邻的神庙遗址哈格尔基姆（Hagar Qim）和姆纳耶德拉（Mnajdra），启动了两项保护性覆罩设计项目。马耳他神庙遗址从19世纪初期开始得到发掘，1980年以吉甘提亚神庙群（Ggantija Temples）列入世界文化遗产名录，1992年扩展并更名为马耳他巨石神庙群（Megalithic Temples Malta）。由于这两座神庙遗址面临着日晒雨淋、海风侵蚀等较为复杂的自然环境影响，在入选世界遗产前后，当地成立了专门负责监测和研究马耳他神庙的科学委员会。该机构在2004年对哈格尔基姆神庙遗址的雨水、风速与风向、太阳辐射和空气压力等微环境状况进行了周期性摸底式监测。基于摸底式监测的结果，通过了为两座遗址修建保护建筑的决议，正式进入建筑方案设计阶段。接下来，意大利大气科学和气候研究所（the Institute of Atmospheric Sciences and Climate of the National Research Council of Italy）在两座神庙进行了空气采样、生物结皮的分布描绘、表面温度、石质分析、土壤侵蚀、地表径流和热成像等更具针对性的监测，时间为一年。基于监测结果，又对建筑设计方案进行了深化和修改。两处保护建筑在2009年竣工，五年后，为评估保护建筑的效能，意大利大气科学和气候研究所对两座神庙又进行了一次全年度环境监测，监测项目、位置与工程前保持一致（图26）。根据竣工后的监测结果，提出了对这两座保护建筑的调整建议。

经过长时间的探索和发展，保护建筑逐渐从单纯的工程实践项目发展为一个多学科努力推进的研究方向，保护建筑所扮演的社会角色也逐渐从一项文物保护措施，逐渐发展成为展示文物所蕴含的历史信息，沟通古代文物的创造/使用者与外来参观者的有机媒介。

图26 哈格尔基姆神庙遗址保护建筑

二、文物保护建筑的类型分析

从古至今，基于不同的保护对象，文物保护建筑有不同的建筑材料、建筑结构和建筑形式。仅就碑亭而言，古人就会用木、石、砖瓦三种材料，并有构架式、券拱式的不同结构，有独立型和依壁型的不同样式。现代保护建筑的建筑材料、结构和形式更加多样，尤其是那些唯恐未能表现自己创意的建筑师们，更设计出了多种异形保护建筑。面对多样的文物保护建筑，需要对其进行类型分析。目前对文物保护建筑主要有这样几种分类[1]：

一是按使用时间的持久性，将文物保护建筑分为临时性保护建筑和永久性保护建筑。前者是因古代遗址考古发掘现场保护和文物应急保护的需求，采用既有的建筑构件和相对简易的设施设计并搭建的单一功能的保护用房；后者则出于文物的更全面保护和展示利用的需求，通过系统设计而营建的具有多功能的保护用房。二是按建筑内有无人的活动空间，将文物保护建筑划分为保护性构筑物和保护性建筑物。前者是没有容纳人们活动空间的保护罩，对所要保护文物的外形影响较小，但参观者只能在保护体外面观瞻；后者的内部有空间可以容纳人们在保护体内活动，但保护建筑的体量比所要保护的文物大许多，需要考虑文物的外部展示效果及环境协调问题。三是按保护建筑与被保护对象的对立统一关系，将文物保护建筑划分为传统和非传统两类。前者与所要保护的文物在材料、形态、大小、色彩等方面基本一致，甚至具有所保护建筑遗址的复原意象；后者则反其道而行之，以新的材料、形态、规模、色彩来达到某种差异化的对比效果，以与文物相区别。

以上文物保护建筑的分类，对于设计当然是有意义的，不过仍然过多地考虑了保护建筑的形式，而未将某些重要的分类标准纳入优先考虑的范畴。文物保护建筑是临时的还是永久的，这本来就具有相对性，就如梁思成先生所说，中国传统建筑的特征之一就是不求建筑物之永久[2]。临时性的保护建筑，一般只用于考古发掘的遗址现场保护，其适用范围不是太广，但保护功能和效果与永久性保护建筑却并无大的差别。当初被作为永久性建筑设计建造的文物保护建筑，

---

[1] 李邑喆：《文物建筑保护性设施设计研究——以溧水天生桥上部保护性桥体设计为例》，南京工业大学硕士学位论文，2016年。
[2] 梁思成：《中国建筑史》第一节"中国建筑之特征"，百花文艺出版社，1998年，第13—21页。

现在有的已被拆除重建（如半坡遗址保护厅、大河村遗址保护展示厅等）。保护建筑是否可以容纳人们在建筑内活动，这也不是保护建筑设计应该优先考虑的问题。保护建筑是否需要人们在室内观瞻，这需要根据文物位置、埋藏、体量、环境等方面的因素综合判定，位置较低、体量较小、环境不宜营建供人室内观瞻的保护建筑，设计时考虑满足室外观瞻的需求，未尝不是一种更好的选择。至于文物保护建筑采用什么样式和风格，这也要根据人文环境和展示需求，无论是传统建筑还是新式建筑风格，对文物保护的作用都是相同的，只要体量得当且协调美观，都会为人们所接受。文物保护建筑的类型差异，更主要应该体现在被保护的对象上，其次才体现在结构上，然后才是其他方面。

回顾文物保护建筑的发展历程，基于现有文物保护建筑的对象差异，针对先前保护建筑分类存在的问题，我们将文物保护建筑划分为遗址类和非遗址类两大类：

（一）遗址类保护建筑

遗址类文物是指人类集中活动所遗留下来的遗存，其特点表现为遗存的集中性、多样性和残损性，遗存单元间往往具有一定的关联，从而形成了可以系连的区域范围，多数遗址埋藏于现地表以下。遗址包括了毁弃的生产和生活遗存，如房屋、作坊、祠庙等，也包括了与之相关的地上建筑物和构筑物已经残毁的墓地和墓葬[1]。除去史前洞穴遗址是利用天然洞穴，本身有洞穴遮阳挡雨，大多无须设计建造保护性建筑外，其余处于旷野的遗址，当重要的遗迹因自然的原因（如狂风吹刮、暴雨冲刷等）或人为的原因（如工程建设、考古发掘等）被揭露出来后，由于埋藏环境的突然改变，这些重要遗迹面临日晒雨淋、风霜冰冻等自然营力的威胁，就需要采取不同的保护措施来应对这些威胁。设计并建造保护性的建筑来覆罩这些遗迹，就是重要的保护措施之一。

在考古发掘进行过程中，一些遗址的重要遗迹现象需要精细作业，因而就需要营建保护性建筑，以保障考古作业不受或少受自然条件的限制和干扰，使得

---

[1]《中国大百科全书·考古学》，中国大百科全书出版社，1986年。国际古迹遗址理事会《考古遗产保护与管理宪章》第一条（1990年10月1日）："'遗址'作为文化遗产的一种保存形态，是已经毁弃的历史上人类的行为的产物，它是由与人类活动各种表现有关的地点、被遗弃的结构、各种各样的遗迹（包括地下和水下的遗址）以及与上述有关的各种可移动的文化资料所组成。"

揭露出来的遗迹和现象能够妥善得到保存。由于考古工作的特殊性质,考古发掘范围的大小,以及考古成果是否适宜于向公众展示,都还具有一定的不确定性,因而这时营建的保护建筑的覆罩范围和功能定位,往往也不能最终确定,故这种保护建筑一般都规模适度,材料采用钢材甚至竹木,结构采取拼装式,具有某种程度的"临建"性质,如四川成都市金沙村遗址祭祀区在发掘期间搭建的钢架彩钢瓦保护棚等(图27上)。当考古发掘结束后,如果有重要的遗迹现象发现,也需要对暴露出来的遗迹采取现场保护措施,搭建具有应急性质的保护覆室防止暴雨和冻融对遗迹的损伤,如江苏扬州市隋炀帝墓发掘后搭建的保护覆室等。这类保护建筑尽管相对简易,拆卸方便,其遮阳蔽雨的效果并不比许多后来花大量财力物力设计营建的保护建筑差。

遗址在一定阶段的考古工作完成以后,那些有重要考古发现且具有观览价值的遗迹,通常会设计建造既具有保护功能,也具有展示功能的相对复杂的保护建筑。这类建筑需要较长时间设计和建造,工程投资也较大,具有一定的长效性。由于遗址的保护建筑一般跨度较大,这些保护建筑基本构架的材料和结构还是多以钢结构框架为主,墙体围护则有砌砖、挂石或挂装其他轻型金属或非金属的板材等多种,如四川成都市金沙村遗址祭祀区保护展示馆(图27下)、辽宁建平县牛河梁遗址坛墓区保护展示厅等。但也有相当数量遗址的保护建筑,采取了以钢筋混凝土构架的建筑,这类建筑本身的结构重量更大,整体性也更强,可逆性当然也较差,如河南郑州市大河村遗址保护展示馆、河北平山县中山王䰐墓保护建筑等。还有一些遗址地下遗迹的保护建筑,考虑到了对环境的较小影响,采取了将保护建筑隐藏于地表以下的设计,如陕西咸阳市汉阳陵陪葬坑的保护建筑,收到了较好效果[1]。这类相对持久性的遗址保护展示建筑,其观赏性和封闭性通常比应急的保护建筑要好一些,有些采取了本体保护措施的保护建筑,其文物保护效果也比应急性的保护建筑要好些。

遗址类文物保护建筑,无论是哪种建筑形式,都能起到为所保护的遗迹和文化堆积遮蔽雨水和阳光的作用,四周有围护且具有保温隔层的保护建筑,还可以避免霜冻对遗址的威胁。不过,遗址(尤其是中国最常见的土遗址)的保护建筑减免的破坏性威胁主要来自地面以上、地表以下的最重要的两个破坏因素,也

---

[1] 吴晓丛:《弃宏大而就无形——陕西汉阳陵博物馆遗址保护性展示建筑的创新实践》,《时代建筑》2006年第6期。

第三章 文化遗产保护研究

图27 四川成都市金沙村遗址保护建筑。上：原保护大棚；下：现保护展馆。

就是泛碱和干裂,不仅不会因为营建保护建筑减少,反而会因为有了保护建筑而增加。本来,土遗址的表面原有现当代的文化层覆盖,且有雨雪直接作用于土地,构成遗迹的土壤一般不会干裂,盐分也不在遗迹的表面结晶；经过了考古发掘并营建保护建筑以后,遗址的遗迹和文化堆积直接暴露于地表,地下水在遗迹和文化堆积表面蒸发,不仅导致遗迹和文化堆积土壤干裂,还会形成盐分结晶→

177

结晶脱落→盐分结晶这样的恶性循环。除了地下水位很高,发掘后表面终年都保持潮湿状态的遗址,以及终年干燥无雨的极干燥土遗址,绝大多数土遗址都会遇到这样的问题——修建了保护建筑后,地面或壁面都出现了干裂和崩塌的现象,凸起的遗迹表面(尤其是墙体下部)还出现了白花花的盐碱(图28)。遗址类文物的保护建筑,需要首先关注建造保护建筑后可能出现的干裂和泛碱的问题,兼及建造了保护建筑后可能出现的温室效应和植物滋生的问题,否则可能会给保护建筑内所要保护的遗址带来灾难性的后果。

图28 河南郑州市大河村遗址。左:保护展示厅内遗址状况;右:保护展示厅俯瞰。

(二)非遗址类保护建筑

与遗址呈现残破的状态且多掩埋于地下不同,各类石刻(包括石窟寺)、建筑物和构筑物等,它们至今耸立于地表,有的仍然还保持着一定的原有功能。这类与遗址相对的文物,迄今没有一个专有名词来概括,世界文化遗产将其分为建筑群和纪念碑两类,我国的文物保护单位主要是分为建筑、墓葬和石刻(主要是石窟寺)三大类。由于墓葬保存较好的也可归属建筑,建筑本身就具有遮蔽和围护的功能,文物建筑一般也无须再加盖保护建筑,非遗址类文物的保护建筑主要是石刻文物(另有少量的金属文物)的保护设施。我们曾经将石刻文物划分为独体和连山两大类,这两类文物的保护建筑也有所不同。

1. 独体类文物的保护建筑

所遮蔽围护的对象既有碑刻和雕像,也有表幢和小型石塔,此外还有少量泥土、陶瓷、金属的雕塑和构筑物。这类保护建筑体量可能不大,但其四面俱全,屋盖和屋身分明,屋盖出檐也较深远,大多数保护建筑能够起到改善文物保存环境的作用。中国传统的独体类文物的保护建筑产生很早,山东曲阜市孔庙大成殿前的历代木结构御碑亭,最早一座的年代可以早到金代。这些孔庙的御碑亭尽管是为了保护镌刻有皇帝圣旨石碑所营建的"新物"保护建筑,但在全国现存的历代碑亭中,时代晚于石碑的那些碑亭都可归属文物保护建筑之列。重庆忠县丁房阙(命名有误,应为严氏阙)在长江三峡库区蓄水搬迁前,原位于忠州镇城关东门外土主庙旁的小巷两侧,双阙距离很近,故20世纪五六十年代所建造的木结构瓦顶保护建筑,将双阙都覆罩于室内,覆室前后辟门,以通行人。受制于狭窄的街巷,该石阙覆室较小,其中一座阙的下檐还伸出了覆室檐墙之外,伸出部分受日晒雨淋,风化程度明显高于覆室以内的部分。这个例子一方面说明,保护建筑对于独体类石刻等文物具有很好的保护效果;另一方面则说明,独体类石刻的保护建筑应该有适当的体量,应当完全遮蔽雨雪和阳光直射,否则保护效果就要大打折扣。

保护建筑不仅用于保护石碑一类独体石刻文物,其他材质的独体类文物也往往会覆罩以保护建筑。广东广州市光孝寺是历史悠久的著名古刹,寺内有东西两座铁铸古塔:西铁塔铸于南汉大宝六年(963年),是南汉权宦龚澄枢主造,塔原为七层,现存三层,残高3.1米;东塔铸于南汉大宝十年(967年),为南汉国王刘鋹主造,七层除塔刹外皆保存完好,通高7.7米。两座铁塔的形式大同小异,至迟在清代早期都曾经有殿堂覆罩。西铁塔的覆室于清末坍塌,殃及室内铁塔的上面四层,从那以后西铁塔一直处于露天状态,东铁塔的覆罩殿堂却至今保存。自从西铁塔没有覆室保护,至今不过百余年时间,有覆室保护的东铁塔,其保存状态明显优于西铁塔,尽管东铁塔覆室也有过于封闭的毛病(图29)。四川峨眉山腰的万年寺内有一座明代的砖砌穹顶式无梁殿,殿内有尊铸造于宋太平兴国五年至大中祥符五年(980—1012年)的体量巨大的普贤乘六牙白象的铜像。本来,万年寺中的这尊铜像是供奉在一座当时营建的木构大阁内,明

图29 广东广州市光孝寺西铁塔及覆罩殿堂内部

代木构大殿毁坏后，万历二十八、九年（1600—1601年）才营建了砖砌无梁殿来覆罩铜像，这座砖殿自然应当作为保护铜像免受日晒雨淋而建造的保护性覆室。正由于有了覆室的保护，这座宋代的大铜佛像才能够维持其明代的贴金和妆彩状态。

独体类石刻等文物的保护建筑，无论是最简单的四柱无围护的小亭，还是较复杂的多层有围护的塔阁，都能够起到相同或相近的保护作用。这类保护建筑面临的主要问题有两个：一是地下水的侵蚀。古代的碑刻、雕像或铸件本来耸立在当时的地面之上，但因为历史悠久，历年来自然和人为的堆积，使得地面逐渐变高，文物的下部埋于地下或距地表太近，蒸发的地下水不断向上侵蚀这些独体类文物的下部。例如，重庆合川区涞滩二佛寺，现在的清代保护建筑对石刻大佛和周围群像有很好的保护作用，却因背后岩上和岩体的渗水流经建筑内的下水道距离室内地表较浅，地下水沿着室内石碑升腾蒸发，盐分结晶脱落，致使室内明清石碑下半部的碑文都已漫漶不清，无法辨识。二是微生物的滋生。独体类文物的保护建筑，往往受制于文物本身的比例、周边环境的广狭以及财力物力的多寡，有时不得不缩小保护建筑的体量。小体量的保护建筑，为了防止飘雨侵袭或阳光斜射，只在前面辟门，檐墙分位往往用砖石或木板围护，有的石碑甚至整体都由砖石包裹。独体类文物本来就以瘦高形态的居多，其外所罩的覆室也多为瘦高的形态，室内空间就会非常狭小。如果空间狭小再加上四周封闭，就会导致光照不足，阴暗潮湿，霉菌滋生，从而给室内文物保护带来新的问题。

除了保护问题以外，有些独体类文物保护建筑还存在着文物展示效果问题。首先，那些高大石碑往往营造高大的重檐碑亭，即便如此，碑亭檐柱间横额的高度仍然比石碑低不少，石碑的上部实际上罩在碑亭屋盖内。由于石碑上部被屋盖遮挡，从碑亭外不能观看到亭内石碑的全貌；即使进入碑亭内，也要极度仰望才能勉强看到石碑上部大致的情况，碑文也难以辨认。其次，那些在宫署、祠庙、陵墓、桥梁等前面或两端对称布置的石刻等文物，它们本来就以成双成对的状态出现，如果在这些具有对称呼应关系的石刻上分别覆罩保护建筑，就容易影响这种对称呼应关系，从而使得整个文物的观瞻受到影响。如何处理好这种对称文物的保护建筑设计，也是我们文物保护建筑设计者应该思考的问题。

2. 连山类文物的保护建筑

这类建筑遮蔽围护的对象包括摩崖题刻、摩崖龛像和洞窟造像。由于连山类文物的保护建筑依靠山崖营建，因而这类建筑只有前、左、右三面，甚至只有前檐一面，属于山水建筑中的依崖建筑一类。古人在自然形成或人工开辟的山崖峭壁上镌文刻字、开窟凿龛、雕石造像，这些暴露在外的造像和题刻，受到暴雨冲刷和阳光暴晒，久而久之就会出现损坏，古人不一定知道其损坏的机理，却知道这种损坏现象系由风雨和阳光所致，自然而然地会产生营建窟檐进行遮蔽的想法，并将其用于新开凿的或早先开凿的连山类石刻的保护上。保存至今的为数不少的古代摩崖及石窟的保护建筑，小至简单的一面坡式披檐，大至复杂的多层多檐的覆阁，无论哪一种保护建筑，只要维持其屋面完好，不漏雨水，并且其内石刻造像所在山崖渗水现象不严重，都能很好地发挥保护石刻文物的作用。关于这一点，只需将川渝地区几处古代修建有窟檐且窟檐现在仍存的大佛，与古代曾经营建有窟檐但窟檐早已不存的四川乐山大佛做一番比较，就可以说明连山类石刻保护建筑的重要作用。唐代雕凿的高达71米的乐山大佛当初覆罩有多层木构瓦顶的覆阁，宋元之际覆阁被焚毁后，原先的敷泥妆彩都已被雨水冲去，只剩下了一个石质的胚胎，并且这个胚胎的胸部还已空鼓，随时都有剥落的危险[1]。而同样雕凿于唐宋时期，先前也营建过多层覆阁，但损毁后没过多少年就重新营建了新覆阁的重庆合川区涞滩二佛寺等，其佛像的状态显然就要好许多，大小佛像的细节都还清晰可见，敷层及金彩还有残留。保护建筑对连山类石刻文物保护的作用，应该是毋庸置疑的。

连山类石刻有摩崖题刻、摩崖龛像和洞窟造像的分别，其中摩崖与洞窟石刻在呈现方式和保护方式上都有所不同。摩崖题刻和龛像往往在崖面上密集交错分布，难以每一两则题刻或每一两龛造像就营建一座保护建筑，设计建造体量较大的整体性保护建筑就非常必要。四川巴中县南龛摩崖造像雕凿于县城南郊化成山的崖壁上，造像分布区全长350米，主要龛像集中在大佛洞区。这里崖壁高达30余米，龛像密布，几无空余，适宜于营建整体性的保护建筑。20世纪50年代，曾经在这里的崖前搭建砖柱、木架、瓦顶的一面坡式保护建筑，尽管材料、结构、形式都并不如意，但却起到了较好的保护效果。砖砌高柱本来强度就不高，21世纪初这座简易保护建筑垮塌后，大佛洞区的龛像都暴露在外，经过不到20年，仅凭新老照片的对比观察，龛像的侵蚀现象明显加剧。重庆大足区北山摩崖造像除了没有造像的中段外，东、西两段的造像崖面在20世纪70年代各用一座长廊形覆室覆罩。长廊的材料和结构都至为简单，只因岩体断水成功，

---

[1] 罗孟鼎编著：《世界关注乐山大佛》，巴蜀书社，2002年。

且采用了整体性强的沿壁长廊，室内空间较高，屋顶直接盖住了崖顶的前部，从而使得覆室内所要保护的龛像都得到了较好的保护，即使在潮湿的夏秋季节，崖面和地面都相当干燥[1]（图30）。而四川安岳县卧佛湾摩崖造像的南崖诸窟龛，既有经窟也有像龛，为了免除飘雨和光照影响这些龛窟，2010年设计建造了五组12座小型窟檐。由于每座窟檐都相对短小，并未能完全遮蔽龛像所在崖面，尤其是位于崖壁转曲处的部位，因相邻两座窟檐屋面聚集的雨水流入，崖面及相邻窟龛变得更加潮湿。对比大足北山石刻与安岳卧佛湾石刻的保护建筑，可以看出，摩崖石刻适宜于沿着崖壁设计建造整体性的体量稍大的保护建筑，尽管一次性资金投入比分散的小型保护建筑要大，但保护效果却会更好。

图30 重庆大足区北山石刻保护长廊内部

连山类的洞窟造像，其洞窟体量往往较大，窟前崖面较高较宽，洞窟之间通常也会保持一定的间距，适合于给每座或每组洞窟营建单独的保护建筑。一般说来，如果洞窟门外崖面没有雕刻需要保护，就没有必要营建窟檐一类保护建筑，避免本来就光线不足的洞窟更加阴暗；但如果洞窟门外本有雕刻且雕刻尚存，为了不让这些石刻暴露在日晒雨淋的自然环境中，就有必要加盖窟檐。古代那种复杂的殿阁式窟檐，尽管适合于石窟寺的寺庙环境，却因为依靠崖壁的屋顶正脊，往往会因构架的震颤或变形而出现裂隙，导致渗水等问题；而屋身的横向枋材和门窗，以及屋檐下的斗拱，也都会遮挡光线，导致窟内阴暗，空气流动不畅。河南洛阳龙门石窟的潜溪寺（又名斋祓堂）是初唐石窟，窟前原有清代的木构窟檐，1990年改建为仿唐木构建筑的样式。仿唐木构建筑屋盖本来就比较平

---

[1] 李先逵等编著：《大足石刻与古建筑群》，重庆大学出版社，2015年。

缓，前檐斗拱也比较疏朗，再加上木柱间只有稀疏的围栏而没有其他围护，尽管该窟檐屋脊和屋身高度仍不尽如人意[1]，空气流动性尚可。不过，如果石窟寺没有古代传统风格窟檐的遗留，就不需要与先前的传统建筑协调，窟檐设计采用更加简洁明快的建筑形式，更符合保护的要求。

无论是遗址类还是非遗址类文物的保护建筑，从其结构来看，都可以划分为拼装式和整体式两小类。中国传统的木结构保护建筑，其基本构架甚至围护板壁都是由木枋、木板加瓦件拼合而成，可以归属拼装式一类；而用砖石砌筑的保护建筑，尽管也是由一砖一瓦垒砌而成，但从结构上看却应属于整体式。现代简易的拼装式文物保护建筑，如美国盖蒂保护中心自1990年代开始推动的"六面体保护罩"（Hexa shelter）。这是利用现代织物材料搭建而成的轻质空间结构，结构框架采用铝管，顶棚采用多层聚氯乙烯板，侧面开敞通风，外观洁白淡雅，以期尽可能减少保护性建筑的文化寓意，保持其在遗址环境中的中立性。作为一种临时性保护设施，它在1991年首先应用在塞浦路斯岛的帕福斯（Paphos）遗址，此后还在美国新墨西哥的塞尔登要塞（Fort Selden）等遗址中进行了监测和评估（图31，1）。现代整体式文物保护建筑，如2012年在英国格洛斯特郡（Gloucestershire）的切德沃思罗马别墅（Chedworth Roman Villa）遗址新建的保

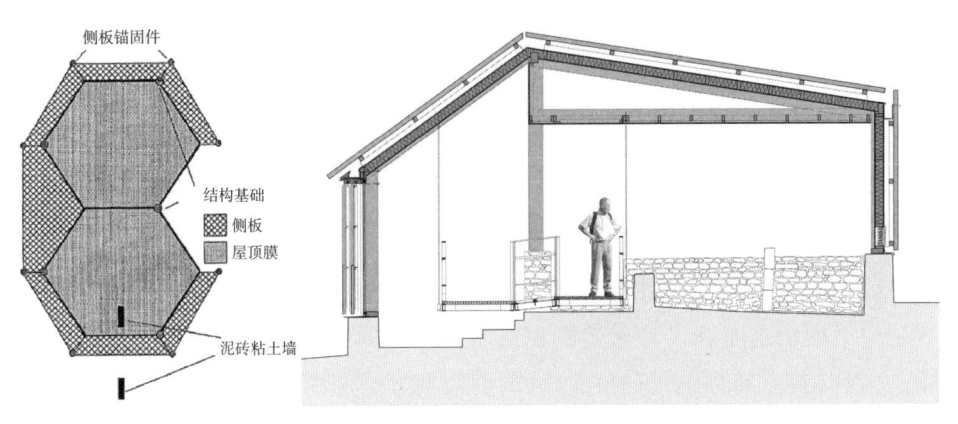

1. 盖蒂保护中心设计的"六面体保护罩"双罩组合平面

2. 切德沃思罗马别墅遗址保护建筑剖面

图31　分装式与整体式保护建筑举例

---

[1] 加高屋身当然会导致建筑的比例失调，但如果将地面架空，地面不铺石板而铺木板，如同唐代建筑流行那样，就可以加长柱子抬高屋盖，从而改善采光。

护建筑。该建筑采用轻钢木结构,主要的承重墙体不再叠压在遗址之上,减少了对罗马时期房屋遗存的影响。建筑侧立面为玻璃与木格栅的结合,室内弥漫着柔和的漫射光。为保证覆室的通风和排水条件,还增建了空气源热泵空调和雨水收集系统。此外,为提高游客的参观体验,设计了允许近距离观察马赛克遗迹的悬挂式栈道[1](图31,2)。其他更为复杂的或更大规模的保护建筑,也不外乎这两种结构。

三、文物保护建筑的设计建议

在文物外部营建保护建筑,这尽管是非接触性保护工程,却也会改变文物的保存环境,带给文物新的不确定因素,改变文物微观环境和原有的外部景观。遗址类文物保护建筑,可能会导致升温、干裂、泛碱、植物滋生等问题,石刻类保护建筑还会增加崖前或崖上的负重,如果处理不当,会给文物本体以及文物所在山体的稳定性带来危害。遗址类文物保护建筑与非遗址类文物保护建筑,既有其共同的设计要求,也有各自的一些设计差异,需要在考虑共同的保护展示需求的同时,也关注二者之间存在的不同。总结先前遗址、石窟寺及石刻保护建筑设计和实践的得失,综合考虑文物保护性建筑遮阳蔽雨、地下阻水、通风防潮、岩内防渗、崖壁减负、建筑形体、环境协调、展示效果,以及保护建筑的可逆性等保护环节,我们对文物保护建筑的设计提出以下建议,供文物保护学界讨论,也提供给正在进行文物保护建筑设计的设计者参考。

(一)文物保护建筑设计通则

1. 所有文物的保护建筑,其设计建造的根本目的是保护其内文物安全,而不是为了展示这座新设计建造的建筑。就如同博物馆文物陈列的基本原则一样,文物的展台和背景只是该文物的衬托,保护建筑只能是衬托所要保护的文物,而不能喧宾夺主。当初梁思成先生对保护建筑提出的"有若无,实若虚,大智若愚"的设计准则[2],既是文物保护建筑设计的基本要求,也是设计师应该追

---

[1] Dickson, Michael and Dave Parker, *Sustainable Timber Design*. Routledge, 2014, pp.90-91.
[2] 我们的设计师多有这样的心态,唯恐自己设计的建筑不为人所关注,因而想方设法在建筑的造型和风格上彰显自己的个性,以至于他们将这种思维定式延伸到了文物保护建筑的设计中。明明就是一座文物的保护性的覆室,非要将其设计成一个具有(转下页)

求的境界。

2. 一处暴露在地表的文物，无论是遗址的建筑遗迹、独立的石质雕像或碑刻，还是在山岩内开凿的龛窟，在考虑采取文物本体以外的保护干预措施之前，需要综合分析文物的保护、展示和管理的需求，以及实现这些需求可能采取的不同技术路线，不宜贸然排除其他更适宜的保护和展示措施。设计者应该比较不同保护措施的优缺点，首先论证给某一文物营建保护性建筑的必要性，确有必要再考虑保护建筑的设计和建造。

3. 文物保护建筑的基本功能就是保护好建筑内的文物，在文物得到很好保护的前提下，再考虑不同展示措施各自的优劣，不能服从展示的功能而降低文物的保护要求。保护建筑内的空间有限，展示的对象应该是保护建筑内文物的本身，不宜赋予一座保护建筑过多的其他展示功能[1]（图32）。一处遗址或其他类型文物，通常只有局部被保护建筑覆罩展示，其他相关展示应在遗址和文物集中区外另辟展示场所。

4. 在开展文物的保护建筑设计前，需要仔细考察文物的历史、现状和问题，包括了文物出现前的环境景观、当时营建者的设计创意、文物本身及其景观的演变、当前文物状态及其环境状况，通过分析研究再确定文物保护的技术路线、需要开展的综合保护措施及其先后顺序。要预先确定保护建筑设计建造在系统保护措施中的位置和保护建筑建造前后的其他保护措施，不能顾此失彼。

5. 文物保护建筑的建筑材料，应该优先选择与传统木结构不同的钢结构材料，以区别于原有文物建筑的材料，并防止失火等次生灾害殃及文物。建筑的框架用材，宜兼用重钢和轻钢（或木材），即下部承重的柱梁采用重钢，上部不承重的枋椽采用轻钢（或木材）。屋盖材料宜筛选或开发具有隔热功能的钢瓦，并考

（接上页）雕塑效果的作品，用保护建筑的形态来标识所覆罩的文物，甚至将该遗址所出很小的可移动文物作为建筑外形意象。本来，文物保护建筑的最基本的功能要求就是遮阳蔽雨，屋顶要尽可能出檐深远，但为了象征山崖或突出雕塑效果，有的保护建筑取消了屋顶出檐，甚至将外墙也做成向外倾斜的模样。这样的文物保护建筑已经成为一种普遍的设计趋势，将简单的问题复杂化，不利于文物保护事业，需要提请文物保护界关注，并在文物保护建筑设计招标时就予以一定的制约。

[1] 四川广元市千佛崖保护大棚试验段本来体量宽大，内部空间高敞，设计者为了兼顾展示功能（这可能是甲方的要求），在内部用钢板加装了一个架空的是三维数字小展厅（实际并未启用），这个画蛇添足的设施使得本来宽敞的保护大棚的内部空间受到了挤压，严重影响了保护大棚的通视，反而影响了该区文物本体的展示效果。

图32 四川广元市千佛崖北区保护大棚试验段内景

虑兼用隔热和防紫外线的透明玻璃瓦件等材料。钢筋混凝土一类材料要尽量避免。

6. 文物保护建筑的结构选型，根据保护建筑的规模有不同选项。小型文物保护建筑应以拼装式作为首选，以仿木结构的构架式组装作为主要连接方式，以体现方便拆卸的"可逆性"原则。如立柱可以双槽钢合成以象征方柱，柱头横置稍大型号的槽钢作为"栌斗"兼"替木"等。多用卡槽，兼用螺栓，不用或少用焊接。大型文物保护建筑，如果采用拼装式就能达成保护意图时，也应尽量采取拼装式；如果需要采用整体式的，也要考虑到建造的易行和拆解的便捷，尽可能减少对文物本体的影响。

7. 文物保护建筑的风格，应该在确保文物安全的前提下，照顾所在区域文物和原有保护建筑的风格。无论采用当地传统建筑风格，还是采取外来的新建筑样式，都应保证保护建筑与文物及场域内其他建筑风格的协调性。切忌将保护建筑设计成雕塑作品，标新立异，喧宾夺主。

8. 综合考虑文物保护建筑全生命周期对所要保护文物本体的影响，尤其是在保护建筑的安装、拆卸、日常维护以及地震等突发情况下，保护建筑能够确保自身结构的稳定性,防止文物本体遭到次生破坏。

(二)遗址类保护建筑设计

1. 位于地表以下的遗址类文物,保护建筑的设计要特别关注遗址本身的环境状况。大多数土遗址在营建保护建筑后,由于地下水的作用,都会出现地面干裂、壁面崩塌、遗迹表面泛碱的现象。在设计建造遗址类文物的保护建筑时,既要关注隔绝地下水的问题,又要防止遗址失水后干裂剥落的问题。只有解决了这对矛盾,保护建筑才不至于出现使得遗址保存状况日渐劣化的问题。

2. 地下水位高的潮湿地区的古遗址,尤其是保留有较多木质构件等有机质文物的遗址,稳定的高水位是遗址中这些遗存保存的必要条件。保护建筑设计时就要考虑保持水位的稳定性,不宜贸然采取断水措施,否则保护建筑建成后会极大地改变遗址原有的潮湿环境,导致遗址中有机质文物暴露在空气中,很快脱水降解而损坏。可以考虑将遗址发掘区和展示区设计成一个室内水池,池中水位保持在淹没全部木构件的稳定高度,从而使这些遗址的木构能长久保存。

3. 遗址(尤其是潮湿地区的土遗址)在保护建筑建成后,由于得不到雨露的水分补充,地表水分的蒸发严重,除了带来土质地面和壁面开裂崩塌问题外,还会带来较严重的温室效应和凝结水问题,保护建筑设计时就应该考虑妥善解决的方案。除非能够使用比重大于水的填充材料逐渐置换掉土遗迹和木构件中的水分,否则保护建筑的设计就需要考虑将蒸发的水汽导出室外,防止水汽凝结在屋顶锈蚀钢构架,也防止凝结的水汽滴落地面,破坏遗址的表面(图33)。

4. 沙漠地区这类极度干燥地区的遗址,建筑木构往往能够长期保存。然而,暴露在沙土表面上的木构建筑遗迹及其构件,在炽热阳光的暴晒下和风沙的冲击下,也会扭曲变形并加速降解。这样的沙漠遗址发掘后如需外露展示,先要遏制风沙冲击并阻止流沙移动,防止发掘出来的建筑遗迹移位;然后再设计建造有一定抗风沙能力、体量仅比原建筑遗迹略大且外形与原建筑复原立面近似的钢结构拼装式保护建筑,覆罩在每座单体建筑遗迹上。

5. 已经被考古揭露的重要遗迹,通常只是历史上某个建筑群的构成要素,周围可能还散布着其他没有揭示的遗迹。保护建筑设计需有全局观念,不能仅着眼于设计任务书所指定的保护展示对象。不宜为遗址设计建造很深基础的保护建筑,否则有可能破坏地下未知的遗迹和文化堆积,并将保护展示的对象与周

图33 浙江余姚田螺山遗址保护建筑。上：保护建筑内的遗址状况；下：保护建筑外景。

围相关遗存隔离开来[1]。浅基础（如浮筏式）的轻型结构的建筑，是遗址类保护展示建筑的首选。

6. 古代遗址往往范围很大，考古发掘揭露的通常只是某个遗址的局部，未来的考古发掘可能会在已揭露区域附近有相关遗存的发现。遗址局部保护建筑

---

[1] 例如，四川成都市金沙村遗址馆在建设时，保护大棚的基坑就出土了最重要的黄金人面像、神头像的漆木柱和多种玉石器等重要文物，由于是施工出土，这些文物的关联信息有所损失。

的设计要兼顾遗址的整体格局,要考虑未来考古工作的增益。保护建筑的平面形态应以方形或长方形为宜,以便将来进行拼接或扩展。圆型、椭圆形、多角形或异形平面的遗址保护建筑,不利于未来的扩建,应该予以摒弃。

7. 遗址保护建筑的外形设计,既可选取所要保护建筑遗迹的复原形态,以便保护建筑可以形象地向公众指示该建筑遗迹的原先风貌;也可以选取完全不同于古代建筑的现代样式,以便能够清楚地区分何为考古发掘的文物,何为保护该文物所营建的新物。然而,那种以该遗址(或该文化)的典型文物的形态为蓝本,将可移动文物的体量极度放大作为保护建筑造型的设计创意,最不可取,需要避免。

(三)石刻等文物保护建筑设计

1. 独体类文物的保护建筑

(1)独体类文物的保护建筑在设计建造之前,首先要考察地下水的情况。如果地下水位较高,存在着地下水顺着石刻纹理上升蒸发的问题,就应在保护建筑的地基处理中加入防水设计和施工的内容,隔断地下水从石刻等文物下部蒸发的路径。独体类文物本体占地面积都不大,防水处理应该比较容易。

(2)独体类文物的保护建筑,如果环境条件允许,其建筑体量不妨略微大些。这既可彻底免除飘雨进入保护建筑内部地面,也可部分减免阳光斜照在文物本体上的时间和强度。建议在这类文物保护建筑设计时,要统一考虑保护建筑体量大小、出檐深远与室内文物本体围栏高度的相互作用,合理处理保护建筑体量问题。

(3)独体类文物的保护建筑,如不存在狂风或冻融问题[1],不宜采用四周檐墙围护的封闭设计。为了保证保护建筑内部的通风干燥,营造适宜的文物保存环境,只封堵后檐墙或四面都敞开,应是独体类文物的保护建筑的主要形态。为了减少直射入室内的阳光强度,需要在檐墙上采取围护措施。传统建筑样式的保护建筑,宜采取适当的窗棂;非传统建筑样式的保护建筑,百叶窗式的横向或纵向(视室内文物的纵横取相反的方向为宜)装板,是值得尝试的围护方式。

---

[1] 在营建保护建筑遮蔽了雨水并先行做防水隔断地下水的前提条件下,应该不存在着冻融问题。

（4）独体类文物的保护建筑，如果文物位于中国传统建筑群的环境中，其形式应采取与之协调的传统建筑风格的设计。但如果所要保护的文物很高，如丰碑、经幢等，保护建筑再采用传统建筑风格，不仅建筑本身会比例失调，还会改变该保护建筑所在区域的整体风貌。在这种情况下，应该考虑全新的建筑形式，有时候某种不协调反而是一种协调。

（5）具有对称关系的独体类文物群体，其保护建筑的设计必须考虑其整体配置和相互关系，以及当初这种对称关系的意义。作为标表大门或神道入口的相对文物，如石阙、石表、石（铜铁）人、石（铜铁）兽等，左右对称的石刻间有道路穿过，保护建筑需要照顾这种关系——如果给左右相对的文物分别设计营建保护建筑，不仅建筑的前侧面应该敞开，建筑相对面也应该敞开；如果给左右相对的文物设计营建一体化的保护建筑，不仅二者间要保持明确的道路界限，建筑本身也应该有某种"中间缺然为道"的意象。

2. 连山类文物的保护建筑

（1）连山类石刻的保护建筑设计和建设之前，需要查明拟建保护建筑的区段面临的岩体稳定性和地下水状况，确保石刻所在岩体的稳定，排除危岩的威胁，做好崖顶地面的排水、疏导、防渗工程，以及岩体地下的裂隙和渗水的拦截、封堵、引排工程。在未解决这些问题以前，不宜贸然在石刻所在山崖前设计和建设保护建筑。尤其是潮湿地区的摩崖石刻，在设计保护性建筑进行覆罩和遮蔽之前，需要仔细调查石刻所在崖顶和崖面的受水、排水和渗水状况，首先解决可能危及摩崖石刻的渗水问题。

（2）古人在崖壁开窟造像或书刻文字，或利用天然断崖的崖壁，或人工劈山开凿崖面。无论是自然还是人为的山崖壁面，都是具有岁月痕迹的既有之物，都在人们心中留下了永恒印象。任何试图改变这种印象，重新塑造山体和崖面形态的保护建筑设计意图，都应事先予以制止。那种模仿山体形态的肖形建筑，那种遮蔽古代龛像却又在保护建筑立面模仿古人龛窟另行辟窗的做法，实不足取（图34）。

（3）保护设计前应仔细观察崖面的人工痕迹，注意其间的打破关系、并列关系、组合关系，避免即将设计的保护建筑屏蔽或割裂这种关系。在关注崖面的同时，也要注意崖前地面的古代人工痕迹，避免新设计建造的保护建筑覆盖或破坏这些痕迹。摩崖石刻的建造当初或以后，有可能曾经兴建过窟檐或覆室一类保护建筑或景观建筑，在崖壁上、崖顶上和崖前地面上都可能留有那时建筑的柱

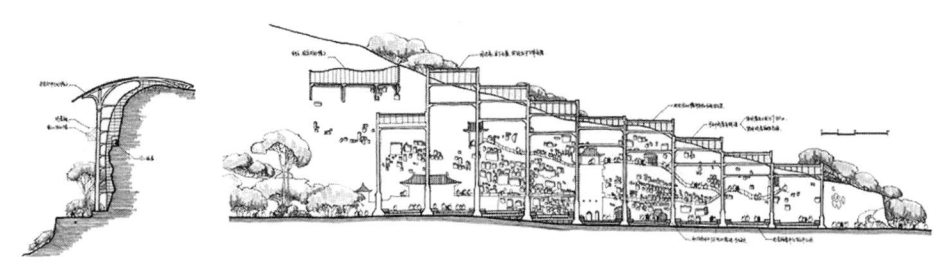

轴剖面图 1/300　　　　　　　　　立面图 1/300（遮挡物最小状态）

图34　四川广元市千佛崖两种保护建筑方案。上：天津大学建筑学院2008级本科生专题设计课指导教师李哲试做草图；下：清华大学建筑设计研究院的早期方案。

洞或枋孔。要注意保护这些历史的印迹，避免新设计建造的保护建筑在崖面上新增同类的孔洞，造成古今遗迹的混淆。

（4）古代摩崖石刻往往利用天然崖厦，在崖顶雕凿伸出的崖檐，并将摩崖造像的垂直形态改为外倾形态，以减少降雨和阳光对造像的影响；应该优先利用这些古代摩崖的保护设施，采用轻型无机材料修复受到风化侵蚀的崖檐，在可能的情况下适当加长崖檐，使之恢复并强化遮蔽功能。如果崖檐的出檐难以满足保护的要求（如高大石壁的摩崖石刻，过短的崖檐就难以遮蔽其下石刻使其免受日晒雨淋），需要设计依崖的窟檐式保护建筑，这类建筑承担遮蔽或覆盖功能的屋盖，也不宜与崖壁采取刚性的直接连接。应利用原有的崖檐或新构筑一道短披檐，将保护建筑的屋脊置于崖檐之下，与崖壁靠近但不接触[1]（图35左）。

（5）设计保护建筑不能增加摩崖造像所在石壁的负重。不宜在石刻所在崖

---

[1]　四川广元千佛崖北区的保护大棚试验段，属于钢结构依崖建筑，建筑屋顶内侧不与崖壁接触，而是放置于玻璃的披檐下，就是一个较好的例子。参见崔光海、安心默、马智刚、李京：《广元千佛崖摩崖造像保护建筑试验段工程，四川，中国》，《世界建筑》2017年第3期。

壁上开凿新的孔洞以承托梁枋,遮蔽或覆盖摩崖造像的建筑屋盖重量,主要应该通过立柱传递到崖前地面。宁可在龛窟前增加一排内柱,也好过将梁枋搭在或插在崖壁上。低矮石壁的摩崖石刻,可设计覆盖或部分覆盖崖顶的保护性建筑。部分覆盖崖顶的建筑,其屋盖须尽量向后延伸,将屋顶后部的重量转移至远离石刻所在崖壁,并防止后檐口的雨水流向石刻所在崖面(图35右)。

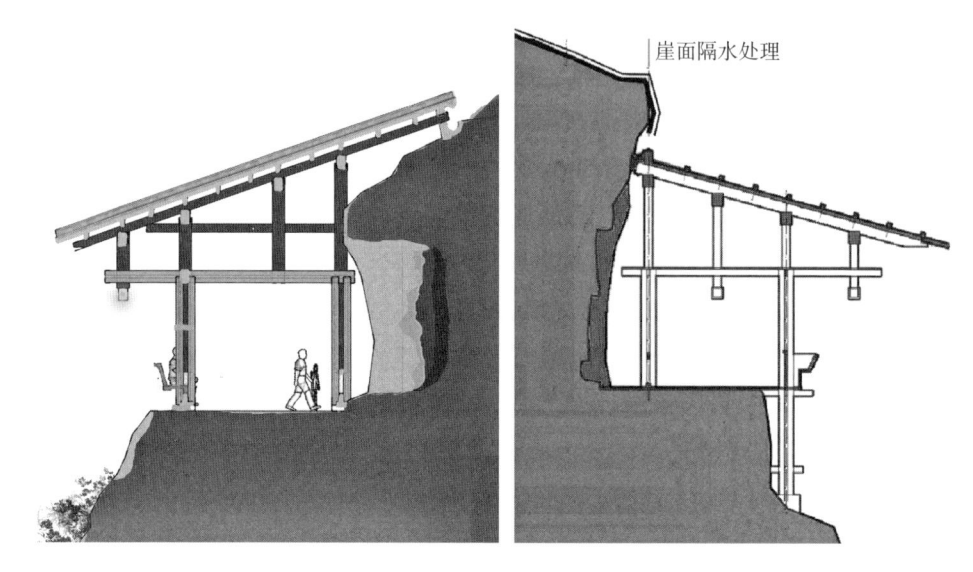

图35 摩崖石刻窟檐两种处理方式。左:屋盖覆罩崖顶;右:屋盖置于岩檐下。

(6)连山类石刻文物的保护建筑,其目的主要是覆罩并遮蔽其内石刻文物,防止雨雪和光照对龛像题刻的破坏。绝大多数摩崖石刻的崖前空间也都有限,不宜在保护建筑内增添其他与保护无关的设施。如果不存在风沙、冻融等病害威胁,这些保护建筑不宜采取封闭屋身三面的做法。尽量将保护建筑的立面敞开,不设围护的墙壁或只设稀疏的围栏,以保证石刻所在崖面的通风和干燥。

(7)连山类石刻往往前临江河或悬崖绝壁,地势局促,不便观瞻。在石刻得到充分保护的前提条件下,保护建筑设计还需要照顾观众参观或信众参拜的需求。尽量减少立柱和提高梁枋以免遮挡石刻,设置地面挑梁以扩展崖前观览空间,都是设计摩崖石刻保护建筑需要考虑的问题。

(8)摩崖石刻类型文物的保护建筑,宜采用顺崖修建整体性的长而高的廊庑形式,不宜采用只能覆罩一个龛窟或数个龛窟的小型窟檐。长廊型的保护建筑避免了小而短的窟檐带来的窟檐间的相互干扰；高敞的厅轩更使得室内空气流通，干燥明亮，可以有效地抑制霉菌的滋生。

（9）连山类石刻保护建筑的外形，无论是采用当地传统建筑式样，还是采取外来新型建筑式样，都属于保护的覆室类建筑，不是新营造石窟或崖墓，不宜将外形设计成石窟寺的洞窟外形或崖墓的洞穴外形。那种试图在摩崖龛像外新建的保护建筑外壁开辟象征龛窟或岩洞形态的门窗，以昭示这座建筑的象征对象的设计，都应该予以否定。

最后需要建议的是，为了降低文物保护建筑的材料和施工成本，提高保护建筑材料的再利用率，应该开展包括遗址考古发掘现场、独体类文物和连山类摩崖石刻类保护建筑的模块化研究。根据保护对象的体量大小，设计几种尺度的钢结构（辅之以少许木结构）构件模块和几种形式的屋面面板模块，然后通过试验实践和比对考察，逐渐推广。

第四章 文化遗产管理研究

在我国当前文物保护中,强调的是"保护为主、抢救第一、合理利用、加强管理"的十六字方针。这个方针已经被写入2002年修改后的《中华人民共和国文物保护法》(第四条)。所谓"保护为主"就是要把文物保护作为整个文物工作的中心任务;"抢救第一"就是要把抢救文物放在首要位置;"合理利用"强调的是要在确保文物安全和永久保存的前提下,正确发挥文物在经济和社会发展中的重要作用;"加强管理"则是实现文物有效保护和合理利用的基本保障。"文物"的范围小于"遗产",也小于"文化遗产",文物管理与文化遗产管理的方法也不尽相同,但与文物管理在整个文化遗产保护与利用中的作用相同,遗产管理同样是实现遗产有效保护和合理利用的基本保障。

第一节 文化遗产的法规建设

物质文化遗产即文物作为人类的共同遗产,是一种可以利用的宝贵资源。文物不同的利益相关者,他们对文物的价值有不同的认知,对如何发挥这些文物的当代作用采取的做法也就有所不同。有些人看重文物的历史、艺术、科学价值,他们就会注重保护这些文物,并利用这些文物作为展示和教育的重要对象,以达到唤起人们怀旧情感、家国情怀和创意联想等目的;有些人看重文物的经济价值,因而他们会想方设法利用这些文物来发展旅游,引导人们来观看这些文物,并通过人们在文物所在地的消费来促进地方和企业的经济发展;还有些人并不注重文物本身,他们注重的是文物所在空间或载体的价值(如区位和土地的价值),因而他们不惜破坏文物以达到利用文物的关联资源为自己带来更大的经济利益的目的。由于人们对文物价值的看法有差别,使用文物要达成的目的有不同,就必然会产生保护与利用的矛盾。要实现对文物的有效保护和合理利用,必须要有外在于文物使用者的强制性法规以及保障法规执行的有效机制,并且这些相关法规间还要有合理的关联度,才能做到文物保护有法可依,执法有人,司法有据。

我国文物保护的法规建设,经过70年的不懈努力,尤其是经过改革开放40多年的迅速推进,已经基本形成了从国家宪法到部门法规的法规体系,建立了从国家到基层各级文物保管机构的执法体系,大多数文物已经得到了良好的保护和管理。不过,由于不同法规在文物保护领域还存在一些疏漏,国家、集体与个人之间的权益还存在某些冲突,我国在某些类型文物的保护上,或在文物保护管理的某些环节上,目前都还有这样或那样不尽如人意的问题,值得予以关注,应该通过研讨并结合保护管理实践逐步予以解决。

一、文化遗产的管理问题

我国文化遗产的保护,尤其是开始较早的物质文化遗产即文物的保护工作,通过国家和各级文物行政管理部门和文物保护业务机构的共同努力,已经取得了很大成果。不过,在迄今为止的文化遗产保护实践中,还是存在着不少问题,这些问题如果追根溯源,多数都与法规、政策和相关机制有关。这些问题主要体现在以下几个方面:

(1)古遗址的保护和管理难度日益增大,快速发展的城镇占压遗址,不断扩大的乡村建设蚕食遗址,新的农业生产模式(如在遗址上建设温室大棚、挖掘养鱼水池、挖坑种植果树等)破坏遗址,这些现象日益严重。即便是全国重点文物保护单位或世界文化遗产的遗址,如果遗址范围内有乡村聚落和集体土地,文物行政管理机构依照《中华人民共和国文物保护法》对遗址实施有效管控也越来越难。例如,安阳殷墟是第一批全国重点文物保护单位和世界文化遗产,有遗址所在安阳市和河南省人民政府以及国家文物行政部门的保护责任,有国家加入《保护世界文化与自然遗产公约》后对国际的保护和管理承诺,然而殷墟遗址的保护范围却不断缩小,整个东西大道以南的遗址区域已经变成了城市建成区,就连遗址的核心区殷王室宫殿宗庙所在小屯村一带,也曾存在因小屯村要兴建新的村民住宅区,安阳市文物行政管理部门和市人民政府都制止困难的问题[1]。为

---

[1]《殷墟遗址发掘遭遇经济建设与文物保护矛盾》,《三联生活周刊》2006年7月27日;《安阳殷墟内村民建房被指"破坏文物",村民感委屈》,人民网,2014年2月28日;中国文化传媒网2014-3-24关于殷墟保护的漫画。

何作为国家重点保护、有专项地方法规和保护管理规划的重要古遗址,都会出现这样的保护管理问题呢?

（2）古墓葬被盗现象屡禁不止,许多重要的古墓地和墓葬,都在现当代遭到严重的盗掘和破坏。盗墓问题自古有之,但多发生在社会动乱之际。自从中华人民共和国成立以后,盗墓现象曾一度销声匿迹。盗墓现象的出现是在20世纪80年代后期,之后一段时间曾相当严重,许多被列入各级文物保护单位,甚至是全国重点文物保护单位古墓地、古墓葬和近代名人墓葬,遭到连续多次的严重盗掘,有的墓地和墓葬甚至被破坏殆尽。山西晋南地区是盗墓活动猖獗的一个地区,侯马市的盗墓团伙头目侯林山和郭秉霖,两人以组织盗墓和倒卖出土文物起家,从而聚集了大量财富,号称"侯百万""郭千万"。20世纪90年代中,"侯百万"和"郭千万"盗墓团伙覆灭后,随之又起的是闻喜县的侯氏兄弟盗墓团伙,他们在当地公安局部分领导干部包庇下盗墓,著名的闻喜上马墓地、邱家庄墓地等被他们盗掘一空,2018年以该犯罪团伙为主的盗墓团伙在山西省的"扫黑除恶"中被打掉,新闻界用"扫黑扫回一座博物馆"为题来描述收缴文物之丰富[1]。我国有《文物保护法》,《刑法》中也有打击盗墓的条款,并不断有盗墓者被绳之以法,为何盗墓之风会屡禁不止呢?

（3）古建筑不当修缮的问题也比较严重,保护性的伤害日益显现。在国民经济困难的年代,我国建筑遗产的保护比较注重少干预的原则,国家文物行政主管部门当时提出了维持古建筑"不塌不漏"的方针。我国的国民经济从20世纪90年代迅速腾飞,建筑遗产的保护日益受到国家和各级政府的重视,国家财政和地方财政投入的古建筑保护经费也越来越多,许多重要古建筑已经得到全面修缮和环境整治。不过,目前的古建筑保护修缮工程,又存在着文物本体修缮过度的问题:有的古代建筑前些年才进行过大修工程,还没过一代人的时间,又开始了新一轮的大修工程;有的古代建筑按照"最少干预原则",本来只应该修补构件局部,最后却将整个构件以新换旧,从而影响了文物的真实性;有的古代建筑只是局部出现危害,可以采取抽换构件或局部修缮的工程类型,却采用了整体落架大修的工程类型,从而造成了修缮性破坏。凡此种种,除了对木构建筑保护理念有不同认识,文物保护工程造价偏低等原因外,是否还有其他原因?

---

[1] 史兆琨、张哲:《我们如何解救国宝?"扫黑"竟扫出了一个博物馆》,《检察日报》2019年1月11日。

第四章　文化遗产管理研究

（4）线状遗产（或线性遗产）的保护和管理状况堪忧。线状或线性遗产指古代道路、运河、长城等跨越较远地理空间的起沟通或分隔作用的古代工程遗存。这些古代国家的大型工程，尤其是古代水陆官道系统，包括了路桥本身和沿途邮驿递铺，原本是维系古代中国国家治权和国家统一的纽带，历代中央王朝和地方政府都要进行有效管理和维护，属于古代国家拥有和管理的资产。当现代公路建设以后，这些古代国家道路停止使用，成为线状或线性的遗产，有的延伸到境外的国际道路还因成为跨文化的文化线路受到世界关注。然而，在人口密集、经济繁荣和交通发达的平原地区，古代道路因为弯度和坡度较小，近现代以来的公路建设基本上是在这些古道的基础上加宽并改铺路面，现在几乎消失殆尽。在人口较少的偏僻山区，因为古道的弯度和坡度不符合现代公路的要求，因而还保留了一些古代道路遗迹，不过这些古道有的也被农民开田随意挖掉，有的被拓宽硬化路面作为乡村公路，有的已经湮没在灌木荆棘之中，古代的要道现在已经支离破碎，难以贯通。即便是已经被列入全国重点文物保护单位和中国世界文化遗产预备名单的"古蜀道（广元段）"，得到有效保护的也只有少数路段。如何才能使线状或线性遗产得到有效的保护和管控，不至于像现在这样被分解得支离破碎呢？

（5）我国的传统村落，尤其是仍然有村民生息的"活"态的传统村落，如何协调其保护与发展的矛盾，目前似乎还没有什么好的解决办法。传统村落曾经是我国最普遍的文化遗产，因而也最不为人所重，一度成为文物、文化、住建、土地、农业诸行政主管部门交叉管理的边缘地带，成片的传统村落在乡村现代发展过程中已经消失，现在还保存较多传统村落的区域一般是经济欠发达的南方山区。由于传统村落是我国文化多样性的最重要的载体，是非物质文化遗产赖以存在和延续的主要文化空间，在当代城市化和全球化的背景下，保护传统村落有利于培养家国情怀，因而国家近年来非常重视传统村落的保护，列出了专门的传统村落保护经费，除了已经公布的169个中国历史文化名村外，还推选出了6 819个传统村落列入《中国传统村落名录》，如安徽徽州、福建闽南、广东开平的典型传统村落；云南元阳哈尼族村寨和普洱景迈山傣族和布朗族村寨，也分别以"元阳梯田"和"景迈山古茶园"的名义列入了《世界遗产名录》；另在《中国世界文化遗产预备名单》中也还有"侗族村寨""苗族村寨""藏羌碉楼及村寨"等系列传统村落。尽管现在已经非常注重传统村落的保护，但这些受到保护的传统村落却仍在快速变异甚至逐渐消失，其中也包括了部分被列入历史文化名村、中国世界文化遗产预备名单以及有全国重点文物保护单位的传统村落，其问题的症结是什么呢？

（6）我国文物的保护管理存在着重视保护修缮工程，而对日常管理维护却不重视的现象。许多重要的古建筑、古墓葬、石窟寺等不可移动文物，大修工程才完成不久，就出现墙角泛碱剥蚀，柱梁油漆脱落，房顶瓦沟长草，雕塑尘垢累积，窟顶灌木丛生，石刻苔藓覆盖等问题。我国的北京故宫是首批全国重点文物保护单位和世界文化遗产，早在民国年间就成立了保护管理机构，20世纪50年代后期，故宫博物院保护管理人员数量就在千人以上，按理说其管理工作应该成为全国的表率。不过21世纪初笔者在故宫博物院参观，在故宫三大殿侧面的台基上却看到已经长得很高的茅草（芦苇），没有管理人员及时拔除。故宫都会出现这种管理上的问题，其他一些文物保护层级较低、管理人员较少的文物保护单位，文物的面貌更长期呈现亚健康状态，这与我国的近邻日本、韩国等国家文物保存状态形成鲜明的对比。例如，我们大多数文物建筑墙体和梁架上的灰尘长期无人打扫，室内雕塑灰尘层层相因，已经形成了难以去除的积垢。基层文物保护管理部门不是经常性地清除这些灰层，而是寄希望于问题积累到了一定程度后，再通过申请文物保护工程来清洗这些文物上的覆尘和积垢；工程完成后又再次开始逐渐积累灰尘的过程，直到下一次保护工程予以清洗。日本京都莲华王院正殿三十三间堂，殿内除本尊和二十八部众的木雕像外，本尊两侧对称排列着各500尊共1 000尊观音木雕像，这些观音像排列得十分密集，人都难以从雕像之间钻过，但这些雕像及地面却非常整洁，一尘不染。这除了中日两国文化传统的不同外，有无保护管理机制上的问题呢？

（7）我国不可移动文物的保护以文物保护单位为基本保护单元，形成了国家级、省市自治区、区县三级文物保护体系。从第一批全国重点文物保护单位起，文物保护单位的责任主体是文物所在地的县区政府，其次是公布文物保护单位的省市自治区政府，最后才是中央文物行政主管部门。这种不可移动文物的属地管理原则，有利于强化地方政府的文物保护职责和权益，调动地方保护文物的积极性。不过，也正是由于这样的制度设计，中央文物行政主管部门在文物保护单位的保护和管理经费投入上，只负责占比较小的文物本体保护、管理设施工程和环境整治等经费，而地方政府则要负责占比较大的文物保护单位涉及的土地权益调整、基础设施建设、日常维护等经费。由于地方财政对文物和文化遗产保护的投入能力往往有限，各地的地方财政状况又差异颇大，经济欠发达地区的地方政府要么觉得文物保护单位是负担,要么认为有必要利用某些文物保护单位赚取眼下的经济利益,从而使得许多重要的文物古迹(如全国重点文物保护单位、国家级风景名胜区等),包括它们所依托的名山大川所在地的地方政府可以做主将其管理权、经营权和收益权转卖或委托给地方企业、民营企业或宗教社团,这是否符合我国的基本制度?出现这些现象的深层次原因又是什么?

诸如此类问题,既不是文化遗产保护的理论和理念问题,也不是纯粹的保护方法和技术问题,而主要是与文化遗产保护相关的法规、政策和管理机制问题。这些问题不解决,将会制约我国包括文物在内的文化遗产保护事业的发展。

二、存在问题的原因分析

我国的文物保护法规体系,有国家法律、行政规章、地方法规和行业规范四个层面。从1961年国务院颁布《文物保护管理条例》以来,通过文物保护法规建设、文博机构和机制的构建、保护和管理制度的完善、文物保护经费投入的增加等一系列举措,文物保护事业已经取得了飞速发展。20世纪60年代我国就公布了第一批全国重点文物保护单位,确立了以文物保护单位的形式保护和管理不可移动文物的机制。1982年颁布实施了《文物保护法》后,国务院和有关部门、地方政府也都制定了一系列配套法规,基本形成了中国文物保护法律法规体系。2002年颁布了修订后的新《文物保护法》,确定了文物保护单位、历史文化街区(村、镇)、历史文化名城三个保护层次。截至2019年公布第8批全国重点文物保护单位,我国共公布了5 057处(其中第6批1 080处、第7批1 943处,第8批765处)。自1982年以来,截至2022年,我国已经公布了国家历史文化名城140个(三批,包括增补),中国历史文化名镇181个,中国历史文化名村169个(共六批)。再加上列入《中国传统村落名录》的6 819个传统村落,以及各省市自治区、地市州、区县级文物保护单位,我国不可移动物质文化遗产已经基本纳入了国家及各级政府的保护范畴中。至于可移动物质文化遗产,国家法律规定了地下出土文物属于国家,并通过规范文物市场和各层文物保管机构持续的征集,考古科研机构调查发掘品的规范管理和精品移交,以及大规模的各级博物馆的建设,可移动文物得到了妥善地保护、收藏和展示利用。由此看来,我国的文物保护法规制度建设体系应该是相当完备的,但却仍然存在着前述一些保护和管理上的问题,其症结又在哪里呢?

关于我国文化遗产保护的上述问题,体现在与文物保护相关的法规规章上,体现在不同保护主体与文物的关系上,也体现在不同文物的类型特征上。导致这些问题的原因,可以从不同角度进行分析和归纳。

(1) 从文物的所有权属来看,我国现行的两种土地公有制和多种土地占有或使用形式,使得依附于土地的文物权益交错,给文物的保护管理带来困难。

文物属于人类创造遗留下来的一种文化资源,这种资源与现今人们的生产和生活也息息相关,有些人们还要利用某些文物资源进行种植、居住、工作和宗教活动,还有人希望用文物来赚取经济利益。理想中作为全人类共有财产的文物,或主权国家全民共有的文物,其所有权应当属于代表国家疆域范围内的全体人民的国家所有,不应该归属于某些利益集团或个人。我国的《宪法》有"国家保护名胜古迹、珍贵文物和其他重要历史文化遗产"(第22条)的条款;我国的《物权法》也有"法律规定属于国家所有的文物,属于国家所有"(总则第二编第五章第五十一条)的条款。而《文物保护法》有明确规定,"中华人民共和国境内地下、内水和领海中遗存的一切文物,属于国家所有";"古文化遗址、古墓葬、石窟寺属于国家所有。国家指定保护的纪念建筑物、古建筑、石刻、壁画、近代、现代代表性建筑等不可移动文物,除国家另有规定的以外,属于国家所有"(第五条)。被国家各级政府指定的文物保护单位和登录认定的不可移动文物,应该都属于国家所有的财产。尽管"不动产物权的设立、变更、转让和消灭,经依法登记,发生效力;未经登记,不发生效力,但法律另有规定的除外",比照《物权法》第九条"依法属于国家所有的自然资源,所有权可以不登记"的规定,依法属于国家的文物,即便没有登记,国家对这些文物也拥有所有权。

不过,在现实世界中,我国的文物所有权却只有一部分真正掌控在国家权力机构手中。相当一部分文物,所有权属于某个或某几个集体,有的还属于某些个人。可能正是由于文物权属的复杂性,我国《宪法》规定了"矿藏、水流、森林、山岭、草原、荒地、滩涂等自然资源,都属于国家所有,即全民所有;由法律规定属于集体所有的森林和山岭、草原、荒地、滩涂除外"(第9条),却没有规定文物都属于国家所有,因为文物具有权属上的多样性和复杂性。那些权属关系不那么明确的文物,主要有这样几类:

一是城镇国有土地和农村集体所有土地上的私人老住宅,以及地面以下埋藏的遗址。私人老宅按照《物权法》"私人对其合法的收入、房屋……等不动产和动产享有所有权",这个所有权不仅有使用权,还有处置和收益权。集体所有的土地,经过不断的农村改革措施,就连集体所有权也已经虚化,实际已经成为村集体成员个人的资产,位于名义上集体所有资产土地之下的国家所有的遗址等文物,国家文物行政管理部门在代表国家行使管理权的时候,就受到了集体所有和个人拥有土地的区隔。这些在集体所有制土地下的遗址,土地上的老宅,哪些出土物属于国家所有的文物,哪些老宅属于具有国家文物属性的建筑,也都还需要进行鉴定和界定。

二是在国家和集体土地上的那些由宗教社团办理了不动产权登记的某些古代寺庙,其产权属于"社会所有"[1]。社会所有本来是马克思主义所说的高于国家所有的所有制形式,这里的"社会所有"显然不同于马克思所说的社会所有制。按照马恩的经典论述,无论是公有制还是国有制,都不是社会主义所有制特有的特征。"社会所有还不能等同于社会主义公有制";"应该说社会主义所有制是公有制中的一种。把一般的公有制和特殊的公有制——社会主义公有制视作同义语,严格说来是不符合形式逻辑要求的"[2]。"国家所有制并不是社会主义所有制的本质特征,只是从私有制向社会所有制过渡的一种形式",私有制、国家所有制、社会所有制,这是马克思主义认为的所有制发展的三个阶段[3]。把宗教社团办理了产权证的寺庙称之为"社会所有",肯定是不恰当的。事实上,国家宗教管理部门将寺庙等国家所有的宗教场所通过办理产权证的形式交由宗教社团使用,所给予的权益只是使用权、收益权、管理权和传播权,并不是所有权。"社会所有"的不当概念模糊了寺庙的权属关系。

三是通过乡村集体所有土地,原本属于国家所有但废弃后产权变得模糊的古代道路,从古代遗址沿用到被现代公路取代以后,由于没有国家机构再申明所有权,这些道路及道路下土地的产权就变得模糊起来,以至于被两侧是村集体土地包围的村集体理所当然地认为是自己所有,而村集体成员也就理所当然地

---

[1] 寺观等宗教活动场所的不动产,我国实行的是"社会所有"政策,而"社会所有"不属于《物权法》规定的任何权属类型,宗教界应该只有使用权没有所有权。但是,一些地方也正是因为"社会所有"的模糊性,制定了地方性的政策将某些宗教活动场所的所有权交给了宗教社团。
[2] 于光远:《关于"社会所有制"》,《学术月刊》1994年第2期。
[3] 何伟:《对社会所有制的探索》,《学术月刊》1994年第4期。

将自己承包地旁的这些道路当作自己可以占有的土地[1]。按照相关法律的规定,"国有不可移动文物的所有权不因其所依附的土地所有权或者使用权的改变而改变",但私人产权和所谓"社会产权"的文物"依法属于国家所有的自然资源,所有权可以不登记"。因此,那些还没有列入国家文物保护单位的古代道路等文化遗产,因国家文物主管部门和相关部门(如国土、交通、林草等)还没有声明其属于国家财产,其权益关系还不明确。

(2)从文化遗产保护主体来看,遗产的权益主体和保护主体的认定存在着一些误区,权责存在模糊地带。

我们常说"人人都是文化遗产的主人"(2013年"文化遗产日"主题),从人(人类)这个主体与遗产这个客体的关系来看,这种表述自然是恰当的;但有些学者却要从"人民群众是文化遗产的创造者,因而也就是文化遗产的主人"这个逻辑关系,来论证"人民是文化遗产的主人"这一命题,这就不怎么恰当了。因为如果按照这个论证逻辑,文化遗产是人类创造的产物,其创造者可以归结为"人民";自然遗产是地球演进的产物,其创造者就不可再归结为"人民",其权益主体就不会是"人民"了。即使就文化遗产来说,文化遗产的创造者并非现在拥有或使用这些遗产的人们,而是他们可知或未知的先辈,先前的创造者与现在的拥有者和使用者往往不能建立必然的传承关联。由此就会衍生出文化遗产权的问题,也就是遗产的创造权与继承权、私权与公权等一系列法学的问题。王云霞认为,"文化遗产权是特定主体对其文化遗产的享用、传承与发展的权利。享用是主体对文化遗产的接触、欣赏、占有、使用以及有限的处分权利,传承是主体对文化遗产的学习、研究、传播的权利,发展则是主体对文化遗产的演绎、创新、改造等权利"[2]。看来,遗产的主体问题远非简单,需要加以讨论。

就主体对遗产价值的认知和保护伦理来说,遗产是否具有价值、遗产的重要程度,以及遗产的结构要素及其排序,这些都需要我们"人"这个主体来进行认知、判断和评估。人不仅具有生物属性,还具有社会属性,不同的人分属于不

---

[1] 在现代高速公路和快速高等级公路建成使用后,那些被废弃的老国家公路和地方公路的权属也不明确,有地方出现了集体或个人对废弃国家和地方公路进行占用的现象,因而有国土资源的管理者提出了明确废弃公路的权属,加强废弃公路的管理,根据实际情况将其利用起来的建议。参看郭隆卫、谢飞:《加强废弃公路的管理开发》,《交通世界》2005年第7期。

[2] 王云霞:《论文化遗产权》,《中国人民大学学报》2011年第2期。

同的社群、族群、国家和阶层,除了个体认知差异外,不同的群体对自己的遗产、别人的遗产,以及"全人类共有"的遗产的价值认知肯定会有所不同。正因为如此,联合国教科文组织(UNESCO)才促成了《保护生物的多样性与文化的多样性公约》的签署,也才有反映东亚文化遗产价值诉求的《奈良真实性文件》的出台。由于存在着从个人到社群、国家甚至全人类/国际的遗产权益主体和保护主体,不同主体对遗产保护的态度也就不会相同。由谁来决定某个自然之物或人为之物是遗产?这个遗产应该是个人、社群还是国家所有?是否该对这些遗产采取保护行动或如何采取保护行动?遗产保护的责任主体应该如何确定?如此等等,不少方面都涉及了遗产保护伦理问题。那些自古以来就具有公共属性的遗产,如无人生息的山林川泽、四处游走的鸟兽虫鱼、皇家官府的宫殿衙署、大众供奉的寺观祠庙等,如果属于过去无主之物,或属于稀有之物,不能任由个人随意索取,它们自然地会被个人和群体视为国家政府所有且负有保护责任的对象;然而,那些原先就属于个人或某个社群所有,有些还世代传承的文化遗产,如至今仍在使用历史城镇、传统村落中民居建筑、某些教团信徒一直延续的宗教寺庙,包括一些非物质文化遗产的文化空间,国家各级政府的责任与个人、社群和社区的权利与义务就区分得不那么明确。诚然,对于"文化景观""文化空间"和非物质文化遗产,我们在确认权益主体和保护主体时需要充分考虑个人、社群和社区的诉求和作用,不能强行将历史街区和传统村落的居民迁出以保护这些遗产,也不宜将集体权益的非物质文化事项通过指定传承人的形式,越俎代庖替相关社群作出决定;但是,这些类型的文化遗产一旦经过学术界的价值认定,被国家或地区政府列为具有文物价值的老屋、传统村落、历史城镇、古代寺庙或非物质文化遗产,有的甚至被列为具有区域、民族、国家代表性的文化遗产以后[1],作为这些文化遗产中的构成单元,也就是传统村落每家每户的村民、历史城镇每座老宅的居民、使用寺庙古迹中的住持僧侣等,他们保护自己文化遗产的相应责任和义务却不明确,也缺乏在出现损毁自己使用的这些文物及其环境后的处罚依据,使得不少这类文化遗产在建设性破坏后,责任人得不到应有的处理(包括刑事、行政和经济处分),从而导致连锁反应,甚至造成整个遗产群体风貌的改变。

遗产权益主体既然存在着从个体转化为群体,从直接权益扩展到间接权益的现象,遗产保护的主体也就存在着个体和群体的分别。小的群体是一个社区,

---

[1] 如被列为中国世界文化遗产预备名单的"侗族村寨""苗族村寨""藏羌碉楼与村寨"等。

大的群体是国家,甚至全人类的"促成国际合作,以解决国际间属于经济、社会、文化及人类福利性质之国际问题,且不分种族、性别、语言或宗教,增进并激励对于全体人类之人权及基本自由之尊重"的联合国。由于遗产权益主体日益复杂化和广泛化,当某个自然之物或人为之物被视为遗产以后,遗产的直接拥有者或使用者就不能仅仅根据已意来对遗产进行处置,他们需要考虑相关群体的权益诉求,不同的个体、不同的群体,他们的诉求会有不同,只有国家各级政府才能协调不同个人和群体间的权益诉求,遗产保护的责任主体以政府为主体,就成为不以人们意志为转移的客观事实。政府实际上是人们自愿放弃各自独立行使自然法的部分权力,将其中是非标准、判断和惩罚的权力交由他们中间被推举或指定的人来专门行使的一种公共行政权力机构[1]。正由于各级政府在遗产保护方面负有最重要的责任,因而在申报世界遗产时,不仅需要有遗产利益相关方的意愿表达,还需要有遗产所在地政府保护管理好遗产的意愿表达,以及作为最高一级政府国家对保护好遗产的承诺。当某些国家一级政府因某些原因不能保护好他们国家的重要遗产时,还要有国际的公约来推进遗产保护的国际合作。联合国教科文组织《保护世界文化和自然遗产公约》在阐述公约成立的理由时就这样说,"考虑到国家一级保护这类遗产的工作往往不很完善,原因在于这项工作需要大量投入,而列为保护对象的财产的所在国却不具备充足的经济、科学和技术力量",因而需要联合国这样的组织通过公约来协调会员国的遗产保护援助行动。

(3)从文物不同类型所面临的不同保护和管理问题来看,不同的问题往往与不同类型文物的所有权和用益物权相关,具有相对的复杂性。

古建筑和近代纪念性建筑、石窟寺及石刻,以及古墓葬中的一部分,这些文物如果被列入各级文物保护单位受到国家保护后,因文物本体占地范围较小,地面文物资产及其依托的土地资源的所有权都属国家所有,文物所在属地的市区县级政府代表国家使用和管理这些文物,其保护管理本来应该相对简单;只是这些文物保护单位的用益物权人属于地方的文物行政主管部门,有些文物的用益物权人则是地方的其他行政管理部门、国有企业甚至民营企业,因而就产生了一些相关问题。这类问题主要体现在两方面:① 由于不可移动文物的各级文物保护单位,其制度设计都是以文物所在区县为第一责任人的属地保管原则,区县

---

[1] 参看[英]洛克著,叶启芳、瞿菊农译:《政府论》,商务印书馆,2009年。

地方政府代替国家行使文物所有权的相关权益(尤其是处置权),从而使得无论国家级、省市自治区级还是区县级的文物保护单位,区县地方政府都有权力调整变更文物的用益物权即文物的占有、使用和收益的权利,使得原先本来由区县文物保护管理部门管理的文物,被处置给国营企业或民营企业即私人。企业追求的是利益最大化,其管理和经营措施往往不是从保护文物出发,从而使文物处在亚健康状态,文物所在环境景观改变很大。② 原先即为地方行政事业机构、国有企业、民营企业、宗教社团和个人占用或所有的文物保护单位和一般文物,使用者和所有者的权益和义务规定不够明确,内部改造、周边新建、景观改造等,方案审批、施工监督、完工验收、违规惩处等,还缺乏相应的规定或细则。在这之中,宗教社团占用的寺庙堂观问题尤其突出,有些古代僧道努力营造的宗教环境和文化氛围,在当代某些自诩为当地名僧名道的主持下[1],已经修建得面目全非,惨不忍睹。

　　古遗址、古墓地、古代道路、传统村落(村落是兼具物质和非物质文化要素的复合文化遗产)等,这些文物或文化遗产的本体和载体都涉及范围较大的土地资源。这些土地资源的所有权全部或绝大多数属于村社集体所有,而用益物权人却属于村社集体的以家庭为单位的成员,文物为国家所有并由国家文物行政主管部门进行管理,但与文物密不可分的土地所有权和用益物权都没有掌握在国家的各级政府手中。所有的文化遗产和自然遗产,都附着于国有的或集体所有的土地上,土地是文物难以分割的载体甚至本体。就如同土地之于个人来说是安身立命的根本一样,土地对于古遗址、古墓葬、传统村落、线状遗产等,都是文物得以存在的根本。尤其是对于大空间、长距离的面状或线状文化的遗产权属,国家关于权属的声明和表达如果不够明确,遗产所在地的人们可能就觉得这是自家的土地和道路,自己可以随意处置。文物保护(乃至于自然遗产的保护)如果不关注、研究和解决遗产地土地问题,以及与之相关的权益问题,保护与土地相关的文物就会遇到极大的障碍。我国的土地制度是社会主义公有制,但包括了全民和集体两种形式,后者是不完全的小公有制形态,并且公有制的基础正在不断遭到削弱和破坏。国家行政管理部门实施与土地相关的文物及其他类型遗产的保护,需要拥有文物及其他资源所在土地的权益,包括所有权,以及

---

[1] 实际上这些僧道既无传统文化修养,也无起码的审美意识,与那些用大红大绿油漆给古代造像妆彩的乡村老妇的审美意识相差不多。

由所有权带来的使用权、处置权和收益权等,并根据文物等的保护级别,将这些权益置于相应的管理机构进行管理。否则,就会发生权益的混淆和管理的混乱。我国现存的文物及其他遗产资源管理混乱的问题,很大的程度上是土地权属和管理权益不够明晰造成的。

(4)从文物保护单位的管理机制的权责安排来看,现在的文物保护单位央地政府权责和资金分担尚存在不尽合理之处。

我国不可移动文物采用的是文物保护单位制度,保护管理实行文物所在地属地管理原则,属地又以区县为基础。因此无论是国家级、省市自治区级还是区县级的文物保护单位,区县都是第一责任人,省市自治区是第二责任人,代表国家的中央文物行政主管部门是第三责任人。因而在文物保护单位的保护管理经费上,即使是国家重点文物保护单位,中央财政也只负责文物保护的财政补助,即只负责资金量较小的文物本体保护修缮和环境整治工程的经费,不承担文物的土地流转、相关基础设施建设、日常维护和保护管理机构运行的费用。保护管理机构的运行、日常维护、土地征收流转和文物保护范围内的基础建设费用都属于文物所在地的区县地方财政承担。责任和投入都主要在基层区县地方政府,省市自治区和中央文物行政管理部门只有有限的责任和比例较小的资金投入。责任和投入都较少,在文物保护管理上的影响力相应也就会较小,因而区县地方政府屡屡出现将国家级全国重点文物保护单位的管理权、使用权和收益权处置给国营企业、民营企业和宗教社团的现象,这就不奇怪了。只有承担相应的责任,才能拥有相应的权益,国家中央财政的文物保护和管理资金,如果不将保护区土地征收资金纳入,将占比最大的资金投入项目推给区县地方政府,财政困难的区县地方政府自然难以实现重要文物土地用地的征购流转,尤其是大型遗址土地的征购流转,长此以往,一些重要大型遗址逐步被蚕食占压,就成为不可避免的问题。

(5)从不可移动物质文化遗产的日常维护与保护工程的关系来看,我国现阶段的文物保护管理长期存在重工程、轻维护的问题,不少文物缺乏应有的保养,小问题日积月累成为大问题后才启动修缮工程。究其原因,既有建筑文化传统的问题,也有文物保管单位不作为的问题,更主要的是缺乏日常养护经费和日常维护要求的问题。地方文物保护管理机构,由于地方财政本来紧张,通常缺乏应有的日常维护经费支持,即便日常维护看似所需经费不多,但捡瓦补漏、填灰髹漆、登高除草等作业,也需要聘请专门的技术工人,有些地方还需要搭建脚手架才能保证安全,没有这类经费会影响文物保管机构开展日常的文物维护工作。如果文物保管机构都有文物日常维护资金,如果文物保管单位能够切实履行日常维护职责,即便是土木结构的建筑也能够保持许多年不用大修的状态。

　　文物如果长期得不到应有的日常维护,就会出现影响文物安全的结构性或稳定性的病害,当然就必须启动文物修缮工程。但是,文物修缮工程因各种原因的制约,除了存在过度修缮的问题外,也还存在修缮不到位的问题。这两个问题看似矛盾,却都与资金有关。有些文物的病害实际上还没积累到非要启动修缮工程的地步,仓促启动修缮工程,往往是地方政府希望通过工程项目获得国家中央财政的补助;当中央财政的资金补助下达后,地方政府因为财政困难,又时常以种种理由和方式截留资金,从而使得文物修缮经费不足,导致修缮工程实施不到位,一些刚刚完工不久的修缮工程,又面临再次实施修缮的问题。文物建筑修缮和石刻文物保护工程周期日渐缩短,还有一个重要原因(这个原因实际上也与保护修缮经费相关),即建筑类文物的工程定额预算不尽合理。

　　文物保护工程需要的技术和资金投入很大,保护修缮古代建筑与营建仿古建筑和复制文物的理念方法和技术要求又都有不同。国家建设部于1995年颁布实施的《全国统一房屋修缮工程预算定额》古建筑分册(共五本),是目前全国古建筑修缮行业通用的、最权威的标准定额。但有学者早已指出,"由于我国地大物博、幅员辽阔,各地区古建筑的建筑风格、施工工艺、建筑材料存在着较大差异,很多古建筑维修施工单位已普遍感觉到95年版定额在许多方面存在着不足或缺憾,在一些施工工艺和修缮材料的使用方面已经有些落伍"[1]。因此,后来国家和个别地区又制定并颁布了某一区域的文物建筑修缮预算定额标准,如北京市住房和城乡建设委员会2012年颁布的《北京市房屋修缮工程计价依据——预算定额(古建筑工程预算定额)》[2],国家文物局2017年颁布的《文物建筑保护工程预算定额(南方地区)》(中华人民共和国文物保护行业标准,WW/T0084—2017)[3]。由于无论材料还是人工的价格都还在不断上涨,文物保护修

---

[1] 孙艳云:《关于古建筑修缮工程预算定额存在问题的一些看法》,《古建园林技术》2002年第3期。
[2] 北京市住房和城乡建设委员会:《北京市房屋修缮工程计价依据——预算定额(古建筑工程预算定额)》,中国建筑工业出版社,2012年。
[3] 中华人民共和国国家文物局主编:《中华人民共和国文物保护行业标准——文物建筑保护工程预算定额(南方地区)》,文物出版社,2017年。

缮所需的经费也水涨船高,原先的文物建筑工程预算定额肯定不能适应后来的资金预算需求。然而,目前除了北京市的文物建筑工程预算定额在与时俱进地调整外(最新的古建筑工程预算定额是2021年的版本),全国和其他地区都没有建立文物建筑保护修缮定额的动态机制,从而使得文物建筑的修缮工程经费总量往往不足以完成标准作业的需求。除此以外,文物建筑修缮工程预算定额本身就存在对建筑遗产原来的形制、结构、材料和工艺考虑的不足,"较少考虑原材料修补和原工艺流程的内容,列项中片面侧重于更换构件;而且一些重要的也是常见的维修加固项目也没有被列入"[1]。这样的不足,使得重要建筑遗产开展精细化的保护性修缮,也存在资金预算实施上的障碍,从而导致某些重要文物建筑遗产的流失。

三、文化遗产管理的对策探究

人类保护文化遗产,就如同保护我们的森林和野生动物一样,不是为了获得直接的经济利益,而是为了获得精神情感上的满足——历史上前人曾经见过和经历过的事物,我们也能够看到和欣赏,并希望我们的子孙后代也有机会观看,从而获得满足感和愉悦感,增加想象力和创造力。如果我们任由这种曾经存世的事物消亡,就会因选择减少而变得孤陋寡闻。如今无论是国内还是国际,都越来越注重文化遗产的"活化"利用,在我们当下文化遗产的利用中,无论是展示利用、旅游利用还是文化创意利用,都不应该是利用前人遗留的东西,赚取当下一点蝇头小利。我们保护和利用自己先人创造和遗留的文化遗产,主要是从这些文化遗产中获取对过去历史的思考,对当下精神的满足和对未来世界的憧憬。因此,不能因为强调文化遗产的利用,就疏于对文化遗产的保护,而加强管理是避免文化遗产受到损坏的重要举措,建议国家有关部门采取以下对策:

首先,完善文化遗产保护的法规建设,明确有些类型文物和文化遗产的对象、范围和利益相关方的权益,通过加强立法和执法,声明国家代表全国人民在文物和文化遗产方面的所有权和处置权。

《中华人民共和国民法典》第五章第二百五十三条规定:"法律规定属于国

---

[1] 孙艳云:《关于古建筑修缮工程预算定额存在问题的一些看法》,《古建园林技术》2002年第3期。

家所有的文物,属于国家所有。"但哪些文物属于国家所有,需要国家从法律解释的层面予以说明,并通过宣传媒体广而告之。古代遗址大多掩埋在地表以下,在我国这个人多地少的国度,大多数遗址表面是集体所有的耕地,地下的遗址属于国家所有,地表的土地属于集体所有,这个表里的界限在哪里?代表国家的区县文物行政主管部门如何隔着集体的土地对地下国有的遗址实施管理?目前文物行政主管部门委托专业机构编制并由地方人民政府规定的遗址保护规划对土地经营限制的规定如何获得法规依据[1]?这些都缺乏具体的条文阐述,需要专门进行研究,在研究并达成一致认识的基础上,通过国家权力部门的法律解释,协调法规之间和主管部门之间的冲突,使得国家的考古科研部门和文物主管部门能够遂行研究、保护和管理的职责[2]。

古代道路过去是国家道路,古道、桥梁、关隘、驿铺及其沿线行道树等都是国家财产,没人敢去破坏或占用。自从古道废弃以后,古道的权属变得模糊起来,沿途的一些村社集体和个人认为国家不需要这条道路了,这条道路就属于村社集体或个人的资产。这种认识是不正确的。古代道路从古至今都是公有财产,国家从来没有宣布将这些道路的处置权下放给村社集体或个人。需要制定保护古代交通工程遗产的国家法规或专项地方法规,重新明确古道全民所有的属性以及国家道路遗产的性质,使得保护和利用有法可依。这样才有利于国家文化旅游行政部门对古道进行疏通、保护和管理,才能利用古道发展全域大旅游。

---

[1] 笔者看过有些遗址已经颁布的文物保护规划,规划的保护措施中往往有保护范围的土地只能种植浅根茎的植物,种植深度不得超过多少厘米之类的规定,这并不符合现行国家法规的某些条款。如《中华人民共和国民法典》第二分编第四章第二百四十条:"所有权人对自己的不动产或者动产,依法享有占有、使用、收益和处分的权利"。《中华人民共和国农村土地承包法》第八条规定,"国家保护集体土地所有者的合法权益,保护承包方的土地承包经营权,任何组织和个人不得侵犯";第十七条第一款规定,农村集体土地承包方"依法享有承包地使用、收益的权利,有权自主组织生产经营和处置产品";第三十七条还规定,转包等"土地经营权人有权在合同约定的期限内占有农村土地,自主开展农业生产经营并取得收益"。
[2] 笔者从多个省市文物考古研究院所获悉,他们在古遗址上开展考古勘探和发掘时,由于农村集体土地承包者或经营者不同意,无法如期开展和完成工作;也从一些地方文物行政主管部门获悉,因为没有与遗址上农村集体土地上的承包者或经营者达成一致意见,一些遗址的保护展示工程实施遇到困难。又因为国家现在高度重视土地(尤其是农地)和环境的保护,一些重要遗址的跨年度考古发掘,一些遗迹还没有全面揭示(有些遗迹地方文物行政主管部门还想保留展示),地方土地行政管理部门就强行要求考古发掘单位限期回填。

加大对于破坏文物的责任人,尤其是盗墓者、收买收藏盗掘出土文物者的惩处力度。中国古代对祖先坟墓极其关注,故对盗掘坟墓者惩处也很严厉,甚至有连坐的现象。至迟在西汉就有相关立法,《淮南子·氾论训》中,"《天下县官法》曰:'发墓者诛,窃盗者刑。'此执政之所司也"。南北朝刘宋曾经一度以"符伍遭劫不赴救"连坐盗墓发生地附近的村民,又为一例[1]。直到清代,盗墓都是重罪,开棺露尸要判处"绞监候",即死缓。我国1997年修订的《中华人民共和国刑法》(简称《刑法》)侵犯财产罪一章对盗窃文物罪的处罚作出了明确规定:"盗窃公私财物,……有下列情形之一的,处无期徒刑或者死刑,并处没收财产",其中就有"盗窃珍贵文物,情节严重的"。2020年新颁布的《刑法》取消了妨害文物管理类犯罪和盗窃罪的死刑,量刑最高是无期徒刑。这当然符合现代社会尽量慎用死刑的原则。不过,盗窃文物是为了转卖获得经济利益,通过经济手段控制文物流通和文物持有,应是抑制包括盗墓在内的文物犯罪的有效途径之一。现行的《中华人民共和国个人所得税法》未对持有文物类财产的征税作出规定,应该研究对持有文物的群体和个人作出文物类不动产和动产持有权益的规定,效仿西方发达国家对文物类财产持有、转让、继承征税和捐赠免税的做法,使得群体和个人对使用或持有文物持审慎的态度,并鼓励群体和个人将持有的文物捐献给国家公共文物事业保管机构和博物馆。

其次,完善国家层面的不可移动文物和文化景观类型遗产保护、管理和利用的制度设计,使重要文化遗产能够逐渐实现中央直管,从而体现在文化遗产事业方面的国家意志和全民利益。

建议将能够代表我国古代文化发展主流和文明最高成就的最重要的不可移动物质文化遗产和文化景观类型遗产,如世界文化遗产、前五批全国重点文物保护单位、第一批大型遗址、国家考古遗址公园、国家文化公园等[2],纳入国家一级的直接管理之下,也就是遗产资源的全民所有,基础设施和保护经费的国家支持,管理机制的国家垂直统一管控,展示利用的国家统一规划,从而使得文化遗产真正成为能够全民共享的国家资源。

要做到这一点,变更重要文化遗产(特别是古遗址一类遗产)的土地所有

---

[1]《宋书》卷一百,中华书局,1974年,第2450页。
[2] 国家考古遗址公园属于国家文化公园的组成部分,国家文化公园又属于国家公园的两大部分之一。

权和用地性质,将村集体所有的土地转变为国家公有的土地,至关重要。我国乡村中的遗址类文化遗产所在的土地主要属于村集体所有,这些集体土地已经基本固化为作为村集体成员的村民家庭实际拥有,这些村民依靠这些土地作为主要生产和生活资源,一部分村民自己还要耕作这些土地以获得收成,一部分居民则将这些土地租赁出去以获得地租,随着年轻村民逐渐进城成为城市居民,年老村民逐渐不能再下地劳作,可以预测,今后将不可避免地出现土地使用者、土地拥有者基本分离的现象。采取国家征购的办法,将代表中华文明发展主线的重要遗址等文化遗产的全部或部分土地流转为文物保护目的的产业用地,变农村集体所有、村民个人拥有、村民或非村民个人经营的遗址土地为国家所有的土地,然后文化遗产管理部门可以在国有化的土地上选择最有展示价值和展示效果的区域进行开放展示,其余土地则按照遗址格局经营大农业,这就可以从法规上和制度上保证遗产管理者可以按照保护规划的规定保护和利用好这些遗址。

其三,在调查研究的基础上,积极审慎地推进文化遗产保护和管理机制的改革,以适应新时期国家对文化遗产保护事业的要求。

组织专门的文化遗产管理机制改革的课题项目,调查研究现有不可移动文物保护管理机制的利弊得失,选取不同经济发展水平区域的不同类型重点文物进行改革试点。这些试点的文物单位,根据其保护级别,将其保护管理权分别收归国家和省市自治区文物或文旅行政主管部门,由中央财政全部承担或主要由中央和省市自治区级财政分担这些文物保护管理机构的人员和运转费用;至于这些文物保护单位的收益权,则可以根据地方经济状况等情况,或归入中央财政或归入地方财政。通过调研和试点,总结经验教训,逐步形成可以推广的制度规范,从而使我国重要文化遗产的保护管理和开发利用,能够真正体现国家意志、国家要求和国家管理水平,惠及前往这些文化遗产地参观的广大公众。

我国目前的文物保护管理机构,按照现有文物保护单位所在区县属地管理机制,可以对点状文物起到基本的保护管理作用,但对贯穿多个区县甚至多个省市自治区的线状文物,如古代道路、运河遗产、古代线形防御工程等,则力有不逮。线状文物或线性遗产通常都是国家最重要的遗产类型,如秦直道、古蜀道、大运河、灵渠、长城等,适宜建立国家文化公园(这应该是国家公园的一个类型),针对这些线状文物存在的保护管理问题,建立涵盖整条线形所经区县、省市自治区和多省市区的分段和统一的保护、管理和协调机构和机制。保护管理机构应当借鉴古代驿道、漕运、长城等的分级分段管理模式,更要借鉴现代公路、运河等的分级分段管理养护模式,某线状文物或线性遗产的多省市自治区保护管理机构负责协调,该线状文物所在省市自治区保护管理机构负责管理,该线状文物所经区县的保护管理机构负责一个或多个线段的巡查维护和游客服务的具体工作,组成一个保护管理和利用体系,或许能够改变现在线状文物保护管理不力的状况。

建议国家文物局组织专项的调研课题,归纳总结文物保护与土地权益的关系问题,并联合诸如国家自然资源部、住房和城乡建设部等涉及保护用地的部门,共同提出解决文物和自然资源保护用地的办法。需要考虑的问题包括:(1)文物保护用地的法律地位;(2)文物保护用地的流转办法;(3)文物保护用地国有化的资金安排;(4)文物保护用地国有化后的管理机制等。

其四,加强文物不同类型,尤其是一些复杂类型文化遗产存在问题和保护对策的研究,制定适合这些文物类型保护管理的技术路线、工程规范、资金定额和评估办法,以便编制切实可行且行之有效的保护管理规划和实施方案。

建筑类文化遗产涉及材料、结构、工艺、形态、功能及其环境景观,尤其是木构建筑类文物,其保护修缮工程相对复杂。不同类型建筑遗产会有不同的特点、价值和问题,保护和修复方法与技术也应当有所差别。建筑遗产属于不同材料组合的复合不可移动文物,其价值要素构成不同于相对单一可移动文物,维持建筑遗产的位置、功能和形象,使之能够反映该建筑的设计、材料、结构和工艺,有的文化和地区还需要考虑技术和工艺的延续性;这些都是建筑遗产价值维系需要注意的方面。目前对于建筑遗产木构部分的保护和修缮,无论是以新换旧、以旧换旧,还是外部支护、内部加强,都还不能满足真实性的要求。实际上,就连纸质文物都能保存上千年,如果加强经常性和规律性的日常维护,将建筑的日常维护作为管理的重要组成部分,包括进行日常维护的内容清单、经费预算、财政保障、年度检查等,如果经常性的维护能够制度化并实施到位,建筑遗产可以很长时间不用实施大修工程。对于那些必须进行修缮的建筑遗产,应该针对目前修缮工程存在的问题,尽量控制工程的规模和范围,对于必须修缮和更换的部位,则要基于建筑价值要素排序的考量,仔细斟酌修缮方案。要做到精细修缮,就要考虑在文物古迹保护修复准则的基础上,重新制定诸如《文物建筑保护修缮工程预算定额》的行业规范,变粗放为精细,从而保证文物的相关信息通过保护修缮而得到维系和延续。

历史上的交通遗产如古代驿路、古代运河等，军事遗产如古代长城、近代海防体系等，这类线状或线性的文化遗产具有不同于点状遗产的性质和特征，保护和管理方面也面临着不同的问题和困难，不能按照点状遗产性质和特点来编制保护规划和保护方案。在开展充分前期研究的基础上，探讨并制定针对线性遗产不同类型文物的保护管理行业规范，新的规范应该对不同线性遗产保护区划、保护规定、管理要求等确定相关依据，保证基于规范制定的这些规定和要求能够实施。例如，古代道路两侧的保护范围和建设控制地带划多宽合适？划定范围的依据又是什么？这些，就要根据不同古今交通工具的行驶速度，参照现当代不同等级公路的建设控制地带宽度规定，制定相应的规范要求[1]。再如，长城这类线形军事工程设施，有对外面和对内面的区分。对外面对应敌人可能来犯方向，是当时守卫长城的军事防御的正面，要求具有开阔的视野和射界，除了斥候外没有其他工程设施；对内面则是己方的地域，有大致等距离的军事保障设施，有些地段还有当时不同等级驻军的城市，并有连接这些城市堡寨的道路。因此，长城这类军事防御工程对外面与对内面的保护区划宽度肯定是不同的，对内面涉及城市堡寨的地方，保护区划还应该包括这些遗存。

至于传统村落、历史街区、历史城市等有居民生产和生活的文化景观/文化空间类型遗产，现有管理机制是村集体的"两委"、街道办事处和社区、区或镇的党政机构或专门的管理委员会实行管理，管理的对象和内容不仅有物质的不可移动文物和文化空间，还有非物质的各类文化事项，更主要的还有使用这些物质文化遗产和传承非物质文化遗产的"文化空间"中的人和社群，保护与利用、传承与发展的矛盾较多，使得保护和管理这类遗产更加困难。因此，更需要加强调查和研究，才能有更好的对策和办法。

第二节　线路遗产的保护与管理

在古代文明和古代国家的结构体系中，交通线路是串联村落、城市等孤立

---

[1] 按照国务院颁布的《公路安全保护条例》规定，公路两侧的建设控制区宽度是：高速公路从公路用地外缘起向外不少于30米；其他公路根据等级从国道不少于20米、省道不少于15米、县道不少于10米、乡道不少于5米。

的定居点和专业/专门场所,将其组织成为具有联系的点、线结合的网络,从而形成国家或国家群体的重要纽带。这种具有联系性的历史线路,现在尽管多数已经被割裂、占压或破坏,但仍然有一些保存下来,成为人类文化遗产中的重要类型。由于线路遗产中宗教性的朝圣线路具有延续性和现实性,这些线路早就引起具有宗教情结、现世关怀和经济思维的西方学者关注,提出并推动了"文化线路(cultural route)"这样的文化旅游项目的设计,并将该项目逐渐推进成为世界文化遗产的一个概念和类型。由于种种原因,"文化线路"这个概念已经从新版的《操作指南》(2021)中删除,引发了人们对正在推进的一些文化线路项目的担忧,也引起了文化遗产学界对于"线路遗产"如何纳入保护视野的思考。本节就从文化线路的缘起分析入手,对线路遗产概念、类型和保护等问题,谈些初步的看法。

一、从欧洲推向世界的文化线路

文化线路作为一种世界文化遗产的特殊类型的名称,尽管只有20年左右的历史,但在"文化线路"概念提出的欧洲,他们对这个概念及其在欧洲的实践却有近半个世纪的探索。

1964年,欧洲委员会(Council of Europe,简称COE)工作组在《欧洲可持续发展》报告的序言中就这样说:"工作组的研究重点是提高公众对重要遗址文化重要性的认知。"为了达到此目标,报告提出了通过旅行提高对欧洲文化的认识、建立与欧洲文化地理相关旅游网络的可能性,以及推广代表欧洲文明的主要遗址和交会路口并引起游客兴趣的三种途径。已经将包括线路遗产在内的欧洲文化遗产作为一种宣传欧洲历史和文化、促进旅游发展的措施。1985年,在西班牙格林纳达第二届欧洲部长会议期间举行的讨论建筑遗产的会议上,欧洲委员会就基于让欧洲公民了解真正的欧洲文化身份、将保护和强化欧洲文化遗产作为改善人们生活和社交环境并促进经济和文化发展的手段、在欧洲休闲活动中赋予文化旅游特殊地位以及使公众更容易理解文化线路等考量,提议将西班牙"圣地亚哥·德·孔波斯特拉朝圣之路(Compostela Pilgrim Ways)"作为第一条欧洲文化路线,以象征欧洲的成立过程,并作为未来同类项目的参考和范例。1987年,圣地亚哥·德·孔波斯特拉朝圣之路通过了欧洲委员会文化线路的认证,委员会给欧洲文化线路进行了定义,以便其他文化线路项目的建设。这个定义是：

> 欧洲文化路线一词是由欧洲人围绕其历史、艺术或社会兴趣的主题组织起来的、具有暗示超越本地文化意义的、跨越两个或两个以上国家/地区的传统地理路线及其相关区域。路线需要有一些历史悠久的亮点，代表了整个欧洲文化。[1]

在世界遗产语境里，第一次出现"文化线路（cultural route）"的概念就是1993年西班牙的"圣地亚哥·德·孔波斯特拉朝圣之路"作为一种带有跨文化交通与交流的文化遗产类型登录《世界遗产名录》。这是国际文化遗产保护领域对欧洲文化线路理念和实践的认可，也是"文化线路"从欧洲走向世界的首次尝试。大概是受到欧洲文化线路建设的影响，翌年在西班牙马德里召开的"线路作为我们的文化遗产"主题专家会议上，正式提出将"文化线路"纳入世界遗产的范畴的动议[2]。在此之前，除了欧洲委员会的欧洲文化线路外，也有不同的组织机构都提出过相关的概念，包括UNESCO的丝绸之路、奴隶之路等。该文件还同时使用了"遗产线路（heritage route）""文化遗产线路（cultural heritage route）"和"文化线路（cultural route）"三个名词，认为它们都是建立在全球人类活动和交流基础上的共同概念，并试图整合这些线路概念，将其称之为"文化遗产线路（cultural heritage route）"，强调了文化线路的遗产属性，并提出了世界遗产语境里的"遗产线路"概念："建立在动态的迁移和交流理念基础上，在时间和空间上都具有连续性"；强调"不同国家和地区间的对话和交流是多维度的，有着除其主要方面之外多种发展与附加的功能和价值"。文化线路从此作为文化遗产一个特殊类型的理念开始形成。

1998年，联合国教科文组织的咨询机构国际古迹遗址理事会（ICOMOS）成立文化线路科学委员会（International Committee on Cultural Routes，简称CIIC），开始系统探讨"文化线路"的内涵、价值、意义及其保护策略。文化线路科学委

---

[1] Sorina Capp. The European Institue of Cultural routes. 见 https://www.kul.pl/files/602/w02_capp.pdf.

[2] World Heritage Center (1994), "*Report on the Expert Meeting on Routes as a Part of our Cultural Heritage* (Madrid, Spain, November 1994)", available at: https://web.archive.org/web/20200623081316/https://whc.unesco.org/archive/routes94.htm.

员会认为:"文化线路或路线的概念指的是一套整体大于个体之和的价值。正是借助这套价值,文化线路才具有其意义。"这标志着以"交流和对话"为主要特征的跨地区或跨国家的文化线路作为新型遗产理念为国际文化遗产保护界所接受。尽管"文化线路"这个概念作为一种遗产形式是否属于世界文化遗产的范畴也还存在问题,但"文化线路"被纳入世界文化遗产的视野,有助于对人类交通遗产价值认知的提升,这当然还是具有一定的意义。2003年,世界遗产委员会委托国际古迹遗址理事会修订实施《世界遗产公约》的《操作指南》,在2005年版《操作指南》中加入了有关文化线路的内容。2005年,在中国西安举行的国际古迹遗址理事会第15届大会暨科学研讨会通过了有关《文化线路宪章(草案)》的决议。2008年,在加拿大渥太华举行的国家古迹遗址理事会第十六届大会上,正式通过了《文化线路宪章》,与人类交通遗产直接相关的"文化线路"类型遗产开始正式全面出现在国际文化遗产保护领域。文化线路从此正式成为世界遗产的一种特殊类型。《文化线路宪章》关于文化线路的定义是:陆上或水上以服务于特定的目的、有清晰的物理界限和历史功能的特定交通线路,要求该线路具有长时期、大空间、双向交流以及有标志性交流产物的特点,并强调了文化线路不完全是物质形态上的,还要有非物质的特征。这些都将本来简单的交通线路遗产复杂化和狭隘化了。按照《文化线路宪章》的规定,交通线路要使用时间足够长,唐蕃-蕃尼古道这样的只在唐初作为国际交通道路的古道可能就不符合要求;交通线路还要足够长,要长到跨文化甚至跨文明的距离,那么已经列入《世界遗产名录》的阿庇乌大道、皇家内陆干线、喜马拉雅铁路等都无类型可以归属。此外,文化线路只把线状或线性遗产限定在交通线路的范畴,实际上也无法容纳线形的灌溉系统和防御系统,阿夫拉灌溉体系、舒什塔尔古代水利系统、哈德良长城、中国长城等,也都只有在遗址或建筑中去寻找类型归属。

中国自改革开放以来,各个领域都在追随国际潮流,文化遗产领域也不例外。就在《文化线路宪章》通过后的次年即2009年,国家文物局在江苏无锡召开了以"文化线路遗产的科学保护"为主旨的"第四届中国文化遗产保护无锡论坛",论坛提出《文化线路遗产保护的无锡倡议》。这次会议以后,2014年,中国"大运河"以及由中国、哈萨克斯坦、吉尔吉斯斯坦联合申报的文化线路遗产"丝绸之路:起始段和天山廊道的路网"也成功登录《世界遗产名录》。近年来,中国还在积极推动"文化线路"类型遗产——海上丝绸之路、丝绸之路南亚廊道、万里茶道等项目的申遗工作[1]。大概已经意识到文化线路难以覆盖大多数线路遗产的问题，单霁翔先生提出"线性遗产"的概念[2]，这是我国文化遗产学者对线路遗产保护的贡献。

由于文化线路是新提出的文化遗产类型，尽管有CIIC的机构组织研究，但文化线路类型遗产的基本外部形态及其基本组成要素仍较模糊，与既有其他类型文化遗产关系也没有做特别的说明，而这恰恰是决定遗产申报类型、内容识别和边界确定的重要一环。大概正是文化线路这个概念和类型存在着先天的不足，2021年福州世界遗产大会的决议，将文化线路等类型遗产从《操作指南》附录3中删除。比较2021年版《操作指南》与2005至2019年《操作指南》的内容，2021年版将原有附录3中关于文化景观的定义、分类和列入名录的考量因素加入正文第47条，同时删除原有附录3中关于历史城镇和城镇中心、遗产运河、遗产线路等特殊类型遗产的导则。2021年遗产大会会议文件对该条内容修订的理由进行了简单说明[3]：一是附录3的删除可以让一些关于文化景观的重要内容从附录里提炼出来，放入到《操作指南》的正文里。二是针对附录3功效的讨论已经持续多年，提出这个特定遗产类型的指南以手册形式发布可以更便于配合遗产概念的改变而进行修改。目前的内容没有涵盖所有的特定遗产类型，并且其表述可能会错误地暗示出历史城镇和城镇中心、遗产运河和遗产线路等遗产类型与文化景观具有同等的地位。而事实上，经委员会正式认可的特定遗产类型仅有文化景观。三是附录3有关历史城镇和城镇中心的内容，以及咨询团体的主题和比较研究名单缺乏更新，有些认识已过时，将这些内容挪到《操作指南》最后的"选择世界遗产相关的参考书目"章节，可借此更新。非遗产类型的文化线路转变为文化遗产的一个特殊类型，其时间不过15年，即使算上首个被登录《世界遗产名录》的文化线路，其年限也不过30年，"文化线路"这个概念似乎就要从文化遗产学界和世界遗产中隐退，这不免会令人反思。文化线路这个概念作为一种文化遗产类型究竟存在什么问题？在文化遗产中应该怎样来对待客观存在的线路遗产呢？

---

[1] 贺云翱、陈思妙：《中国"文化线路"遗产有关问题初探》，《交通运输部管理干部学院学报》2020年第4期。
[2] 单霁翔：《大型线性文化遗产保护初论：突破与压力》，《南方文物》2006年第3期。
[3] https://whc.unesco.org/archive/2021/whc21-44com-12-en.pdf.

二、文化线路是历史现象的当代表达

回顾文化线路/线路遗产的发展历程,可以知道文化线路最初并不是一个文化遗产类型的概念,而是一个基于文化遗产和文化传统,集遗产展示、价值弘扬、文化旅游和文化产业于一身的综合项目计划。欧洲文化线路就是欧洲委员会推动的旨在提升欧洲文化价值,促进国家和地区间文化合作,发展文化旅游和区域经济的文化规划和建设项目。因而索丽娜·卡普介绍设在卢森堡的欧洲文化线研究所推动欧洲国家和地区间文化合作的三个主要目标就是:

让欧洲公民了解真正的欧洲文化身份;
保护和加强欧洲文化遗产作为一种手段改善人们生活的环境并作为社交的源泉,推动经济和文化发展;
在欧洲休闲活动中赋予文化旅游特殊地位。

在这些目标中,并没有说到文化线路或线路遗产的保护和管理,这是因为欧洲文化线路原本就不是文化遗产保护和管理项目,而是以文化遗产及其所在区域为载体,以价值提升、传统弘扬、旅游推进、地区发展以及区域和国际合作为目的的文化建设项目。就欧洲委员会推出的第一个文化线路示范项目"圣地亚哥·德·孔波斯特拉朝圣之路"来说,它建立在圣詹姆斯的遗体被从耶路撒冷船运并埋葬在今圣地亚哥·德·孔波斯特拉市传说的基础上,自从9世纪发现所谓圣人墓以后,前往圣地亚哥·德·孔波斯特拉致敬圣詹姆斯就成为一种基督教的传统,以德·孔波斯特拉这个"圣地"为中心,"几个世纪以来,朝圣者可以发现新的传统、语言和生活方式,并以丰富的文化背景返回家园,这在长途旅行使旅行者面临相当大的危险时是罕见的。因此,圣地亚哥路线既是一个象征,反映了一千多年的欧洲历史,也是整个欧洲文化合作的典范"。在欧洲委员会对圣地亚哥·德·孔波斯特拉朝圣之路的介绍中,虽然提到了其沿路沿线拥有丰富的文化遗产,如礼拜场所、医院、住宿设施、桥梁以及神话、传说和歌曲等,但这些文化遗产使"旅行者可以享受",因而项目介绍对这些文化遗产一笔带过,而专设一节更长的介绍文字,阐述该文化线路旅行的意义和作用:"每年,成千上万的旅行者出发前往圣地亚哥·德·孔波斯特拉。由于这条路线有无数的分支,因此从家门口开始旅程是很常见的。大多数人步行旅行,有些人骑自行车,少数人骑马或骑驴旅行,就像他们的一些中世纪同行一样。这条古老的路线提供了强烈的人类体验,在旅行者之间创造了一种兄弟情谊,并与土地建立了牢固的联系"[1]。欧洲文化线路不是一个遗产类型,而是线路遗产历史现象、文化价值和社会作用的当代表达,这是显而易见的。

文化线路当初提出概念和推动建设的目的、意义和性质如上所述,那么,文化线路本来就不是一个文化遗产类型的概念,而是一个区域甚至跨国的大型文化建设项目计划的名称。这种大型文化建设项目计划,与我国正在大力推导的线形或线路的国家文化公园的一些重点项目规划有点类似,但又不完全相同。按照我们的理解,"国家文化公园是国家一级政府基于保护和展现国家重要文化遗产,延续和传承具有代表性的传统文化,体现国家意志和人民需求,依托重要的文化遗产资源,由国家划定、国家拥有、国家管理、全民共享并全部或部分向公众开放的公园形式的公共文化事业机构、场所和文化产品"[2]。国家文化公园包括了服务于某个明确功能、具有典型性的线路遗产(包括文化线路),也包括了为了表现共同主题、串联若干具有共同性的点状遗产构成的系列遗产。《国家"十三五"时期文化发展改革规划纲要》关于国家文化公园建设有这样一段话:"依托长城、大运河、黄帝陵、孔府、卢沟桥等重大历史文化遗产,规划建设一批国家文化公园,形成中华文化重要标识。"[3]凡是具有重大历史和纪念价值,能够展现中华文明的发展主线,可以作为中国文化重要标识的文化遗产,都能够以之为依托来建设国家文化公园。建立国家文化公园,保护文化遗产尽管也是目的之一,但通过展现这些文化遗产以弘扬中华文化则是最基本的目标,因为诸如黄河、长江国家文化公园,这两条大江大河本身并不是文化遗产,如果从保护的角度来看,保护和管理好这两大流域的重要点状遗产就可以了。从这个角度看,欧洲的文化线路与我们的线性国家文化公园,二者具有相当程度的相似性,它们本身并不是文化遗产的类型概念。

文化线路从文化展示和旅游项目转变为文化遗产类型的概念,发生在西班

---

[1] 欧洲委员会:《文化线路·圣地亚哥·德·孔波斯特拉朝圣之路》,见https://www.coe.int/en/web/cultural-routes/the-santiago-de-compostela-pilgrim-routes。
[2] 孙华:《国家文化公园初论——概念、类型、特征与建设》,《中华文化遗产》2021年第5期。
[3] 中共中央办公厅、国务院办公厅印发:《国家"十三五"时期文化发展改革规划纲要》,参见http://www.xinhuanet.com/local/2017-05/08/ c_129593625.htm。

牙将"圣地亚哥·德·孔波斯特拉朝圣之路"申报世界文化遗产以后。由于这个文化线路项目本来就作为欧洲文化线路计划的示范项目,该项目从文化展示和旅游项目转身成为世界遗产以后,就让欧洲以及欧洲以外的其他国家看到了一种申报世界遗产的新途径,也就是通过路线将本来价值和意义没有那么高的文化遗产串联起来,使其整体价值大于个体价值,从而能够登录《世界遗产名录》。不过,熟悉欧洲文化线路的专家们当然清楚,文化线路本来不是或者不宜作为一个文化遗产类型的名称,因而在《文化线路宪章》中尽管继续沿用文化线路的名称,但在更专业化的《操作指南》(2005—2019)中,就没有使用"文化线路"的名称而改用"遗产线路",后者显然更像一个遗产类型的概念。由于文化线路与遗产线路的内涵和外延并不完全重合,二者不是可以互换的名称,文化线路的概念远比遗产线路要小。

遗产线路是一个相当大的概念,凡是呈线形的包括有形或无形的(两点之间的交通路线)文化遗产都可以纳入到遗产线路之中,包括了我们所说的"线状遗产(Lineal Heritages)",也包括了《文化线路宪章》所说的"文化线路",但却小于我们所说的"线性遗产(Sequential Heritages)"。线状遗产是指遗址或遗迹本身呈现连续的线条形态的文化遗产,线状遗产既包括历史上人工建造的交通线路,也涵盖具有遗产价值的灌渠运河,还包括了具有一定长度的防御工程,我国已经登录《世界遗产名录》的"中国大运河"就是典型的线状遗产。线性遗产是由人工营造的线状遗迹串联起来或沿自然形成的线形边界排列起来,以及由习惯行走路线或船舶航线联系起来的点状遗产所组成的"链状"遗产群体,我国已经列入《世界遗产名录》的"丝绸之路:长安至天山廊道路网",由于绝大多数路段都没有实际的古代道路存在,当然应当归属于线性遗产。至于文化线路,《文化线路宪章》有一个定义,可以修改简化表述如下:

> 文化线路是线性遗产的特殊形式,它是以特定交通线路为基础串联起来的一条呈线性分布(包括线段、环线、网线)的文化遗产的集合体,它主要服务于一个特定的文化交流或产品贸易目的,具有较长的历时性并形成了一种传统,同时跨越较远的地域空间成为跨文化甚至跨文明的联系纽带。

《文化线路宪章》注意到,"文化线路作为遗产保护领域的前沿概念,代表了一种影响当前文化遗产演变和扩展的新思路,以及对文化遗产背景环境和相关区域的整体价值之重要性的认同趋势,同时也揭示了拥有不同层面的文化遗产的宏观结构"。鉴于直接决定文化线路存在的内在关系和特色文化资源的丰富与多样(诸如历史建筑、考古遗存、历史城镇、乡土建筑、无形遗产、工业和技术遗产、公共工程、文化和自然景观、运输工具和其他特殊知识与技能应用的实例),对文化线路遗产的研究和管理需要跨学科的思路,对科学假设进行调查和说明,并不断丰富相关历史、文化、技术和艺术知识。可以看出,在文化遗产的语境里,"文化线路"与"遗产线路"及其关联的其他遗产的关系并没有得到清晰的阐明;而在文化遗产领域之外,文化线路的定义更为广泛,可包含新设计出来的,兼具旅游和休息功能的主题游道(如欧洲文化线路),虽然在该路线中也会包含历史文化遗产要素,但不一定是一个具有历史价值的线形遗产(古道、古运河等),文化线路在某种意义上不是一个文化遗产的术语。

由于文化线路针对线路遗产,并不关注它是否存在一条实际的线状遗存,而是强调它具有特定的功能目的,跨越了较大的地理空间,沿用了很长时间,反映了跨地区、国家和文明多维双向交流,《文化线路宪章》在序言部分这样强调,"文化线路,不是简单的、可能包含文化属性的、联系起不同人群的交通运输路径,而是特定的历史现象"。文化线路被看作被赋予了标志性功能属性、具有深远的历史影响的商品交换、文化交流的长距离的交通路线。由于历史上国家道路和商业道路的修建往往是围绕某一古代国家的中心城市来规划修筑,往往是一个文化或一个文明内部区域之间联系的网络,克服艰难险阻沟通不同文明之间的交通路线本来就少,并且通常还因使用人群有限,整治成本很高而得不到维护,交通往往时断时续,文化线路的跨文化和文明的特征就把绝大多数交通遗产排除在外。又由于古代交通线路本来都承担着多种功能:古代国家通过交通网络将国家的政令传递到四面八方,从而维系疆土内的国家治权;军队通过这些交通线路被迅速调动到需要的地方,而在这些交通路线的紧要之处设关驻军就可阻击敌人的推进或登陆;那时的商队也需沿着交通线路往来,将此处出产而彼处缺乏的物品转运贩卖,从而获得所期望的利润;还有僧侣文人骑马、坐车、乘船或步行在这些路线上。将一条古代道路以其中的某一两种代表性商品或文化产品命名,称之为"丝绸之路""陶瓷之路""香料之路""茶马古道""朝圣之路"等,都是现当代人对这些线路遗产历史意义的当代诠释,把复杂的问题简单化,具有强烈的主观性,有的文化线路的名称和诠释都未必准确[1]。

《文化线路宪章》对文化线路性质和特征阐述存在的另一个问题是，在补充说明文化线路定义的时候，还加入了不该加入的一些内容，将本来还相对清楚的定义又补充得不那么清楚了。为了强调文化线路作为交通线路，应该有车马行人行走在这条道路上的特征，《文化线路宪章》提出了文化线路的"动态特征"，认为"活跃的文化流动不仅以物质或有形的遗产得以体现，还有构成文化线路非物质遗产的精神和传统见证"，认为非物质文化遗产是理解文化线路意义和价值的基础。这些额外添加的文化线路的非物质文化要素，会给线路遗产或文化线路带来新的不必要的混乱。事实上，除了一些具有宗教含义的朝圣或参拜路线外，其余以商贸产品为特征的长距离交通路线，因为后世公路占压和改造，以及古代道路的宽度、坡度或弯度不符合现代交通工具的要求，其原有交通功能、邮驿功能和关联功能早已终止，过去的繁华已经成为历史的记忆。在一些古代交通线路沿线，由于今天的非物质文化遗产恐怕已经不是历史上延续至今的传统，今天这些文化线路沿线具有强烈地域性的非物质文化遗产，比起同一区域远离交通路线偏僻之处的同类非物质文化遗产，并不具有典型性和原真性。除了朝圣路线外，其他古代交通线路上人们流动带来的动态性，与这些道路沿线今天历史城市、传统村落和现代公路上人们行为带来的动态性不是一回事，有些专家把文化线路的动态性理解偏了，将历史的动态性与现实的动态性混淆起来，将本来不是必要元素的非物质文化遗产当作了文化线路的必要元素，从而产生了文化线路与文化景观类型遗产的交集。

说到"文化景观"，这一概念从人文地理学的概念被借用作为文化遗产类型的概念后，就存在着概念不清晰、目的不明确、外延多交叉等问题。《操作指南》这样定义这类遗产："文化景观属于文化遗产，代表着'自然与人的共同作品'。它们反映了因物质条件的限制和/或自然环境带来的机遇。在一系列社会、经

---

[1] 例如中国世界文化遗产名单中的"海上丝绸之路"，日本学者就主张以具有代表性的商品命名，称之为"陶瓷之路"。即便改称陶瓷之路，这一海上贸易网络也不仅是陶瓷，称之为陶瓷之路还是有点以偏概全。《元典章》"户部""市舶则法二十三条"："有在先亡宋时分海里的百姓每，舡只做买卖来呵，他每根底客人一般敬重看呵。咱每这田地里无用的伞、摩合罗、磁器、家事、帘子一般与了，博换他每中用的物件来。"瓷器排在伞和摩合罗之后。

济和文化因素的内外作用下,人类社会和定居地的历史沿革。"[1]定义的第一句话"自然与人的共同作品"容易造成其与复合遗产的混淆,以至于《操作指南》(2021)要专门说明,"文化景观"类型的存在并不排除在文化和自然方面具有特殊重要性的遗产,在文化和自然的突出普遍价值都得到证明的情况下,继续列入复合遗产的可能性。《操作指南》对文化景观最主要特征(不是全部特征)的相对准确的阐述是具有历史延续性的"人类社会和定居地"这句话,已经被《操作指南》(2021)从世界文化遗产的特殊类型中删除的"历史城镇与城镇中心",就是这类"活态"文化遗产的一种。按照我们的理解,文化景观是介于人类行为过程遗产和人类行为结果遗产之间的"混合"的文化遗产。它是一定空间范围内的被认为有独特价值、值得有意加以维持以延续其固有价值的,包括人们自身在内的人类行为及其创造物的综合体,历史城镇、传统乡村、传统产业、神山圣地等兼具物质与非物质文化特征的遗产都属于文化景观的范畴。

除了上述文化景观这类具有动态、持续和非物质特征的文化遗产外,其他大多数类型文化遗产都是静态的、终止了发展的物质文化遗产,如遗址、建筑、纪念物/古迹等。至于那些非物质文化遗产,它也只是在那些历史城镇、传统乡村、传统产业、神山圣地等传统仍然在延续的遗产中还有保留。例如,2014年被列入世界遗产名录的"丝绸之路:长安至天山廊道路网",其年代范围是公元前2世纪至公元16世纪,也就是大航海时代开始以前,此后的丝绸之路已经失去了其交通和交流作用,作为历史上的文化线路已经不复存在,当代国际组织曾经倡言的重启丝绸之路,实际上是在追求一个更高的目标,也就是借用丝绸之路的名义,促进不同文化和文明之间的对话与交流,给古老的丝绸之路注入新的生命与活力。在这个目标下,联合国教科文组织在"对话之路:丝绸之路综合研究"框架下先后组织了五次国际性考察。这种丝绸之路考察,既不是探险,也不是严格意义上的科考,它更像是一个"宣传队",将当代"丝绸之路"的概念传布到世界各地,并希望通过古代丝绸之路概念的当代重构,促进丝路沿线国家和民族的联系和交流。在丝绸之路概念的扩散过程中,原先的目标被逐渐淡化,只有我国近年倡导的"一带一路"还有当初联合国教科文组织"丝绸之路"的意义,而现在

---

[1] 参考联合国教科文组织世界遗产中心网站:http://whc.unesco.org/en/culturallandscape/,中文翻译采用联合国教科文组织世界遗产中心等编《国际文化遗产保护文件选编》,并与2021年版的《操作指南》进行了对照。

联合国教科文组织和相关国家推进的"丝绸之路",已经蜕变成为若干世界遗产(不可移动物质文化遗产)申报项目了。

多数古代的交通线路类型的文化遗产,其原有的贸易活动和文化习俗都已经终止或改变,只有少数沿用至今。那些传统还在延续的神山圣地的朝拜之路,完全可以将其纳入到文化景观中,作为文化景观的一个类型。《操作指南》(2021)提出列入《世界遗产名录》文化景观"不排除申报具有文化意义的长距离的代表交通和交流网络的线性区域的可能性"(47条之三),应该是有所指的,只是文化景观可以包含的线路遗产类型较少,神山圣地的朝拜之路也不一定距离很长,与其语焉不详地说明文化景观可以包括一些交通路线或网络,还不如明确指出,至今仍然沿用且传统尚存的线路遗产可以作为文化景观的一个类别。至于不能纳入文化景观的那些线路遗产(道路、运河等)或线状遗产(如长城、长堤等),属于普遍存在的特殊形态的文化遗产,目前损坏都很严重,保护和管理也具有特殊性,应该引起高度的重视。

三、作为特殊文化遗产的线路遗产

文化线路作为一种文化遗产的类型尽管存在这样和那样的弊病,并且按照《文化线路宪章》对文化线路的定义,文化线路的概念只能涵盖线路遗产的极少一部分,不宜作为文化遗产一个类型的名称。然而,在丰富多样的文化遗产中,如果取消线路遗产或文化线路这种类型,目前既有的不可移动文化遗产类型难以涵盖线路遗产(或可称作"线状遗产""线性遗产")这种特殊类型,今后的这类重要的文化遗产申报和登录《世界遗产名录》也可能会出现问题。正如孙燕、燕海鸣先生认为,《操作指南》(2021)的这些解释虽然起到一定的澄清作用,但这一修订并不利于对特定遗产类型认识层面的统一,《操作指南》里针对特定类型遗产的内容空白可能会损害这类遗产在其认定、保护与管理层面的特殊性;并且会造成更多的疑问:是否意味着被删除的、与特殊类型遗产相关的专有名词和概念不再被允许在世界遗产"官方"语境应用?或至少不再被申遗文本所接受?[1]我们认为,新的《操作指南》删除了原有附录3中关于历史城镇和城镇

---

[1] 孙燕、解立:《浅议2021年版〈实施《世界遗产公约》操作指南〉修订》,《自然与文化遗产研究》2022年第2期。

中心、遗产运河、遗产线路等特殊类型遗产的导则,有的比较合理,有的则不那么恰当。历史城镇和城镇中心确实可以并入文化景观这一类型中,因为包括城镇中心在内的历史城镇属于仍然在延续的和活态的人类定居点,符合《操作指南》关于文化景观的定义,属于文化景观下属的城镇文化景观,不宜单独成为与遗址、建筑、古迹、文化景观并列的文化遗产类型;遗产运河属于线路遗产中的一个很小的类别,不宜与遗产线路以及《世界遗产公约》中其他既有文化遗产类型并列,没有必要在《操作指南》中呈现;而遗产线路既是文化遗产中客观存在的一个庞大的类型,又无法纳入文化遗产分类和世界遗产类型的现有体系,是真正的"特殊类型"文化遗产(文化景观属于可以纳入文化遗产分类体系的遗产类型,将其称之为特殊类型,并不恰当)。《操作指南》2021版删除"遗产线路",又没有新的这类遗产类型概念引入《操作指南》的导则,考虑未免有欠周全。我们曾经对文化遗产做过系统的分类研究[1],初拟了文化遗产分类阶元表,在这个阶元表中,《世界遗产公约》所涉及的是不可移动物质文化遗产,后来《操作指南》补入介于物质与非物质遗产之间的"文化景观"类型,就弥补了世界遗产类型体系的缺失,并可以更好地与《保护非物质文化遗产公约》衔接起来(后者也专门设有兼具物质文化遗产要素的"文化空间",可以与物质文化遗产相关联,这与《保护非物质文化遗产公约》后出,学术基础更成熟一些有关)。不过,在上述文化遗产分类体系中,并无法纳入线路遗产这样的遗产类型,因为线路遗产属于线状遗产中的组成部分,属于以遗产的外部视觉形态为标准划分点、线、面的另一个遗产分类体系。在这个分类体系下,文化遗产可以划分为"点状遗产""线状遗产"和"面状遗产"。点状遗产就是我们的文物点或文物保护单位的主体,《世界遗产名录》中的绝大多数文化遗产也都属于点状遗产。线状遗产就是呈线形分布的文化遗产,主要指单纯的线状遗迹,既包括了沟通线形两端的"线路遗产"如古代道路、历史运河等,也包括了界隔线线形两侧的线形防御工程遗产如长城等;特殊的兼具其他目的和功能的线状或线性的遗产,就构成了所谓的文化线路。至于面状遗产,就是文化遗产的集中区域,那些密集分布在某一自然地理区域的、彼此之间又非遗产的间隔区域的、被线状遗产联系起来的、具有共同或相关历史背景的点状遗产群体分布地区,可以视为面状遗产。属于这个另

---

[1] 孙华:《文化遗产概论(上)——文化遗产的类型与价值》,《自然与文化遗产研究》2020年第1期。

类文化遗产分类体系的"线状遗产",尤其是其中的"线路遗产",鉴于其历史的重要性和保护的迫切性,应该作为文化遗产的主要类型之一,也应该作为世界遗产的一个重要类型。

在"线状遗产""线路遗产""线性线路""文化线路"这些遗产概念中,就遗产的保护而言,没有线状遗迹的那些线性遗产和文化线路(也有线性遗产和文化线路可能会有很长的线状遗迹),与有线状遗迹的线性遗产、文化线路和单纯的线状遗产,在管理方式和手段上有许多不同。如果没有线状遗迹需要特别保护,文化线路与线性遗产中的那些点状遗产,也就与一般的点状遗产保护没有什么不同。为什么这么说呢?

线状遗产,尤其是长距离的线状遗产和不同保存状态的线状遗产,其保护和管理都与点状遗产有所不同,难度也比点状遗产大。以中国大运河为例,该运河是南北贯穿中国东部平原的以航运为主要目的古代水利工程,是迄今为止世界上最长的运河,也是世界上渠道最长、规模最大、工程最复杂的古代运河。运河的始建可以追溯到公元前486年,经过隋唐、元明多次扩建,才形成了今天的规模。整个大运河系统包括隋唐大运河、京杭大运河和浙东大运河三部分,全长2 700公里,跨越了海河、黄河、淮河、长江、钱塘江五大水系,是中国古代南北交通的大动脉,至今大运河历史延续已2 500余年。鉴于大运河的重大历史价值,它以"遗产运河"的遗产类型被列入世界遗产名录。如前所述,所谓遗产运河,不过是线状遗产中的一个次级类型,也就是联系类河渠亚类中的一个小类。由于大运河河渠很长,经由地区既有河湖密布的江浙地区,也有河流干涸的华北地区,保存至今的大运河有航运依然延续的运河文化景观、已经无法航运但河渠仍然保存的运河历史遗存,以及渠道设施已经残破湮没的古代运河遗址三种不同的保存状态,不同保存状态的运河遗产的保护、管理和展示利用方式可能都不相同,需要进行专门的研究和具体的协调。

线状遗产和线路遗产是普遍存在的重要文化遗产。《世界遗产名录》中已有多处线状遗产,它们是长城(1987)、哈德良长城(1987)、阿姆斯特丹防线(1996)、塞默林铁路(1998)、圣地亚哥·德·孔波斯特拉朝圣之路(1998)、山地铁路(1999、2005、2008)、纪伊山圣地及朝拜路(2004)、上日耳曼·雷蒂安边墙(2005)、阿夫拉季灌溉系统(2006)、雷塔恩铁路(2008)、艾恩文化遗址(2011)、印加路网(2014)、中国大运河(2014)。此外还有多处没有线状遗产或线状遗产已经不存的线性遗产或文化线路,如香料之路:奈吉夫沙漠城市

(2005)、丝绸之路：长安至天山廊道路网(2014)等。由此可见,在世界遗产领域内,"线状遗迹"或"线路遗产"始终是以一种特殊的遗产类型存在的[1]。这些线状的文化遗产显然分为两类,一类是沟通类,指具有遗产性质和价值的古代道路、近代公路、近代铁路、人工运河和灌溉渠道;另一类是分隔类,也就是具有遗产性质和价值的古代长城、长墙或长堤,古代、近代甚至现代的军事堑壕和战壕。

  一条线状遗产,无论是驿路、公路、铁路,还是运河、灌渠、长城,在当初形成之时,往往就不仅仅是一条线形的设施,通常在线形设施沿线隔一段距离就有相关的点状配套设施和关联建筑群。这些线状遗产是线,相关遗存是点,从而呈现点线结合的遗存状况,形成以线状遗产为主干、点状遗产为依附的"线性遗产"[2]。要理解"线状遗产"和"线性遗产"的关系,我们不妨考察一下"线状遗产"产生和"线性遗产"形成的过程。在人口数量较少、土地资源丰富、农业适应性尚差的远古时代,人们只能选择一些自然条件相对优越,适合于当时技术水平的地点生产和生活,于是就形成了疏密不等的定居居民点。这些居民点往往是沿着坝子边缘、河流两岸、湖沼周边、绿洲沿线等分布,从而形成某种线性聚落的分布状态。当社会日益复杂化,尤其是社会发展进入较高层次的国家形态以后,古代国家为了管控自己疆域内的人民,就会在一些居民点设置管理机构。疆域辽阔的强邦大国,在不同的城市有不同级别的管理机构,从而形成不同层级的政治城市。大小不同的城市与乡村,其间需要有道路进行连接,国家首都至区域中心城市,区域中心城市至普通地方城市,基层地方城市与乡村主要聚落,都是靠条条大路联系起来的。体现国家权力的政令就是通过这些交通线路下达到地方,地方的治理情况和上交国家的赋税也是通过这些交通线路汇集到中央,古代国家的文化遗产如果完整地保留下来的话,就是由线状的道路连接起来的点状城市和村落组成的一张网络。只是这张网络随着社会的剧烈变动已经被撕破,古代城市已经毁弃或叠压在现代城市之下,古代的道路(包括水路)已经被废弃

---

[1] 有关数据统计根据刘庆余《国外线性文化遗产保护与利用经验借鉴》附表一(《东南文化》2013年第2期),并与最新的《世界遗产名录》进行了复核。
[2] 在中国学者讨论线状或线性文化遗产的论文中,他们将"线性文化遗产"的英文名称表述为Lineal or Serial Cultural Heritages。检索英文词组,未找到对应的解释,且往往不用lineal而用linear。在其他领域谈到线性的事物时,也往往用linear。从lineal or serial cultural heritage的英文表述上看,后者带有明显的系列遗产特征,故我们将"线性文化遗产"即"线性遗产"表述为linear Cultural Heritage或linear Heritage。

或由现代的公路和铁路所取代,传统乡村也改换了面貌成为现代村镇。只有边远地区的和特殊区域的一些古代道路、古代运河及其沿线的城镇被保存下来,成为原先网络的一个或几个残段。原先网状的文化遗产现在已经蜕变为线状的文化遗产,并且即使作为线状遗产也远非完整,只有一些线段即路段被保存下来。有的线状遗产已经完全不存,但原先在这条线路两侧的点状遗产仍然存在,形成了呈线形排列的遗产状况——线性遗产。

我国的线状遗产或线路遗产,由于古代中国中心地区是黄土堆积或黄土冲积的高原或平原,道路容易修筑得既直且平,到了近现代公路兴起以后,这样的古道很容易拓宽为公路,公路通车后带来了沿线经济的发展和文化的转变,古道和沿线古城镇也就不复存在;而边远山区的古道,往往是在崎岖起伏的河谷两岸的山麓或山脊上开凿的,坚硬的岩石和陡峭的绝壁使得这些古道只能随着地形地貌开凿,道路的弯曲度和坡度都很大,宽度却很狭窄,现代公路只能部分利用古道的路基或脱离古道另辟新的线路,故边远地区的古道往往保存较好。由于不通公路,经济不发达,这些古道沿线的历史城镇保存状况往往也较好。中国西南地区被列入《中国世界文化遗产预备名单》的川陕蜀道,以及该道连接的川藏古道(或称之为"茶马古道",并不很准确),都属于典型的山区古道。现在,随着乡村建设的迅猛推进,这些仅存的线路遗产残段也在不断被新的乡村公路所占压和破坏,保护线路遗产已经刻不容缓。由于我国不可移动文化遗产采用的是文物保护单位的制度设计,文物保护单位的保护又是以遗产所在区县为基础,而线状遗产或线路遗产往往跨区县甚至跨省市自治区,如何保护和管理这些线状遗产和线路遗产,是我们文化遗产保护管理部门和学界都应该关注的一个领域。

四、结语与余论

在文化遗产学界一些学者的文章中经常出现这样的话,遗产保护的专家提出一些新的遗产类型,并把这些遗产类型纳入世界遗产的范畴,这体现了世界文化遗产保护领域的发展趋势,即文化遗产的保护范围不断扩大,由单体文物到历史地段,从历史地段再至历史城镇,进而兼及文化景观、遗产区域,最后发展到串联几座甚至几十座城市、一个或多个国家的更大文化区域,纵贯或横穿多国的文化线路,体现了遗产保护学的进步。我们提出新的遗产类型,并把它们列入世界遗产的范畴,这是为了更全面地保护文化遗产,防止有些遗产类型被忽略而遭到破坏和危害。文化与自然复合遗产、非物质文化遗产、文化景观/文化空间这些遗产类型弥补了文化遗产类型的缺项,有利于我们关注这些遗产的保护。那么,线路遗产作为遗产分类中的特殊文化遗产,其管理和保护也存在不同于既有文化遗产的特殊之处,应该作为一类重要的文化遗产保留在世界遗产、国家遗产和地区遗产的概念和类型之中。

在遗产保护学界,部分专家还提出了一些与线状遗产相关和相近的概念,如"遗产廊道(heritage corridors)""文化廊道(cultural corridors)""历史路径(historic pathway)"等。这些概念有的表示的是文化遗产都强调空间、时间和文化因素,强调线状各个遗产节点共同构成的文化功能和价值以及至今对人类社会、经济可持续发展产生的影响,对这类文化遗产的保护产生了积极的影响,但从遗产分类体系的角度来说却容易造成概念和分类的混乱,不一定要采纳;但有的线状遗产所关注的环境景观,却有借鉴价值。美国是对自然和文化资源保护结合较早的国家,其包含了荒野保留地、自然风景区和文化遗产要素保护的国家公园系统,可被视为兼及自然和历史文化环境、自然景观、文化景观的遗产区域(heritage area)等整体性保护概念的体现。美国的国家遗产区域(National Heritage Areas,简称NHA)是由自然、文化和历史资源结合而形成的具有关联性的重要景观,也可被视为一种结合了历史和自然保护、休憩、教育和经济发展功能的新型国家公园。遗产区域既可指一片相当面积的区域,也可包含结合绿色通道发展和文化遗产保护的区域化所形成的遗产廊道(heritage corridor),美国的第一个国家遗产区域就是1984年认定的伊利诺斯和密歇根运河(Illinois and Michigan Canal)国家遗产廊道。截至2020年,该项目已登录跨越34个州的共55个国家遗产区域[1]。国家遗产区域的重要目标之一是促进这些文化和自然资源的利用,通过精心设计把自然和文化资源串联起来的游道(trail),尤其是道路、运河等线形遗产所串联起来的游道,是该项目的特色之一。这些游道所提供的休憩功能可带动公众遗产参与和教育、强化(廊道/线路上)社区之间的联结并促进地方旅游发展。当然,这些也可以作为我们线路遗产保护和利用的借鉴。

---

[1] https://www.nps.gov/subjects/heritageareas/upload/Final-printed-NHA-unigrid-2021-55-areas-508-L.pdf.

第三节　文化遗产的利用刍议

文化遗产利用是当今文化遗产保护界的一个热门话题。习近平总书记指出，要让收藏在禁宫里的文物、陈列在广阔大地上的遗产、书写在古籍里的文字都活起来。"让文物活起来"已经成为我们文化遗产保护行业和学界共同关注的问题。在国家机构改革的背景下，各级政府的文化遗产保管与旅游管理的行政机构合二为一，做好"文旅融合"，已经成为文化遗产工作的重要内容。如何全面和深入地理解"让文物活起来"，并在使文物"活"起来的过程中不至于忽视保护这个前提条件？如何在"文旅融合"过程中做好包括旅游在内的文化遗产利用，不至因过分重视旅游而导致文化遗产保护和传承的边缘化？这些都涉及如何合理地利用文化遗产的问题。笔者试从文化遗产利用的类型探讨入手，重点对展示利用和旅游利用谈点自己的看法。

一、文化遗产的利用类型

文化遗产是前人遗留给我们的宝贵财富，对于这份财富，不同的个人和群体都有不同的看法；如何使用这种财富，人们也会有不同的利用方式。利用建筑类文化遗产，改变其原先的功能，将其作为其他用途的室外和室内空间，就是一种最简单和最直接的利用方式。民国以后大量的寺观祠庙被改造作为学校等公共事业场所，当代许多废弃工厂的厂房被改造为第三产业或文化产业的空间，都是很典型的例子。当然，这种简单的利用方式所面对的"文化遗产"，有的能否被定义为遗产（如有的停业工厂的年代并不足以保证完成了代际传承，有的近现代建筑的代表性还相对缺乏等），还存在疑问；有的虽然肯定属于文化遗产或文物的范畴，但那些对遗产的利用方式，只是利用了遗产的次要价值而舍弃了其主要价值（如有的工业遗产，原本是一个集生产设备、工艺流程、原料和产品出入和堆放场所、保护这些设备和产品的厂房的系统，当这个工厂废弃后，拆除厂房内的生产设备或只留下具有当代艺术元素的个别设备，利用厂房作为其他产业和艺术场所），实际上已经偏离了文化遗产保护的方向，严格地说只是一种旧房利用而非遗产的保护利用。

不可否认，文化遗产所在的土地、场所、建筑以及传统技艺的创造物，都有实际的使用功能,具有当下的功能价值。在能够更好地保护遗产和确保文物安全的前提下,利用某些文化遗产的原有功能或改变某些文化遗产的使用功能,都属于文物合理利用的范畴。例如:

我国历史城镇和传统村落,其数量众多,形式多样。这类可以归入"文化景观"类型的文化遗产[1],本来就具有"活态"的非物质特征,保护文化景观需要识别、认识和维持"这些文化景观的动态演变过程"[2]。属于文化景观的历史城镇和传统村落,人们一直在里面生产和生活,现在仍保持着传统的活力,只要维持这种活力及其延续性,这类城镇和村落自然就是"活"的遗产。如果有意将世居民众从历史城镇和传统村落中迁出,强行中断这类遗产的延续性,本来"活态"的遗产才会蜕变为"死去"的遗产。即便在已经无人生息的历史城镇和传统村落中引入新的居民和生业,原先既有的传统已经中断,遗产的功能也已发生了转移和转变。这类文化景观类型的遗产,合理的利用就是保持其既有的功能并延续其历史的传统。

我国明清皇帝的宫殿本来是皇帝处理朝政和日常生活的场所,清王朝覆灭后就成为博物馆,展示明清皇家宫廷建筑、室内陈设与收藏。就如同欧洲许多古国国王和领主的城堡和宫殿一样,这些历史国家转变为现代国家后,国王和领主不再是这些宫殿城堡的主人,这些文物建筑也都转变为公立的博物馆或其他公共设施。这些都是建筑遗产(包括其内的陈设等)的合理利用。我国是多宗教信仰的国家,历史上兴建过大量的佛教寺庙、道教宫观和杂祀祠庙。当社会发展进入近现代后,随着社会的进步和科学的普及,历代积累的大量宗教建筑已经远超人们实际的精神生活需要,一些被列入文物保护对象的宗教建筑也被改作博

---

[1] 在有关世界遗产类型的国际文件中,"文化景观"是不可移动物质文化遗产的重要类型,其定义是"文化景观属于文化财产,代表着'自然与人联合的工程',它们反映了因物质条件的限制和/或自然环境带来的机遇。在一系列社会、经济和文化因素的内外作用下,人类社会和定居地的历史沿革。"(联合国教科文组织世界遗产中心等编:《国际文化遗产保护文件选编》,第273页)。这个定义由于将文化景观与整个文化遗产的关系说明放在了概念定性的位置,造成了一些误解。包括世界遗产的一些专家都认为,文化景观是兼具文化遗产与自然遗产的复合遗产。此外,世界遗产在文化景观类型之外,还另立有历史城市与街区的类型,却没有另立与历史城市和文化景观具有相同性质(有人生息、"活态"等)的"传统村落",这都是不恰当的。
[2] 联合国教科文组织《会安草案——亚洲最佳保护范例》(2005),载联合国教科文组织世界遗产中心、国际古迹遗址理事会、国际文物保护与修复研究中心、中国国家文物局主编:《国际文化遗产保护文件选编》,第354—355页。

物馆之类的展示场所,如北京的大钟寺被改为古钟博物馆,五塔寺被改作石刻博物馆等;一些没被列入文物保护对象的宗教建筑被改作学校、机关、医院、仓库、工厂等,如北京历代帝王庙就曾经一度改作中学校舍,四川阆中市的观音寺现在还是保宁醋厂的办公场所。我们知道,建筑的三大基本要素首先就是功能,古代宗教建筑原先营建的目的主要就是为了遮护里面供奉的神像,神像是核心而建筑是外壳。当神像在历次破坏迷信的行动中被移除或捣毁,建筑因为还有遮护等功能才被保留作为他用,这些宗教建筑的原有功能被削弱和改变。在保护好这些宗教建筑遗产的前提下,对已经失去了宗教功能的古代宗教建筑赋予新的用途,是建筑类遗产及其附属文物重新利用和转化利用的重要内容。

我国的遗址类遗产,大多属于以土木建筑为主体的遗址,古代的聚落、城市或专门场所的遗址往往在地表以下,遗址之上覆盖了厚薄不等的土层,地表以上往往就是现代乡村的农地[1]。这些遗址上的农地及宅基地名义上属于农村村集体所有,实际上已经基本固化为作为村集体成员的村民所有,这些村民中的相当一部分都还要依靠这些土地作为主要生产和生活资源,自然不能都作为遗址公园来建设,不能都用于展示利用和旅游利用。采取国家征购的办法,将重要遗址的全部或部分土地流转为文物保护用地,变集体所有和个人使用的遗址土地为全民公有,然后遗产管理部门可以在公有化的土地上经营大农业,这就可以从法规上和制度上保证遗产管理者可以按照保护规划的规定(如产业门类的筛选、作物种类的选择、耕种深度的控制等),来保护和管理好这些遗址。在遗址上经营受到保护规划管控的大农业,这也应该属于遗产的合理利用。

总之,即便是文化遗产具体的使用功能的利用,也多种多样。只要有保护为主的思想作指导,只要是不影响遗产的真实性、完整性和延续性,合理利用原本可以更好地维持和保全文化遗产的价值。

在目前的文化遗产乃至于自然遗产的利用中,最为常见的一种利用方式,就是通过宣传策划、环境包装,使更多的人知道某处文化遗产和自然遗产,并产生前来遗产所在地参观游览的兴趣,从而通过遗产地的门票销售和其他相关方面的收入,获得经济的回报。旅游利用的方式的确是遗产利用的重要方面,但却

---

[1] 遗址按照区位和土地利用方式,可以划分为城镇类型、乡村类型和草原荒漠诸类型,除了草原荒漠类型外,往往都与土地有密切的联系。由于古代人们居住的地方往往也是现代人们居住的场所,故遗址地表的土地以农地最为常见。参看孙华:《我国大型遗址保护若干问题的思考》,《中国文化遗产》2016年第6期。

受到许多条件的限制,不是所有文化遗产和自然遗产都适合开展旅游。笔者曾经考察过传统村落这种文化景观类型遗产,其中具有旅游的区位条件、资源条件和关联条件的不过百分之几,绝大多数传统村落都不具备开展旅游和发展旅游产业的条件。我们知道,在国内外的自然遗产之中,作为国家公园之类向公众开放的不过是其中一部分,有的国家公园的保护部分或某些自然遗产保护区是以保护为主,不对公众开放。同样,在文化遗产中,有些位置偏僻的遗址,以及有些地面无遗迹可看且周边无关联性景观的古代遗址,并不适宜建设供人们参观、休憩和旅游的遗址公园;有的位于草原荒漠地区的古代城址,其建筑遗迹暴露地表,遗迹状况和环境生态都比较脆弱,也不适合对公众开放和发展旅游。即使是将文化遗产向公众开放并开展旅游,我们发展文化遗产旅游的目的,也不应该是为了利用前人遗留的东西,赚取当下一点蝇头小利。人类保护文化遗产,就如同保护森林和野生动物一样,不是为了获得直接的经济利益,而是为了获得精神情感上的满足——历史上前人曾经见过和经历过的事物,我们也能够看到和欣赏,并希望我们的子孙后代也有机会观看,从而获得满足感和愉悦感,增加我们的想象力和创造力。如果我们任由这种曾经存世的事物消亡,就会因选择减少而变得孤陋寡闻[1]。人类保护自己先人创造和遗留的文化遗产,原本不是为了用这些文化资源获得当下的物质利益,而是从这些文化遗产中获得对过去历史的思考,对当下精神的满足和对未来世界的憧憬[2]。

既然遗产保护最主要目的是为满足人们精神情感的需求,那么,文化遗产的利用就主要有三大领域。首先是文化遗产的展示利用,即根据遗产的不同类型和保存特点,通过不同的展示方式和手法,将其呈现给观众,从而使观众从中受到教益和启发,获得赏心悦目的感受。其次是文化遗产的旅游利用,因为文化遗产与自然遗产一样,是一种宝贵的资源,具有稀缺价值、典范价值和情感价值,人们不顾路途遥远都想到遗产所在地观看这些遗产,利用这些文化遗产发展旅

---

[1] 联合国环境规划署《生物多样性公约》(1992年),联合国教科文组织《保护和促进文化表达多样性公约》(2005年)。

[2] 复旦大学杜晓帆指出,"过去的遗存之被视为文化遗产,从客观上来讲,就是它和原生社会文化环境产生了分离,进而来到了当下的语境,成为了一项有待保护和继承的文化资源"。"如果我们再往前追溯到西方的文艺复兴时期也会发现,人们在对古希腊罗马文化遗产的追寻过程中,本质上体现的是一种人文关怀,满足了人们重新认识自我的精神需求。从一开始,过去的遗存作为文化遗产进入到人们的视野当中时,首先满足的是人类的精神需求。"杜晓帆:《文化遗产首先应满足精神需求》,《人民日报》2018年6月13日。

游产业,使游客在旅游中获得身心的愉悦和情感的释放,也使遗产地的社会经济获得发展,当然也是文化遗产利用的重要方面。其三是文化遗产的创意利用,这是当今强调文化创意产业的主要内容。因为文化是复杂的整体,具有表层、中层和深层三个层面,其中深层的社会机制和中层的行为动机,在本文化中的人会感同身受,也容易熟视无睹,而非本文化的人难以领略,也不容易获得创造的灵感;真正能够或容易为人们所感知并激起创造欲望的主要是文化的表层,也就是文化具有特征的物质制品、艺术风格和表现形式[1],这正是文化遗产的内容。文化遗产才是文化创意的主要源泉。

当然,文化遗产的利用更主要的方面并不是遗产物化的具体产业价值,而是遗产所蕴含的抽象精神价值。保护文化遗产主要是为了满足人们怀旧和好奇的精神需求,文化遗产是全人类共同的经历了代际传承的财富,不能只为了满足遗产所在地的少数个人和小群体的经济利益,而剥夺(或有条件才能满足)普罗大众的游览、观看、鉴赏和体验这些文化遗产的权利。我国是社会主义公有制为主体的社会主义国家,所有的文化遗产和自然遗产,都附着于国有的或集体所有的土地上(即便是位于集体所有土地上的遗产,为了满足国家和全民的需求,也可以进行权益的变更),属于全民共有财产的文化遗产。因此,在文化遗产的利用上自然首要考虑全民的利益,而不能首先考虑遗产所在地个人或小群体的利益。

二、文化遗产的展示利用

人们保护文化遗产主要不是为了满足自己物质生活的需要,而是为了满足自己精神情感的需求。要满足人们的这种需求,文化遗产的所有者和管理者就需要将遗产展示出来,让公众能够观览到这些遗产,与这些遗产发生主客体的联系,才能通过遗产所蕴含和所展现的各种信息源[2],认识遗产的历史、艺术、科学

---

[1] 章建刚:《〈文化多样性保护国际公约〉可能保护什么?》,百度文库/教育专区/高等教育/哲学,2014年8月3日,网址 https://wenku.baidu.com/view/2930c870915f804d2a16c14e.html。
[2] 《奈良真实性文件》将这些信息源归纳为:"形式与设计,材料与材质,利用与功能,传统与技术,位置与环境,精神与情感,以及其他内部因素和外部因素。"这是遗产真实性的要素,也是遗产价值的信息源。译文引自与世界遗产公约相关的奈良真实性会议《奈良真实性文件》(1994),联合国教科文组织世界遗产中心等编:《国际文化遗产保护文件选编》,第141—143页。

和其他相关价值,从而受到教育和启示,产生怀旧情感和心灵共鸣。另一方面,文化遗产保护需要大量资金的投入,作为保护的主体国家和国家下属的各级政府机构,当然是遗产保护的主体和责任人,有责任将遗产保护资金纳入自己财务支出的资金预算。这些遗产保护的政府投资,其资金来源主要是纳税人所缴纳,因此,遗产保护的成果理所当然地应惠及作为纳税人的民众,有条件开放的遗产都应该面向公众进行开放。

要将文化遗产开放并展示给公众,从内容到形式上都需要进行相关研究,选取恰当的展示形式,才能将遗产的历史、艺术、科学价值等内容恰当地呈现出来,公众才能理解所展示的文化遗产。在文化遗产展示利用中,内容的展示最为重要,这需要遗产保护和管理的从业人员先研究遗产,认知他们管理区域内的遗产资源、遗产类型、遗产单位和遗产关联性,做好遗产的基础研究。只有在管理者自己真正理解了这些遗产的基础上,才能对这些遗产的历史、现状、价值和意义进行解释。在学术界基本认同这种解释的前提下,再用公众熟悉的语言,也就是我们常说的"博物馆语言",进行二次诠释,从而使前来参观文化遗产的公众能够看懂这些遗产。而要将遗产蕴含的丰富多彩的内容准确、精炼和明白晓畅地传述出来,选取恰当的展示形式也至为重要。需要根据文化遗产的不同类型和特征,采取不同的展示手法,从而将该遗产的现状全貌、背后故事、价值意义和关联信息呈现给观众,使观众能够从遗产所在地林林总总的大量信息中注意到遗产本体,以及相关的重要或主要的历史文化信息。我们现在已经相当重视遗产的展示,运用了许多展示手法来展示我们的遗产,如原状展示、标识展示、复原展示等。现在我们的展示手段越来越多,对文化遗产所体现的内涵却往往揭示不够,形式重于内容,给人过犹不及之感。要避免出现文化遗产展示"买椟还珠"的现象。

在文化遗产诸多类型的展示中,可移动物质文化遗产展示即文物的博物馆展陈已经有了很长的发展历史,对内容与形式的关系认识比较深入,有不少被业界嘉许和被公众肯定的著名博物馆、艺术馆以及精品陈列。相比之下,我国不可移动的物质文化遗产展示起步较晚,还处在探索和经验积累阶段。在所有文化遗产类型中,非物质文化遗产的展示最为困难,这主要有两个原因:一是非物质文化遗产"是指各种以非物质形态存在的与群众生活密切相关、世代相承的传统文化表现形式",这些表现形式要么没有物质形态,要么虽有形态却不固定,除了传统技艺类非物质文化遗产的产品具有博物馆可以展示的物质形态外[1],其余非物质文化遗产都难以采取传统博物馆展陈的方式进行展示。二是由于非物质文化遗产被纳入遗产保护学界的视野较晚,保护和管理的基础理论和方法研究的历程较短,博物馆学界对如何展示非物质文化遗产的研究和实践都还不足,如何在博物馆内或非遗"文化空间"中展示缺乏物质形态的过程类非物质文化遗产,还需要进行研究和探索[2]。因此,我们这里主要讨论不可移动文化遗产的展示问题。

目前文化遗产学界常见的展示利用手法主要有原状展示、标识展示、复原展示三大类。此外,虚拟仿真等手法也在不同类型的文化遗产展示中被广泛应用[3]。

(一)原状展示的问题

文化遗产的原状展示是指遗产管理者和展示设计者对需要展示的遗产,只做必要的游线安排、简要的标牌说明和适当的环境整治,不附加更多的标识和复原的展示手法。在不可移动文化遗产中,无论是建筑、雕塑(石窟寺及石刻)和遗址,还是集建筑、雕塑和壁画于一体的"纪念碑",这些遗产都具有较好的视觉观赏性,适宜于将其原状原封不动地呈现给观众。需要注意的问题有二:一是对于汇聚了多个文物类型的建筑群或石窟寺等遗产,如何将其整体的价值展现出来?二是对全部或部分暴露于地表的遗址类文化遗产,如何在残缺不全的立面甚至平面空间中给观众呈现出遗址的整体形象?

关于第一个问题,可以作为案例的如山西应县佛宫寺。这是一座具有辽代

---

[1] 关于非物质文化遗产的类型划分,国内外有七大类、十大类、十三大类、十六大类等分类方式,此外还有"文化空间"这一介于物质与非物质文化遗产之间的特殊类型(参看联合国教科文组织《保护非物质文化遗产公约》,载联合国教科文组织世界遗产中心等编:《国际文化遗产保护文件选编》,第228—238页;中华人民共和国国务院《国家级非物质文化遗产代表作申报评定暂行办法》《国务院办公厅关于加强我国非物质文化遗产保护工作的意见》,国办发2005年18号;中国民族民间文化保护工程国家中心编:《中国民族民间文化保护工程普查工作手册》,文化艺术出版社,2005年)。按照笔者对非物质文化遗产的理解,非物质文化遗产首先可以是否有行为产物的标准划分为两大类:第一类是注重行为本身而不是物质结果的遗产类型,行为过程主要是为了满足人们精神的需求,并无具获得物质产物的实际功能;第二类是注重行为产生的物质结果的遗产类型,是人们以传统技艺生产、制作、加工或创作某种产品以获得某种物质产品的回报。
[2] 张娜娜:《中国非物质文化遗产展示现状及问题研究》,《中国艺术时空》2019年第5期。
[3] 路霞、叶良、吕小辉:《古迹遗址展示内容和展示方法选择研究》,《浙江建筑》2019年第3期。

皇家背景的佛教寺庙,寺庙属于以塔为中心的寺院布局类型,现存建筑木塔属于辽代清宁二年(1056年)的原构,周围附属建筑都为明清重建。从民国年间梁思成先生等发现并调查和分析应县佛宫寺释迦塔开始,学术界对该寺的关注点始终是在最显著的木塔上,而对木塔内的塑像、壁画以及佛藏关注不够。陈明达先生已经对辽代佛宫寺与辽应州城的关系以及辽代佛宫寺的布局和形态做了很好的复原研究,罗炤先生则对释迦塔木构建筑与像设的关系和各层像设的内容进行了很好的历史考证[1],佛宫寺及释迦塔的基本内容和历史艺术价值已经比较清楚。应县佛宫寺释迦塔不仅是保存至今的年代很早、体量高大和结构复杂的木塔以及以塔为主体的辽代佛寺类型,而且寺庙的建筑、塑像、壁画、经藏要素均备,为认识唐辽显密兼修的佛寺提供了最好的样本。展示应县佛宫寺不仅要展示木塔,而且要将这些其他内容全面地呈现给公众。

关于第二个问题,也就是遗址的原状展示问题,使用这种展示手法的遗址需要有一定的可读性,遗址全部掩埋于地下而没有遗迹露头,或者考古学家所揭露的遗迹零乱破碎,都不宜使用原状展示,否则观众将难以看懂。比较适合遗址原状展示的是以砖石类建筑为主体的遗址,以及位于草原荒漠等人为干扰较少地区的遗址。对于只有部分遗迹露头的遗址,需要通过原状展示与标识展示等手法相结合,才能够使得观众对该遗址有较为全面和准确的理解。例如贵州遵义汇川区的海龙屯遗址,是宋至明代播州土司的山上卫城,山城位于陡峭的高山之上,从山下至山顶层层建立石构关城,构建成了一个易守难攻的军事要塞。被明军攻陷并破坏后,海龙屯成为遗址,只有石构的城墙、城门、衙署殿基等建筑尚保存并暴露在地表[2]。有关部门在考古发掘和研究的基础上,对这些遗址脱离主体石构建筑的石块进行了复位、重组和环境整治,在山前兴建了一个小型博物馆作为介绍遗址历史和全貌的窗口,这无疑是恰当的;但后来在山前兴建了大规模的土司小镇,不仅冲淡了山上遗址的原状展示效果,而且容易使人产生误解和曲解,实在是一种愚不可及的做法。

(二)标识展示的问题

文化遗产的标识展示是指文物古迹仍然保持其原有的埋藏状态或考古发

---

[1] 陈明达:《应县木塔》,文物出版社,1966年;罗炤:《应县木塔塑像的宗教崇拜体系》,《艺术史研究》第12辑,中山大学出版社,2010年,第189—216页。
[2] 李飞:《考古学视域下的土司遗产:以海龙囤为中心》,《南方文物》2015年第1期。

掘后填土回埋状态,而在地表用泥土堆积、砂石铺设、植物种植等方式表现其平面布局和形态轮廓,从而起到保护文物原状和传递历史文化信息的作用。遗址的标识展示适用于东方以土木建筑为主体的"软"遗址,这类遗址在历次重建和重修时往往会打破即损伤先前的建筑,废弃成为遗址后也容易遭到后人活动的破坏。考古发掘出来的这类遗址往往呈现残破的状态,暴露在外难以保存,观众也难以看懂,需要给他们提供主要建筑全遗迹的整体平面形象。标识展示手法就很好地适应了这种遗址的展示。

遗址的标识展示手法对遗址地下的文物本体干预较小,观众容易理解,在遗址展示中运用越来越广泛。早期的遗址标识展示手法在日本的大型遗址中运用后,韩国和我国也纷纷效仿,现在不少遗址都可以看到采用标识手法展示的遗迹或遗迹群。遗址的标识展示存在问题主要也是两个:一是都城这类规模宏大的城市遗址,如何不仅标识出宫殿衙署区的主要殿堂,而且能够将整个城市功能区的边界和道路肌理都标识出来,从而使公众能够看到并理解整个城市遗址而不仅是个别建筑遗址;二是在标识手法上,如何根据不同类型的建筑遗迹使用不同的标识材料,并在整个城址和整个建筑群中,能做到同类性质的遗迹标识材料的统一,同时与不同性质的遗迹判然有别。此外,在垫高或包裹标识对象的同时,如何使标识的遗迹与整个建筑遗址群的体量关系以及与整个遗址原地面的高度关系不发生大的变化,从而使公众不至于对遗迹产生理解上的偏差,也是值得关注的问题。

上述两个问题的解决,取决于所要展示遗址考古工作的深度和广度,取决于遗址范围内土地权属是否处于遗址管理者的可控范畴,也取决于管理者对遗址规划和展示设计者的设计要求。在一座遗址(尤其是城址)的边界、路径、节点、功能区和标识物等要素都已经被考古工作查明的情况下,在城市土地权属已经转移到全民的遗址主管部门管控下的前提条件下,遗址保护和展示规划和方案应该考虑将全部或主要遗址要素进行标识展示。这些标识展示的内容既包括平面布局方面的内容,如遗址边界的环壕或城池(尤其是城池的拐角)以及作为出入口的城门,主要交通和给排水的道路和沟渠,主要节点如主干道的交互路口和宫殿衙署前的广场,能够显示城市性质的重要功能区如宫殿、衙署、庙宇、军营等,以及具有该遗址代表性特征的高台建筑和佛塔之类;也包括了遗址立面的信息,如标识地面和建筑台面究竟抬高了多少,应该有探沟作为展示的窗口,让公众不仅能够窥见真正的遗迹,还可以了解遗址原地面与现地面的高差,从而满足其对沧海桑田遗址变迁的好奇心。

在目前实施展示工程的遗址中,还有一些需要改正的展示设计问题。最突出的一个问题是,尽管已经是覆土标识展示的遗址,不存在游人踩踏损害遗址的问题,本来做一些小的指示牌引导游客参观路径即可,却仍然在遗址上设计建设了木构或钢木结构的步道。这些步道尽管具有可识别性(实际上覆土上用其他材料重新建构的遗迹形态,也是新物而非古物,无须进行可识别设计),在视觉上却干扰了遗址固有的道路系统,有画蛇添足之嫌。还存在标识设计意向错误的问题。有的建筑基址的台基表面已经被破坏,只保留了柱磉的遗迹。柱子小于磉墩且从台基表面向上延伸,而磉墩大于柱子且从台基表面向下延伸。有的展示设计者似乎没有明白这两种不同建筑构件的性质,在展示设计中在覆土标识的台基上又用较高的植物修剪成立方体的磉墩,台基上密布耸立的磉墩,挤压了台面有限的空间,既给观众以错误的提示,也给登临台基参观的游人以进入"八阵图"之感。此外,有的建筑群的保护工程没有很好理解一个建筑群的不同建筑空间单元的异同,采用相同的标识材料来标识台基和庭院,而相同的廊庑台基却用其他颜色的其他材料来标识,这就造成了视觉上的混淆。尽管古代建筑的门厅、殿堂、廊庑的台基与庭院基础往往都用土夯筑,但那些台基上面都有房屋覆盖以区别于敞开的庭院,建筑群的展示需要将台基与庭院用不同颜色的不同材料进行标识,公众才能够看得明白。诸如此类遗产标识展示设计的小问题,却可能带来内容信息传递的大影响,在展示设计中不得不加以关注。

(三) 复原展示

复原展示是文化遗产展示的重要手段。它是指文物古迹已经损毁或部分损毁后,根据现存遗存现象、先前记录资料和其他来源的信息,对原状的全部复原或部分复原再现的展示手法。这种展示方法的优点在于能够真实展示文物古迹所要表达的历史信息和文化内涵,而且能够再现它的宏伟气势或可能的历史情景,让人们可以直观感受到它要表达的东西。但是这种方法必须要严格依据考古资料和文献资料,对其建筑形式、建筑材料、工艺技术、细部装修或内部陈设都要充分了解,这样才能恢复其真实性[1]。由于在遗址上采用这种展示手法会对文

---

[1] 郭青岭:《日本古文化遗址博物馆考察启示》,《史前研究》2006年,第249—254页。

物本体造成较大的干扰,一般不赞同在遗迹上采用这种展示手法[1]。

文化遗产的复原展示与古代建筑的重建有某种相似之处。历史建筑在其存在的年代中,历代都会有重修活动,保存至今的木结构建筑尤其如此。有些历史建筑主体结构还是始建时的原构,次要结构却已经是后代重修的遗留。为了恢复这些建筑的旧观,于是有对历史建筑进行部分复原修缮的尝试。例如梁思成先生对河北正定县开元寺钟楼修复时,拆除了清代重修时期的上层部分,按唐代的风格复原了钟楼的上层,以与唐代的下层相协调;祁英涛先生修复山西五台山南禅寺时,拆除了明清时期增添部分,恢复了唐代建筑的旧观。历史建筑遗产的部分复原,需要有足够的依据,并须非常谨慎,一般不提倡,由上述二例存在的争议可见一斑。至于古建筑的复原重建,也就是指重建已经不存在的历史建筑,有两种情况:一是有历史依据的重建,旨在保护历史建筑的位置环境、设计思想、形制结构和传统工艺,如河北正定县阳和楼的重建等就属此类。二是缺乏历史依据的重建,重在延续地方历史文脉,恢复地方文化的标识,如我国的滕王阁、黄鹤楼、鹳雀楼等许多名楼的重建。这些古建筑的部分重建,目的之一就是满足观众对昔日人文景观的追忆,与遗产的复原展示目的相似,尽管我们并不提倡,也无可厚非。

复原展示的手法不仅运用于复原展示遗址和建筑群等不可移动文物,复原建筑内部的陈设场景甚至更为常见。我们所参观的许多历史纪念地、名人故居、衙署祠堂等,其内部摆放的家具、器物、装饰肯定不是当初的原物,而是重新收集、拼凑、复制而"再现"的场景。

无论哪种展示手法,都需要有说明和讲解与之配合。文化遗产往往历史悠久,种类多样,其本身性质、形成背景、与之相关的人和事等都错综复杂,就连专家也难以全部弄清楚。因而在遗产向公众开放前,就需要制定解说策略,编写遗产的介绍、展示大纲、说明标牌、解说词等,并对解说员进行培训,以便使公众能够理解遗产并对遗产产生敬重之心。目前,遗产地的解说还存在许多问题,解说员向公众讲述的都是似曾相识的故事,编造的怪异、神奇、象生类的解说词占据了相当大的部分,而传授知识的内容却甚少。许多著名的自然和文化遗产,无论

---

[1]《中国文物古迹保护准则》:"原址重建是保护工程中极特殊的个别措施。核准在原址重建时,首先应保护现存遗址不受损伤。重建应有直接的证据,不允许违背原形式和原格局的主观设计。"

是看导游资料还是听导游解说,都无法得知该遗产地何以会成为世界遗产、国家遗产和地方遗产,因此对文化遗产的讲解还需要改进。

三、文化遗产的旅游利用

文化遗产是一种可以利用的产业资源,最简单也最容易想到的利用方式就是将其作为旅游资源,发展文化遗产旅游。自20世纪90年代以来,中国的遗产地旅游业发展很快,名山大川、古城古寺都人满为患。然而,中国现在的文化遗产旅游业也面临着很多问题。例如,我们的旅游人群还是集中在一些宣传较多、知名度高的遗产资源上,许多很好的优质旅游资源被忽略;再如,我们的旅游模式还基本停留在"上车睡觉""到此一游"的初级层面上,高层次的对遗产的体验式慢速旅游才刚刚起步;还如,我们各地政府和企业都将旅游经济的注意力集中在遗产地的门票收入上,造成遗产地门票奇高,当地与文化相关的创意旅游产品却缺少的局面。诸如此类的我国文化遗产旅游业普遍存在的问题,一直遭到公众和业界的诟病,但由于机制和管理等诸方面的原因,这些问题一直延续和积累,迄今没有太大的改进。

要改变目前文化遗产旅游利用的这种局面,需要采取多方面的应对措施。针对第一方面的问题,旅游管理部门和宣传部门要适当地减少对一些知名文化遗产旅游地点的宣传和推介,相应地加大对不那么知名却很有价值的文化遗产的宣传推介力度,分流一些游客到祖国其他文化遗产地去旅游观光。针对第二方面的问题,在当今文化与旅游融合的大背景下,需要逐渐开拓诸如文化线路和景观廊道这样的绵长的旅游线路,还需要引导不同需求的游客到不同文化类型的文化遗产地旅游,如引导一些退休的老人到传统村落长住以感受不同于历史城市的文化传统等。针对第三方面的问题,要研究提升重要文化遗产地的管理级别,将代表国家历史发展主脉或具有很高文化价值的遗产地收归国家垂直管理,将被少数个人和企业集团管控的文化遗产收归各级政府管理(或政府出资委托企业进行物业管理),实行遗产地低价门票并对门票进行限价,提倡发展文化遗产创意的旅游产品,从而使文化遗产旅游真正回归满足人们精神需求的保护遗产的根本目标。当然,我们的文化遗产学界和旅游学界的从业人员也应该研究如何做好文化遗产的旅游,研究的专题可以有多种,最重要的当然是作为旅游资源的文化遗产地权属的研究、文化遗产地管理模式的研究、文化遗产地保护与旅游关系的研究、文化遗产类型与旅游方式的研究，等等。此外，针对不同文化遗产资源的旅游方式研究，包括中国传统旅游的借鉴、传统文化与旅游关系的研究等，也应该作为研究的专题。下面，笔者就以我国古典园林和线性遗产为例，对文化遗产的旅游利用谈一些初步的想法。

（一）旅游的"动观"与"静观"

"旅游"是由"旅"和"游"两个相互依存的要素组成的系统，因而有旅游关系问题的研究。按照旅游学界人士的通常看法，在旅与游的关系上，旅要快，游要慢，快慢交替，相得益彰，才称得上是"善行旅游"[1]。不过，旅快游慢的规律总是相对的，有的旅游系统是由交通线路系连的若干"旅游点"所构成，旅游点与旅游点之间的交通路线上没有景观廊道可以观览，在这样的旅游系统中，当然是旅得越快，旅中消耗的时间越少越好；有的旅游系统，交通线路同时也是景观廊道，在这样的旅游系统中，就需要将旅的节奏降下来，才能做到一个相对完整的游。

中国江南私家园林非常有名，过去江南私家园林的代表是扬州地区的园林，有"扬州园林，苏州街市"之说。清代后期战火及扬州盐商衰落后，扬州园林受到极大的摧残，原先并不很有名的苏州私家园林因此成为江南古典园林的代表。苏州的拙政园、留园、网师园、环秀山庄、沧浪亭、狮子林、艺圃、耦园、退思园等9座园林已经被列入《世界遗产名录》。苏州园林都是宋代以来达官贵人的私家园林，除了拙政园、留园等规模稍大外，大多规模较小。苏州古典园林中这些私家园林代表成为公园以后，尤其是这些园林成为世界文化遗产以后，大量的旅游者涌入，旅游的质量自然会大受影响。陈从周先生在一次讲演中这样说道："园林的立意，首先考虑一个'观'字。……怎样确定这个园子以静观为主呢？或者以动观为主呢？这和园林的大小有关系。小园以静观为主，动观为辅。大园以动观为主，静观为辅。……这样一来得到什么结论呢？小园不觉其小，大园不觉其大；小园不觉其狭，大园不觉其旷。"[2]陈先生这番话当然非常正确，他

---

[1] 曹宁、明庆忠：《"慢旅游"开发的基本理念与开发路径探讨》，《旅游论坛》2015年第1期。
[2] 陈从周：《中国的园林艺术与美学》，上海市美学研究会、上海社会科学院哲学研究所美学研究室编：《美学与艺术讲演录》，上海人民出版社，1983年，第670—682页。

是从当初园林的主人及与主人相关者的角度来谈如何游览江南私家园林的。我们知道,江南私家园林原先是私人住宅后或别墅旁的花园,造园的目的是满足主人家眷及亲朋好友游观之需,现在这些私家园林都从"私园"变成了"公园",营建园林当初的功能需求就与现在的需求出现了一些差异,难以充分满足旅游者游观的需要。换句话说,在本来就游人如织的江南私家园林(尤其是那些小园)中推行静观的话,很容易导致游客拥堵,不仅静观者只有游人可观,动观者也会游走不畅。

要改善江南古典园林从私园变成公园后的旅游状况,要领略当初江南私家园林的美学意境,需要这些古典园林所在城市恢复和开放更多的园林资源[1],需要从这些古典园林所在城市整体上去规划旅游的线路,需要宣传和引导游客游览那些先前不太知名的新对公众开放的古典园林,还需要考虑在园与园间"旅"的过程中如何"游"的问题。整治和维护园与园之间历史街区的风貌,修复和美化传统街市的景观和环境,强化和丰富园林之间街巷的服务内容等,都是需要历史城市管理者和文化旅游管理者仔细考虑的问题。

中国古典园林,即便是规模很大的皇家园林,如北京颐和园、河北承德避暑山庄等,其作为旅游目的地来说,也就是一个参观地点或参观项目。它们往往是旅游目的地,在这样的园林中游览是以动观为主而静观为辅,并且即便是步行或乘电瓶车的"动观",也要穿插着许许多多的"静观"。缺少了这些静观,游览中国古典园林的意趣就会大打折扣。据说著名的建筑学家贝聿铭在游览承德避暑山庄时就兴趣索然,不断催促陪同他游览的朋友尽快结束游览,直到游览山庄周围的外八庙时,才产生了浓厚的兴趣而久久不愿离开。究其原因,恐怕与避暑山庄原先可以入内的建筑现在多大门紧闭,建筑内外的附属摆设都已经被移去,抵近静观已无物可看的现状不无关系。

(二)中国传统的长途旅游

旅游类型研究是旅游学界的重要研究内容之一。由于分类标准不同,旅游类型的划分也多种多样。有的研究者以旅游者的旅游对象为标准对旅游进行分类,有的研究者根据旅游者的所属社群对旅游进行分类,有的研究者根据

---

[1] 据笔者所知,江苏苏州和扬州等城市及郊区的古典园林和废园都多达百处,需要很好地分批恢复修缮并做好环境整治,然后陆续向公众开放。

旅游者的旅游目的进行分类,还有研究者从旅游者与旅游对象之间的关系对旅游进行类型划分[1]。按照笔者对旅游的初浅理解,中国传统的旅游至少有三种类型:

第一种是以居家或工作所在地为基点,以周围古迹、名胜和山川为对象的短距旅游。这种旅行往往是在工作和读书之余进行,具有消闲性质。旅游距离一般不会太远,当天往返者居多,即使不能当天返回,也只在外面逗留较短的时间。通常这种旅行都是家人或亲朋好友结伴同行,都要准备一些适合在野外就餐的食品,如果在外居住,一般就近选择寺庙道观或私宅农庄。由于是闲暇时节的短途度假旅游,旅游者身心不会太劳顿,更容易触景生情,中国古代许多著名人物所写的游记,多是在这种旅游状态下的作品。当然也有带有学术目的的这类短途旅行,北宋张礼的《游城南记》即其一例。

第二种是趁学习、公务和商务之便,顺道进行的长途旅游。这类旅游在中国古代也很多,在这之中有远行拜师学艺的,有前往省城或京师考试的,有前往某个州县赴任的,也有外出长途经商的。无论是哪一种目的远行,古人都会珍视这来之不易的机会,顺便考察沿途的山水风光、名胜古迹、风土人情。即便如趋利长途奔波的商人,他们也会注意经商旅途中的风景名胜,徽商编写的经商路线指南中就注明了一些著名古迹的所在[2]。古人出行都是乘船、骑马、坐轿或步行,旅行速度虽慢,却也有时间从容游览观赏。旅行中或旅行后记录下印象深刻的所见所闻,也就成了一种风气。宋代范成大的《吴船录》、陆游的《入蜀记》,以及韩国大量的"朝天录"和"燕行录",都是这种旅游的产物。

第三种是"读万卷书,行万里路"的长途专门旅游。这种旅游有明确的针对性,旅程一般较长,旅游者出发前都有周密的计划。旅游者首先通过前人文献了解计划旅游地点的情况,熟悉一些著名诗人词客在这些地点留下的诗文,以便根据前人著述的指引去游览,并能够在先前文豪的启发下找到一种共鸣。进行这类旅游的人群很小,留下来记录他们行程的文字更少。西汉的史学家司马迁、明末的探险家徐霞客等,都属于这一类。受中国文化的影响,日本、朝鲜和越南也有这样的旅游者,清末到中国旅行的日本汉学家竹添进一郎,也可列入这类游

---

[1] 陈国林:《中国旅游文化类型研究综述及研究价值》,《四川旅游学院学报》2017年第2期。
[2] (明)黄汴著,杨正泰校注:《天下水陆路程》,山西人民出版社,1992年。

客,他的汉文游记对了解清末蜀道川江沿线的风土人情,至今仍有帮助[1]。

无论是哪一种类型,限于当时的交通设施,古人的旅游花在路上的时间都是很多的,即便是当日往返或一两日往返的短途旅行。因此,古人会很珍视旅途中的观玩,而不是仅仅限于一二旅行目的地。所谓"乘兴而往,尽兴而归",就是在形容这种旅行。当下中国的旅游基本还处在一个初级阶段,要发展文化遗产的旅游,使人们从旅游中获得身心的愉悦和知识的收获,不仅需要学习外国旅游业的长处,也应该总结中国传统旅游的经验,从而使我国文化遗产的旅游尽快改变"旅多游少"和"到此一游"的状态。

(三)须走着看的"线性遗产"——景观廊道

除了草原骑马民族建立的国家外,任何一个古代国家,其统治中心与周边的政治和经济联系都必须依靠陆上和水上的交通线来维系。事实上,包括中国在内的古代国家,首都、地方中心城市、地方城市和基层村镇,都是由交通线联络起来才构成一个政治体系的。因此,我们国家的文化遗产实际上是由线性遗产串联的遗产区域和遗产地组成的一张网络,只不过近代以来,这张网络的绝大部分已被破坏,只剩下一些残段和残余地点。

在目前中国的线性文化遗产中,保存较好的是山区的古道,尤其是两省交界处的高山峡谷古道。例如浙江与福建之间的"仙霞古道"、江西与广东之间的"梅岭古道"、湖北与重庆之间的"三峡古道"等[2]。在这些古道中,最著名的是川陕之间的古驿道(即狭义的蜀道)、汉藏之间的古道,以及滇缅古道的云南路段等。这些古道由于地处地形崎岖的山区和海拔很高的高原,不少地段保存下来了,它们既是古代中国中心地区联接西南地区的最重要的纽带,也是线性遗产中具有跨文化和跨文明特征的文化线路。除了陆地的古道外,诸如大运河、灵渠这样的著名线形人工运河,也是古代最主要的交通要道。这些水陆古道经过的地区,往往景色秀美,古迹众多,是开展乘船旅游、徒步旅游和车行/船行与步行相结合的旅游的非常理想的景观廊道。

---

[1] [日]竹添进一郎著,张明杰整理:《栈云峡雨日记》,中华书局,2007年。
[2] 罗德胤:《仙霞古道:沟通浙闽的古商道》,《中国文化遗产》2015年第2期;杨志坚:《梅岭、梅关、古道与梅花》,《火山地质与矿产》1999年第2期;重庆市文物局、重庆市移民局、西安文物保护修复中心编著:《三峡古栈道》,文物出版社,2006年。

不过,在线性遗产的景观廊道开展以动观为主的动态旅游,作为地方政府、文化遗产和旅游管理部门,应该关注以下几个问题:

其一要有保护这些古代交通工程的专项地方法规,使得保护和利用有法可依,防止新的破坏和阶段古道画地为牢的现象。古代道路过去是国家道路,古道、桥梁、关隘、驿铺及其沿线行道树等都是国家财产,没人敢去破坏或占用[1]。自从古道废弃以后,古道的权属变得模糊起来,沿途的一些村社集体和个人认为国家既然不需要这条道路了,这条道路就成了属于村社集体或个人的资产。这种认识是不正确的。古代道路是国家公有财产,国家从来没有宣布这些道路的处置权下放给村社集体或个人。需要出台地方法规,重新明确古道全民所有的属性以及国家道路遗产的性质,这样才有利于国家文化旅游行政部门对古道进行疏通、保护和管理,才能利用古道发展旅游。

其二要有系统论和系统规划理论的思想。古代交通网络本是一个体系,保护和利用这些古代交通遗产,也要按照整体保护和利用的思路,将古道之类看作一个由文物、古迹和景观要素组成的系统,看作是由线状遗产古道串联沿途点状遗产形成的线性遗产[2],线、段、点结合,分清层级,统一进行规划、疏通、建设、管理和利用。交通网络强调的是要"通",不宜将古代交通线路分割成一个个独立的缺乏联系的景区。像川陕古道(蜀道)广元段明月峡景区和剑门关景区那样,将一段不长的峡谷道路两侧堵住,形成一个孤立的景区,以此收门票发展小旅游产业,已经背离了全线发展大旅游和全域旅游的方向,不甚可取。

其三要加强古代交通遗产资源的调查研究。笔者近年在调查丝绸之路南亚廊道东线时深深感到,我国不少古代道路,尤其是翻越高山丛林的路段,目前还保存相当好,除了川陕古道广元段外,川藏古道的小相岭段、川滇古道的清溪

---

[1] 以川陕古道剑阁至梓潼段为例,由于古道沿途的柏树是明代栽种的行道树,受到明清两代当地政府的保护,也受到当代当地政府的明令保护,由当地林业局挂牌保护管理,这些行道树就保护很好,形成了一道著名景观——翠云廊。
[2] 在世界遗产领域,没有"线性遗产"的概念和类型,线性遗产这个概念见于单霁翔先生的论文中。按照笔者的理解,线状遗产是指呈线形的遗产的本体,但较长的线状遗产都会串联沿途的点状遗产,从而形成点线结合的"线性遗产"。因此,线性遗产这个概念是有利于文化遗产的保护和管理,比起目前国际遗产界流行的距离文化遗产本身较远的"文化线路",是一个更好的概念。单先生的论述参看单霁翔:《大型线性文化遗产保护初论:突破与压力》,《南方文物》2006年第3期;笔者的讨论参看孙华:《论线性遗产的不同类型》,《遗产保护研究》2016年第1期。

关段、昆大古道的炼象关段、滇缅古道的博南山段、高黎贡山诸路等也都保存得相当好,有的路段保存了铺石路面的古道长达数十千米,且沿途植被景观多保存较好。要深入了解、挖掘、揭示和阐释这些古代道路沿线的著名景观,摸清家底,使这些景观能够串联成为一条景观廊道,从而实现真正的古代道路的旅游利用。现在古道所经的许多地方都在新建设和铺设旅游步道,实际上这些地方的古道就是现成的旅游步道。只要定期芟除古道上的杂草灌木,给予适当的维护和修复,这些古道完全可作为很好的旅游资源。

其四要树立保护第一的利用思想。古代交通遗产往往线路绵长,沿途的自然地形地貌复杂,城市和乡村相间,许多路段还没有纳入文物保护和交通道路保护的范畴,容易遭到建设性破坏。不少品质很好的古道旅游资源,前几年还保存较好,过两年就拓宽铺上了水泥路面,并拆除了古道经过的古代店铺(如云南祥云县的水盆铺路段)。古代交通遗产旅游的开展,应该首先编制保护规划,在保护规划的基础上再编制旅游规划。旅游设施的建设要符合保护规划的规定和要求,防止古道一类旅游资源遭到规划性和建设性破坏。

其五要提倡高品质的"善行"旅游。古代道路这类线性遗产,在现代公路建设以前,人们通行当然是以步行和骑行为主,少数可以行车的路段也可坐马车通行。古人步行和骑行,其速度都不快,遇到风景佳处和名胜古迹,方便慢行或驻足观望。由于古代道路与现代公路对弯度和坡度的要求不同,虽然近现代的公路建设占压了不少古道的路段,但仍然有不少古道保留了下来,从而形成了古道与现代公路彼此重叠、大致并行和不断交错的状况。开展古道这类线性遗产的旅游,可以规划设计车行与步行相结合的方式,与公路并行和重合的地段车行,与公路分离的地段步行,步行与车行交错进行,可丰富旅游的形式,并减轻旅游者的疲劳。

四、余论:文化遗产的创意利用

文化遗产林林总总,异彩纷呈,不同文明、不同国家、不同地区、不同族群和不同类型的文化遗产,是世界文化多样性的重要体现,不同的文化遗产会给人不同的感官冲击,产生不同的思维联想,从而激发一些新的创造欲望。不过,在文化遗产唤起的创意中,也存在一些不当的创意利用,需要尽量避免。

在文化遗产的不当创意利用中,首先应该提到的是各个"中国优秀旅游城市"的标志物设计[1]。在旅游城市标志中,马踏飞燕变成了马踏地球,且这个地球还被放在具有防卫性的军事工程设施烽火台上,三个设计元素的组成本来就缺乏关联性,将这个标志物建立在各个优秀旅游城市的入口,等于国家旅游局给各个旅游城市派送了一座千篇一律的城市雕塑,反而降低了城市的品位。其次应当提到的是生硬地仿效文化遗产形态的不当建筑设计创意。本来,文化遗产是建筑设计创意的源泉,我国不少优秀的古代山水建筑和园林建筑就做到了建筑与环境、形式与功能的统一,并影响了日本园林的传统和近代西方园林的变化,也为现代建筑创作提供了想象的空间[2]。然而,我们的一些建筑设计师却生搬硬套文化遗产的某些形象,或以出土的近方寸大小的文物为模仿对象,将其放大成为规模宏阔的建筑;或把当地的文物元素简单生硬贴附在建筑形态上,机械地使用遗产的形象或符号;此外还有曲解文化遗产传递的文化信息,造成传统与现代难以合一的后果。在一些建筑学家每年评出的十大丑陋建筑中,都会有不当使用文化遗产作为创意的例子。其三是在工艺品的设计创意上,将一些文物的造型和装饰进行缩放组合,简单套用或具象运用,缺乏形而上层面的抽象、凝练和升华,从而把需要创新灵感和冲动的文化创意,变成了似乎无需创意就可以生产的物品。梁思成先生说过"有若无,实若虚,大智若愚,这就是最好的表达了"[3],尽管这是针对文物保护建筑的设计而言,也完全适用于文化遗产的创意设计和创意产业。

文化遗产的创意利用是很有前景的遗产利用方向,有待相关学界进一步地广泛交流和深入探讨。

第四节 国家文化公园建设初论

国家文化公园是我国中央政府提出并倡导的公共文化建设项目。在2017年颁布的《国家"十三五"时期文化发展改革规划纲要》(下简称《纲要》)中,

---

[1] 国家旅游局:《创建中国优秀旅游城市工作管理暂行办法》(2000年发布)第一章总则第五条:"国家旅游局设立中国优秀旅游城市标志物。标志物主体由长城烽火台、地球和中国旅游业标志三部分组成。"

[2] 南舜薰、南芳:《建筑的山水之道》,上海古籍出版社,2007年。

[3] 梁思成:《闲话文物建筑的重修与维护》,《梁思成文集》第四卷,中国建筑工业出版社,1986年,第331—339页。

就已提出依托长城、大运河、黄帝陵、孔府、卢沟桥等重大历史文化遗产,建设一批国家文化公园,形成中华文化重要标识的规划设想[1]。同年9月,中共中央办公厅、国务院办公厅印发了《建立国家公园体制总体方案》并发出通知,要求各地区各部门结合实际认真贯彻落实[2]。2019年12月5日,中共中央办公厅、国务院办公厅又印发了《长城、大运河、长征国家文化公园建设方案》(下简称《方案》),标志着长城、大运河、长征这三个项目已经纳入了国家文化公园建设的名单[3]。2020年10月29日,中国共产党第十九届中央委员会第五次全体会议通过了《中共中央关于制定国民经济和社会发展第十四个五年规划和二〇三五年远景目标的建议》(下简称《建议》),近期规划和远景目标中除了上述三个国家文化公园外,又增加了黄河国家文化公园的内容。为了切实推进国家文化公园的建设,国家组建了国家文化公园办公室,办公室还面向社会公开征集国家文化公园形象标志设计方案。国家文化公园是什么?它与先前推行的国家公园的内涵和外延有何异同?早先就已经推行并已有部分建设完成的国家考古遗址公园与新的国家文化公园的关系如何?国家文化公园的类型、特征和价值究竟是什么?如何建设和管理国家文化公园?诸如此类问题的探讨,有助于国家文化公园项目的立项选择、法规建设、资金预算、规划设计和管理运营。

一、国家文化公园的相关概念

探讨国家文化公园的建设问题,需要明确国家文化公园的内涵、外延、特征、要素、类型、价值等问题,而要明确这些问题,我们首先需要解决国家文化公园是什么,国家文化公园与其他国家公园和地方公园的异同等问题。先前尽管已有学者对其中有些概念进行过探讨,但还有欠缺或不够全面[4]。"国家文化公

---

[1] 新华社:《中共中央办公厅国务院办公厅印发〈国家"十三五"时期文化发展改革规划纲要〉》,http://www.gov.cn/zhengce/2017-05/07/content_5191604.htm,2017-05-07。
[2] 中共中央办公厅、国务院办公厅:《建立国家公园体制总体方案》,《中华人民共和国国务院公报》2017年第29期。
[3] 新华社:《探索新时代文物和文化资源保护传承利用新路——中央有关部门负责人就〈长城、大运河、长征国家文化公园建设方案〉答记者问》,http://www.gov.cn/zhengce/2019-12/05/content_5458886.htm?from=groupmessage&isappinstalled=0,2019-12-05。
[4] 如黄国勤《国家公园的内涵与基本特征》(《生态科学》2021年第3期)一文只讨论了"公园"和"国家公园"两个概念,没有讨论国家自然公园和国家文化公园的概念。

园"的词组,涵盖了"国家""文化""公园"三个关键词,其中"公园"一词又是核心词,"文化"和"国家"是限定词。因此,在讨论国家文化公园的定义之前,需要对这些概念逐一进行讨论。

(一)"公园"与"私园"

公园也就是公共园林或公共园区,它是相对于私家园林的私园而言的。供人们欣赏和休憩的花园和园地等,就其所有权属和服务对象来说,有私园和公园两类。私园属于私有财产,满足园主私人的愿望和要求,不提供或有条件提供公共服务。私园既包括了私家花园,也包括皇家园林、公署园林、寺观园林、行业园林,这些园林尽管有的具有部分公共属性,但属于特定群体所有,主要为特定群体服务,而不是为普罗大众提供公共服务。即便是人人都可以入内的寺观园林,它也属于园林所属寺观的宗教团体所有,开放给信众是为了取悦信众以获得施舍,仍然具有功利的目的。而公园则是国家范围内全民共有财产的组成部分,具有为全体社会成员提供公共服务的明确功能,且具有不从服务对象那里获取回报的非营利性质。中国中古就有"公园"之名,指官方所有的园地,这种园地上古可能就已存在,传说周王朝建都丰镐后,在都城旁边修建了名为"灵囿"的园林,该苑囿据说"方七十里",园区允许国民在一定时期进入割草打柴和捕鸟逐兔,具有一定的公共属性。不过,我们现在讨论的公园概念,是近现代的公园,这与古代的公园有本质的不同。

严格意义上的公园是社会发展到近代的产物。早在19世纪前期,最早开始工业革命并迈入近代社会的英国,就开始在人口密集的城市规划建设公园设施,并已有相关机构开始阐述公园在改善城市环境、给人们提供锻炼和休憩的场所,以及这些场所和设施在增进不同阶层人们交流和学习、消减社会矛盾和张力方面的作用[1]。日本明治维新以后,随着大量西方新鲜事物的涌入,公园这种西方近代的产物也被引入,日本开始大力建设公园,并在1931年制定了《国立公园法》。受西方殖民者、外国租界建设和日本公园事业的影响,我国也开始了公园的建设。据说我国最早的公园建设,一是光绪三十年(1904年)在北京将原先名为漪园的私园增建公共设施改名余园,开放给公众游览,这是我国最早改建的公园;二是光绪三十二年(1906年)江苏无锡的士绅等资兴建锡金公园,向公众

---

[1] 李天洁、李泽:《西方近代公园史研究刍议》,《建筑学报》2006年第6期。

开放,这是我国最早新建的公园[1]。随着社会的发展,尤其是工业化和城市化的快速推进,城市公园已经不能满足人们日益增长的对公园的需求,公园建设必然走出城市,郊野公园、森林公园等也就会随之产生。

我国早期园艺学家童玉民阐述公园的产生背景及其功能意义时说:"世界上活动之原动力为人类,而人类活动之要素为精神与体力。欲养成健康之体力,与活泼之精神,非仅恃摄取滋养品便可得之,必须藉清新之空气,与优美之山水,调和之,修养之,庶可臻于健全之域。制造此清新空气与表现此优美之景色,非公园莫属!尤以森林公园为最,故公园者,实可成为培养活动世界原动力之要素也,然此仅就其影响于市民之精神生活上而言。至于风景之利用,名胜古迹之发扬,直接关系于国计民生者,至重且大;间接则引起国民之爱乡爱国心,洵都市行政上一重要政策也。"[2]童玉民对公园也作了如下定义:公园是"人类群众生活上不可缺少之设施,简言之为供公众游览之园;详言之为以美观及实用为目的供人类公共享乐或使用而设施之地"[3]。这个定义从公园使用者的视角强调了公园的公共性和公众性,同时期的园艺学家陈植则从公园设计者的角度定义公园"乃人生共同生活上依实用及美观目的,以设计土地,而供群众使用及享乐者也"[4]。尽管张天洁等这样概括公园,"公园不再单单只是一处经过设计的景观,一份文化的载体,或者一个社会活动的容器,而是一种社会空间。在广阔的政治、社会、文化背景之中,创造者使用者等多种势力不断定义着、争夺着、协商着公园的空间含义"[5],但公园无论有无人为的设计,公有、公管、公享、公益乃是公园的基本属性,可以视为公园的基本要素。

(二)"文化公园"与"自然公园"

公园按照不同的分类目的和分类标准,可以划分为不同的类型。如果以公园所在区位为标准,可将公园划分为城市公园和荒野公园;如果以公园景观的形成原因为标准,可以将公园划分为自然公园和人文公园,前者又可细分为地质

---

[1] 章敬三:《〈上海公园史纲〉绪论》,《中国园林》1989年第4期。
[2] 童玉民:《造庭园艺》,商务印书馆,1926年,第111页。
[3] 童玉民:《公园》,商务印书馆,1928年。
[4] 崔志海:《近代公园理论与中国近代公园研究——读〈都市与公园论〉》,《史林》2009年第2期。
[5] 李天洁、李泽:《西方近代公园史研究刍议》,《建筑学报》2006年第6期。

公园、森林公园、湿地公园、海洋公园诸类型,后者则可以细分为主题公园、专类公园、城市公园、附属花园、遗址公园等。那么,文化公园又是一种什么类型的公园呢?

文化公园需要保存和展示的"文化",是一个复杂的综合体,人们可以通过感官从外部迅速判别不同文化的外部特征,却难以通过感官从外部在短时间内认知某一文化的内部特质。人类学的鼻祖英国学者爱德华·泰勒(Edward Burnett Tylor)曾经给文化下过一个经典的定义:"文化是复杂的整体,它包括知识、信仰、艺术、道德、法律、风俗以及其他作为社会成员所习得的任何才能与习惯的综合体,是人类为使自己适应其环境和改善其生活方式的努力的总成绩。"[1]文化是人类社会在长期发展过程中凝固下来代际传承的价值观念、社会机制和行为规则,社会中的人们据此思维、交流和行为,并且产生和创造具有特征的物质制品或艺术风格。人们要认识一个文化,需要通过那些具有外部特征的物质制品和行为方式,才能逐渐体验到其内核的行为规则、社会机制和价值观念。因此,所谓文化公园必须有可以从外部观察到的物质和非物质的既有文化遗产为依托,就如同自然公园需要有自然遗产作依托一样。文化公园,从某种意义上来说,就是依托人类创造的具有历史性、代表性、延续性和现实性的人文遗产建立的公共园区类文化产品。

文化公园作为文化遗产公园的简称,"文化"二字限定了公园的性质、类型和范围:它既不是森林公园、地质公园等自然遗产的公园,也不仅仅是那些地面物质遗存已经残破且遗存多掩埋于地下的遗址公园。自远古以来的能够说明某一文化区历史演进和文明成就的重要遗址,保存完好的能够体现某一文化区人类创造精神、文化特征以及文化交流历史的建筑、雕刻以及线状或面状的综合体,某一文化区的仍在延续的传统及其相关载体或所在"文化空间",如传统村落、历史城市、神山圣湖等,都可以作为文化公园的载体。个人、群体、地区、国家依托这些人文遗产,基于国家和地方的相关法规或建设的专门法规,指定明确保护、传承、展示和宣教对象并划定边界明确的园区范围,建立拥有专门保护管理机构和机制的文化公园,通过专门的保护展示规划设计,以满足公众不同的文化需求和精神需求。

---

[1] [英]泰勒著,连树森译:《原始文化》,上海文艺出版社,1992年。

(三)"国家公园"与其他公园

"国家公园"是美国最早创立的保护自然区域的保护管理机制。1872年,美国国会就批准在怀俄明州约90万公顷的土地上建立了黄石国家公园,并公布《设立黄石国家公园法案》,国家公园职责是保护并防止破坏和掠夺公园内的一切林木、矿藏、自然遗产及奇观,并维持它们的自然状态。1916年,美国国会颁布了《国家公园管理局组织法》,明确规定国家公园管理的基本目标是:"在保护风景资源、自然和历史资源、野生动物资源,并在保证子孙后代能够不受损害地欣赏上述资源的前提下,提供(当代人)欣赏上述资源的机会。"[1]国家公园的保护和提供娱乐的范围就不仅限于自然资源,还包括了历史遗迹。随着国家公园保护范围的扩展,"国家公园是由国家政府宣布作为公共财产而划定的以保护自然、文化和民众休闲为目的的区域"就成为一种共识[2]。

大概受美国国家公园依托对象主要是自然遗产的影响,尽管美国也有包括历史文化的国家公园(如梅萨维德国家公园,Mesa Verde National Park),但在人们的印象中,国家公园往往是面积广大、自然资源丰富的地区,该地区内禁止伐木、狩猎、采矿以及其他资源耗费型活动,并具有一定的公众教育和游观休憩功能,是自然资源导向型的公园。我国的国家公园建设《方案》定义"国家公园是指由国家批准设立并主导管理,边界清晰,以保护具有国家代表性的大面积自然生态系统为主要目的,实现自然资源科学保护和合理利用的特定陆地或海洋区域",就明显受到了美国国家公园的影响。这个定义主要存在两个方面的问题,一是将国家公园的对象局限在自然遗产的范围,没有包括文化遗产资源,这与我们这个文明古国和世界大国的地位是不相称的;二是对国家权益和全民共有性强调不够,没有明确要求国家公园内资源的国家所有和全民共享。随着国家文化公园概念的推出,有必要重新定义国家公园,使国家公园的定义更加全面和准确。

国家公园强调了公园属于主权国家的国家所有、国家建设、国家管理和全体国民分享的权益属性,从而与地区、集体和个人所有但提供非营利的公共服务的地区公园、行业公园和私人公园区别开来。由国家声明权属、投资建设并直接管理或委托管理的公园,一定是国家重要资源,具有重要价值或具有某种重要象征意义,才需要国家出面加强保护和管理,并将其部分或全部展示给公众,使公众

---

[1] 杨锐:《美国国家公园的立法与执法》,《中国园林》2003年第5期。
[2] 唐芳林:《中国需要建设什么样的国家公园》,《林业建设》2014年第5期。

在游览国家公园时,感到身心愉悦,学习专门知识,受到科学启迪,树立文化自信,增强家国情怀,从而也对这些自然或文化资源心存感激和敬重,客观上起到保护这些重要资源的作用。此外,国家公园是国家资源和精神的代表和象征,当然也是向其他国家的游客展示国家形象的窗口,具有国家性和国际性。

既然国家公园是保护和展示国家所有的重要资源的以为全体国民服务的公有园区,而地球上的资源有地球自身演进形成的自然资源和人类创造使用遗留的文化资源两大类,国家公园因此也就分为了两大类,即保护并展示重要自然资源的国家公园和保护并展示重要文化资源的国家公园。国家自然公园是为了保护国家一级具有代表性的重要自然遗产,实现自然资源和生态系统的科学保护和合理利用(包括环境改善、生态保持、科学研究、公众教育和人们休憩),由国家批准设立、国家所有,并由国家直接管理的边界清晰的特定陆地或海洋区域;而国家文化公园则是国家为了保护文化遗产,延续文化传统和提供公共服务,由国家批准设立、国家所有,并由国家直接管理的具有突出主题和明确范围的特定文化遗产单位和区域。国家自然和文化遗产公园,共同构成了完整的国家公园。

在明确了"公园""文化公园""国家公园"的概念和定义后,国家文化公园的概念和定义也就清楚了。严格意义的国家文化公园的定义应该是:

国家文化公园是国家一级政府基于保护国家重要文化资源、展示国家文化精华的目的,为历史研究、文化传承、公众教育和人们休憩提供服务,依托重要的文化遗产,由国家划定、国家管理并全部或部分向公众开放的文化区域。这些权益明确且边界清晰的公共文化园区为全民所有或国家管控,由国家依照专门和相关法规设立专门机构实施管理,根据国家的意志和全民的利益进行规划和建设,最后服务于全民和人类的非营利性的公共文化事业机构、场所和文化产品[1]。

---

[1] 关于国家文化公园,已经有学者下过定义,笔者参考了这些定义,但有所取舍。王克岭的定义是:"国家文化公园是依托'遗址遗迹'和'建筑与设施'等人文旅游资源,具有代表性、延展性、非日常性主题,由国家主导生产的主客共享的国际化公共产品。"(王克岭:《国家文化公园的理论建设和实践思考》,《企业经济》2021年第4期。)李树信的定义是:"国家文化公园是由国家批准设立并主导管理,以保护具有国家代表性的文物和文化资源,传承、弘扬中华民族文化精神、文化信仰和价值观为主要目的,实施公园化管理经营的特定区域。"(李树信:《国家文化公园的功能、价值及实现途径》,《中国经贸导刊(中)》2021年3月。)除了依托文化资源和国家主导这两点外,王先生还强调了主题性、国际化、主客共享和公共产品,李先生则强调了保护功能、弘扬目的和管理方式。鉴于国家文化公园既有主题公园也有综合公园,有些国家文化公园还具有强烈的国家性和民族性,主客共享也稍嫌抽象;以故笔者的定义在这几方面只取其公共产品因素。

二、国家文化公园的种类与分类

国家文化公园是依托国家所有的重要文化遗产建设的公园化的公共园区。国家一级的重要文化遗产范围有大有小，有点有面，有历史上已经终止发展"静"态的，还有仍然在继续演变"动"态的；不能因为目前已经列入名单的长城、大运河、长征和黄河国家文化公园是超大型的线状或带状文化遗产区域，就将国家文化公园简单理解为体量庞大的文化遗产的集合体。正如《纲要》所说，国家文化公园除了可以依托长城、大运河这样的线状或线性文化遗产外，还可依托"黄帝陵、孔府、卢沟桥等重大历史文化遗产，规划建设一批国家文化公园，形成中华文化重要标识"。《纲要》后面所列举的文化遗产，或属于古代建筑，或属于纪念建筑和纪念地，都属于点状遗产而非线状遗产。可以肯定，凡是具有重大历史和纪念价值，能够展现中华文明的发展主线，可以作为中国文化重要标识的文化遗产，都能够以之为依托来建设国家文化公园。

（一）国家文化公园依托的遗产种类

国家文化公园所依托的文化遗产，如果按照我国不可移动文物的分类，并参照世界文化遗产（也是指不可移动文化遗产）的类型，主要有以下几类：

1. 遗址类文化遗产

遗址是历史上人类聚居或进行某种大规模专门或专业活动的场所，这些场所已经废弃，原有建筑物和构筑物已大部分毁坏，只剩下一些残垣断壁，其基址还大多掩埋在地下，需要进行考古勘察和发掘才能够揭示其平面布局等信息。中国历史悠久，又迭经战火，历代的城市、乡村、宫殿、陵墓、庙宇等绝大多数都毁弃成为遗址，正是这些遗址构成了中国物质文化史的主线。《建议》所列举的黄河国家文化公园，主要拟依托作为中华文明摇篮的黄河流域重要的史前聚落、早期城邑、历代都城、历代帝陵以及重要历史纪念地等遗址，构建能够展现中华文明特征和意义的国家文化公园体系。诸如此类的重要遗址群，在中国还有不少，例如万众瞩目的四川广汉市三星堆遗址，与同在成都平原的成都金沙村遗址和商业街遗址，共同构成了反映古代蜀国发展全过程的古蜀遗址群，无疑也具有构建国家文化公园的条件[1]。

---

[1] 广汉市人民政府编制《四川广汉三星堆国家文物保护利用示范区建设实施方案》，参看吴晓玲、吴平：《定了！三星堆国家文物保护利用示范区这样建》，《川观新闻》2021年8月10日。

2. 建筑类文化遗产

建筑是人们为了满足自己某种需求而有意识设计,然后按照设计方案采用天然和人工材料建造的以遮护功能为主的构筑物,如住宅、坟墓、寺庙、作坊、园林等。在西方语境中的"纪念碑",也是集建筑、雕塑和绘画为一体的具有视觉冲击的大体量宗教性和纪念性综合体,绝大多数可以归属建筑类文化遗产的范畴。建筑类文化遗产很多,有些建筑遗产聚集地,如河北承德市区就集中了清代皇家的避暑山庄和外八庙(清代汉地、藏地、蒙疆多种风格的高等级建筑的代表),本身就可以作为清代建筑文化国家公园。有的古建筑本身还是重大历史事件的发生地,如《纲要》列举的北京卢沟桥本身是金代的著名桥梁建筑,桥东不远处的宛平城(拱极城)也是明清时期的城市建筑,二者还都是抗日战争开端的历史纪念地,它们及其周边交通和河流环境共同构成了兼具古代建筑和近代史迹要素的国家文化公园。

3. 雕塑类文化遗产

雕塑类文化遗产包括了大型的石雕群体,石窟中的雕像、彩塑和壁画,以及悬崖峭壁上的岩画。中国不可移动文物分类中的"石窟寺与石刻",世界文化遗产中的"纪念碑"中的部分遗产,都属于这类文化遗产。我国适宜于规建国家文化公园的雕塑类文化遗产主要有龟兹石窟群、河西石窟群、中原石窟群和西南石窟群,它们各自可以成为国家文化公园,也可以串联形成保护和展示中国佛教历史全过程的专题国家文化公园群。此外,已经登录《世界遗产名录》的左江花山岩画及其所在的风景如画的左江河段风光,也具有建设国家文化公园的潜质。

4. 文化景观类文化遗产

文化景观是包括人们自身在内的人类行为、行为的社会机制以及行为的创造物的综合体,也就是包括了非物质文化遗产在内的"文化空间"。历史城市、传统村落、神山圣湖等,都是典型的文化景观[1]。我国可以作为国家文化公园所

---

[1] 文化景观或称"人文景观",在地理景观中本来是作为与自然景观相对的景观类型概念存在的,这个概念被世界遗产领域界借用作为遗产类型的概念后,由于遗产类型定位和定义的不准确,文化景观这个概念的提出和运用对世界遗产的分类和申报都造成了极大的混乱。有学者将文化景观作为独立于文化遗产中的另一个类型,尽管文化景观的名称有"文化"的限制词;有学者将文化景观当作兼具自然与文化双重特征的复合遗产,尽管世界遗产已经有自然与文化双重遗产的类型。此外,自从文化景观作为世界遗产的类型之一以后,世界遗产界就出现了"泛文化景观"的趋势,自然与文化双重遗产已经逐渐被排斥,许多年已经极少再有这类遗产申报和登录世界遗产,世界文化遗产整体也逐渐文化景观化,仿佛地球已经成为一个由文化线路联络起来的宏大文化景观了。

依托的文化景观类文化遗产中,有城市文化景观如国家历史文化名城北京,北京旧城系元、明、清三朝古都,现今仍为我国政治和文化的中心,保留了城市中轴线、城濠等城市边界,宫殿、庙坛、街巷、钟鼓楼等城市要素,古今中央政府机关到基层社区的政治、经济和文化生活,是还在延续的"动"态的中国都城文化景观。传统村落文化景观是我国文化多样性的重要载体,由于地处相对偏僻的山区和传统根深蒂固等原因,不少受到自然区隔的传统村落群还保持着传统的生产方式、生活方式及文化事项,可以将其连同村落群周边的农地、山林划定为某某族群或社群村落国家文化公园,从而使得我国文化的多样性能够长久保持下去。

5. 线性遗存类文化遗产

"线性遗存"是指由"线状遗迹"串联或沿线形边界排列的点线结合或点状排列、因其历史上某种内在的关系而被串联在一起的多类文化遗产的集合体。在世界文化遗产的类型中,没有线性遗存而只有"文化线路",实际上文化线路只是线性遗存中的一些特殊个例,正如《文化线路宪章》所定义的那样,它不是遗产的一个类型,而是一种"历史现象"。那些主要服务于特定的文化交流或产品贸易目的,具有较长的历时性、很大的空间性和跨文化甚至跨文明的线性遗存,可以被称作文化线路。我国古代政治文明高度发达,古代国家通过构建等级建制城市和修筑连接这些城市的交通路网,将治权实施到全国疆土。某些王朝时期还在国家边区修筑了连绵的边墙即长城,保护当时国家的核心区免受外部的侵扰。此外,古代中国也还有一些习惯性或规划性的国际通道将自己与他方国家和地区联系起来。《纲要》和《方案》中的大运河和长城,以及已经成为世界文化遗产的"丝绸之路:长安与天山廊道路网",都是这样的线性遗产。

6. 复合类文化遗产

复合类文化遗产是指在同一遗产分类体系中,兼具两个或多个遗产类型的文化遗产,包括了既是古建筑,又是纪念性建筑和史迹的那些遗产,也包括了地下是遗址,地面是古建筑或其他类型遗产的遗产。某些自然与文化双重遗产,如被我们作为国家政治地理和文化地理象征的"五岳",尽管也具有超越文化遗产类型边界的自然遗产的属性,但其文化意义远超越其自然意义,将其归属文化景观恐怕更恰当一些。复合文化遗产可以举山东曲阜孔府、孔庙、孔林这"三孔"为例,孔府是居住建筑群,孔庙是祠庙建筑群,孔林则是墓葬建筑,三者都有数量不等的石刻且孔林尤多,以"三孔"为中心构成了孔子和中国儒学或儒教的纪念

257

地,具有强烈纪念性遗产的属性。

(二)国家文化公园的分类

国家文化公园要以文化遗产为依托,文化遗产的类型当然可能与国家文化公园的类型发生关联。正是由于这个缘故,有学者主张按照世界文化遗产的类型来规划建设国家公园,如严国泰就提出,中国国家公园可基于世界遗产的类型进行归类,分为自然型、文化型和文化景观型国家公园,其中文化型国家公园当然也可按照世界文化遗产的类型作为进一步的划分[1]。不过,国家文化公园依托国家不同类型的重要文化遗产来建设,这不等于这些文化遗产的类型就是国家文化公园的类型,二者并不是一回事。

国家文化公园与国家自然公园一样,需要根据最佳保护和利用的标准,划分为不同的类型。在国家自然公园的范畴中,尽管自然遗产有生命遗产和非生命的地学遗产,生命遗产又有植物和动物的区别,植物和动物也还有不同的大类,但由于保护区的系统性和复合性,自然公园恐怕没有是以某种自然遗产来分类的。由于国家自然公园往往以保护生态系统的完整性和系统性为目标,因而世界自然保护联盟(IUCN)对自然保护地的分类是按照保护管理力度的强弱,从高到低排列的。第一类是严格的自然/荒野保护区,第二类才是国家公园[2]。国家自然公园具有公园的性质,需要开放给公众,管控力度自然不如没有公园职能的自然保护区。既然国家自然公园的上一层次已经采用了保护管理强度这一标准,国家自然公园这一层次以下的分类就不宜再采用同样的分类标准。从既有的资料和研究可以知道,美国国家公园即便排除掉那些纳入国家公园体系管理,但本身不属于国家公园内容的国家纪念碑、国家战场、国家保留地、国家保护区、国家历史场所、国家墓地之类,本身还包括了自然遗产和文化遗产的庞大系统,如已经列入世界文化遗产的梅萨维德国家公园(Mesa Verde National Park)就属于文化遗产的国家公园[3]。然而,美国国家公园体系还有国家历史公园,世

---

[1] 严国泰、沈豪:《中国国家公园系列规划体系研究》,《中国园林》2015年第2期。需要指出的是,严先生等将文化景观从文化遗产中独立出来,这是受到了世界遗产界一些流行说法的误导,文化景观应该属于文化遗产的一个类型。

[2] 朱春全:《关于建立国家公园体制的思考》,《生物多样性》2014年第4期。

[3] 此外,温泉国家公园(Hot Springs National Park)、库雅荷加谷国家公园(Cuyahoga Valley National Park)等,也兼有文化遗产属性,甚至是以文化遗产为特征的国家公园。

界文化遗产查科文化国家历史公园（Chaco Culture National Historical Park）性质和类型与梅萨维德国家公园完全相同，就被归入"国家历史公园"而不是国家公园。从这个例子可以看出，美国国家公园尽管是国家公园制度的开创者，有很多成功的经验可以学习，但其国家公园体系的结构分类是存在问题的，并不足以效法[1]。

由于我国已经颁布的国家文化公园都是线路遗产或线性遗产，李飞等学者认为，国家文化公园的理论渊源是欧洲的文化线路、美国的遗产廊道和中国的线性文化遗产，并认为现在我国颁布的长城、大运河和长征国家文化公园体现出了这种理论源流，可以依照线性遗产为基础逐渐进行丰富和推广。按照这种意见，国家文化公园由于大空间和跨区域整体保护和利用的需求，其基本类型主要应该就是线形的线路遗产[2]。彭兆荣也持有与此相似的意见，他通过辨析国家文化公园与先前提出的国家级"文化生态保护实验区"的异同，赞同将国家公园限于"线路遗产"的范畴，以与"文化生态保护实验区"相区别，只是还应增加农业遗产这一类型，以"突显中华民族的'天时地利人和'的核心价值"。换句话说，彭先生主张国家文化公园应该分为两类，一类是线路遗产，一类是农业遗产[3]。

笔者以为，如果将线路遗产或线形遗产作为国家文化公园的一类，与之相应的就应该是点状遗产和面状遗产的国家文化公园，这是按照国家文化公园所依托遗产地域空间形态和面积规模的一种分类方式。点状遗产很多，已被《纲要》列为适宜建设国家文化公园的点状遗产有黄帝陵、孔府、卢沟桥等。面状遗产也有一定数量，除了中国古代王朝集中建都的西安地区、洛阳地区等大遗址集聚区外，在近代红色遗产中，作为中国革命摇篮的井冈山地区、中国革命根据地延安地区等，都是建设国家文化公园的理想区域。将国家文化公园根据所依托遗产的空间形态划分为点状、线状（或线性）、面状可以作为国家文化公园的一种可能的分类方式。不过，国家文化公园需要代表国家意志和民族精神，需要基

---

[1] 美国的国家公园体系是一个历经漫长的联邦与地方、部门与部门之间各方利益博弈形成的繁杂体系，不是一开始就进行了完善分类设计的系统。关于这方面，可以参看高科：《美国国家公园思想的多重面相——读罗伯特·基特尔〈完整无损地保护：美国国家公园思想的演变〉》，《社会科学论坛》2016年第8期；杨子江、谢兵、向帆、吴晓东：《"博弈"视角下的美国国家公园发展理念对中国的启示——评National Parks: The American Experience》，《北京林业大学学报（社会科学版）》2021年第2期。
[2] 李飞、邹统钎：《论国家文化公园：逻辑、源流、意蕴》，《旅游学刊》2021年第1期。
[3] 彭兆荣：《文化公园：一种工具理性的实践与实验》，《民族艺术》2021年第3期。

于物质遗产来彰显其中蕴含的非物质的文化主题,具有主题公园的某些性质,为了说明我国的历史主线、文化传统和发展道路,个别的文化遗产点或单位往往难以全面展现某一文化主题,需要通过某种方式来串联文化遗产点或单位,目前已经列入建设名单的黄河、长城、大运河、长征国家文化公园,就是一种串联的方式。因此,根据所要表达的文化主题和所需采用的串联方式,将国家文化公园首先划分为两大类:

一是线性文化遗产国家文化公园:依托人工营造的线状遗迹或历史上的习惯交通线路串联起来的线状和点状遗产集合体的国家公园。这些被串联或排列的遗产群体具有共同的产生背景、关联要素和象征意义,因而可以表达共同的文化主题。已经列入国家文化公园建设名单的长城、大运河、长征国家文化公园都属这一类,已经登录《世界遗产名录》的"丝绸之路:长安与天山廊道路网",如果建设丝绸之路国家文化公园的话,也可以归属这一类型。这类国家文化遗产公园,由于所依托的线状遗产存在明显的功能差异,可以根据遗产是属于沟通类还是分隔类的线性遗产,将其划分为文化交流主题的交通线路类国家文化公园和军事防御主题的防御工程类国家文化公园[1]。按照这样的分类,大运河、黄河和长征国家文化公园依托的是沟通类线性遗产,强调的是经济、文化和思想的传播,而长城国家文化公园则显然是依托分隔类线性遗产,表现古代为了区隔农区与牧区以保障农区稳定的巨大努力,二者的历史功能和价值主题并不相同。

二是系列文化遗产国家文化公园:串联相同类型或相近功能的点状文化遗产构成的国家文化公园。这类国家文化公园的构成单位具有共同的文化性质,串联起来可以表达共同文化主题和价值主题。已经被列入国家文化公园建设名单的黄河国家文化公园,可以归属这一类,它应该主要由黄河流域中国文明起源和形成时期的代表性古代遗址所组成,展示了中国文明不同要素从萌生至形成自己文化传统的历史发展主线,彰显了中国古代付出巨大人力物力培育的伟大创造力。这类具有国家文化公园潜质的系列文化遗产很多,可以根据其保存状况和呈现形态,划分为遗产呈现废墟状态的遗址类国家文化公园和遗产呈现完好的遗存类国家文化公园。前一类如果举例的话,或可串联中国远古若干重要的古人类洞穴遗址,组成以展现中国人类起源为主题的国家文化公园;或可串

---

[1] 孙华:《论线性遗产的不同类型》,《自然与文化遗产研究》2016年第1期。

联中国远古若干重要的早期农业遗址，构成以展现中国农业文明起源为主题的国家文化公园。后一类如果举例的话，可以选取诸如以山西东南部为中心的木构建筑为对象[1]，构建以中国传统建筑为主题的国家文化公园，保护和展示中国古代建筑，使公众在并非太大的地域内，就可以纵览中国五代以来不同时期和功能的木构建筑。

上述国家文化公园的分类，是基于既已公布国家文化公园都是线性遗产的一种分类方案，如果不拘泥于宏大叙事的主题追求，根据文化遗产的核心价值是物质文化遗产本体的历史性还是附着于物质文化遗产之上的纪念性，可以首先将国家文化公园划分为国家历史公园和国家纪念公园两大类。在这两类之下，历史类国家文化公园可以划分为国家古代遗址公园、国家古代艺术公园（建筑/雕刻）、国家古代工程公园，纪念类国家文化公园则可以划分为国家近代史迹公园、国家纪念性建筑公园、国家名胜古迹公园等（图36）。

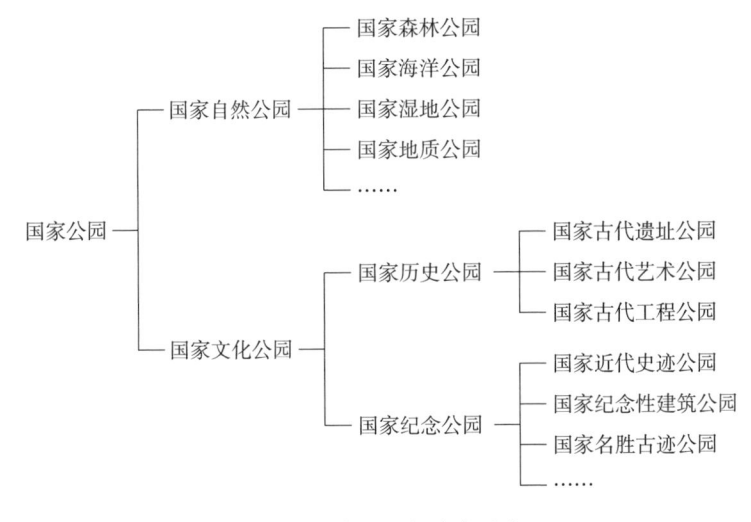

图36　国家公园拟分类示意

---

[1] 中国古代建筑以木材构架式建筑为特征，是东亚传统建筑的代表。由于材料的非永久性等原因，现在保存的木构建筑遗存最早不过唐代，宋辽金元木构建筑数量也不是很多，早期木构建筑丰富的城市和区域就具有建设古代建筑国家文化公园的条件。晋东南（也就是以山西晋城市和长治市为中心的区域）地区是中国古代木结构建筑遗产最丰富的区域，五代至宋元时期的早期木结构建筑数量达到了274处，在全国数量最多，分布最为密集。参看李会智：《山西元以前木构建筑分布及区域特征》，《自然与文化遗产》2021年第1期。

国家文化公园除了以上类型外,还可以考虑依托不同民族的传统村落(包括村落周边的耕地和山林川泽),选择具有自然地理区隔且传统文化保存较好的成片村落,建立国家民族文化公园,以保存和展示我国文化的多样性。

三、国家文化公园的特质和价值

国家公园在美国等国家已有两百多年的理论方法研究和建设实践,有一些很好的经验和成熟的模式。我国关于国家公园(主要是国家自然公园)和国家考古遗址公园的建设,也有数十年时间的探索和实践。然而,国家文化公园在我国还是新鲜事物,如何遴选、规划、建设、管理我国的国家文化公园,需要明确国家文化公园的性质、特征和价值意义,才能实现文化遗产保护、文化传统延续、历史知识传播、民族精神弘扬,以便当今国民、子孙后代和全世界其他国家的人们通过国家文化公园这个窗口,了解中国悠久的历史、独特的文化、伟大的创造以及国家的荣辱悲欢。

(一)国家文化公园的性质与特征

自从《规划》和《方案》提出国家文化公园的概念并颁布首批国家文化公园名单以后,关于国家文化公园的性质的讨论和阐述也随之开始。例如,吴丽云、蔡晟提出,国家文化公园建设"应坚持突出国家代表性、全民公益性和完整性三大基本原则",这样才能"最大程度地实现国家文化公园保护重大文物和文化资源、完善公共文化产品和服务供给、满足人民群众精神文化生活需要的战略使命"[1]。李飞等也认为,国家文化公园具有政治、经济、文化、自然等多重属性,但其本质属性为"大众性",因为"国家是站在全体人民的立场上为国家文化公园定名并倡导其建设的,这是'以人民为中心'执政理念的体现";其二,文化是属于大众的,无论是地方性的文化,还是全民族文化,都属于人民大众,文化共识和价值共识的主体也是人民大众;其三,公园是公共空间,属于全民所有,具有全民属性。因此,只有从大众性出发理解、建设和管理国家文化公园,才符合国家文化公园的初衷,才能使其功能得到最大化的发挥[2]。

---

[1] 吴丽云、蔡晟:《国家文化公园建设应坚持三大原则》,《环境经济》2020年第16期。
[2] 李飞、邹统钎:《论国家文化公园:逻辑、源流、意蕴》,《旅游学刊》2021年第1期。

上述这些阐述当然不错,但与国家公园总的基本属性的区分度还不够。我们知道,国家文化公园是国家公园的两大组成部分之一,国家公园强调国家代表性、全民公益性、系统完整性或大众性,这是国家公园的基本属性[1],将其作为国家文化公园的建设原则或基本属性当然也是可以的。不过,国家自然公园也需要强调这些属性,世界自然保护联盟(IUCN)认定的国家公园四条标准,其中最首要的就是具有"国家代表性";美国国家公园管理局对国家公园定义的要素,就包括了国家代表性和"作为美国人的公共财产"的全民公益性;我国建立国家公园体制《方案》,除了强调了国家公园是"国家批准"、国家"主导"且"具有国家代表性"的"大面积自然生态系统"外,还基于现阶段资源权属和管理权属分散的现状和问题,提出了"实现国家所有、全民共享、世代传承"的终极目标。由此可见,国家代表性、全民公益性和大众性,这是包括国家自然公园在内的国家公园的属性,不仅仅是国家文化公园的自身属性。国家文化公园在国家公园总的属性或原则的基础上,还应有自己独自的性质和特征,以区别于国家自然公园。那么,国家文化公园的自身特质是什么呢?

国家公园是将我国具有国家代表性的自然与文化遗产作为全国人民的公共财产,由国家代表全民拥有或控制,由国家专设机构依法进行保护和管理,以便当今人们和子孙后代享用的公益机构和园区;国家文化公园则是将能够代表国家历史、国家文化和民族精神的文化遗产采用国家公园这种形式进行保护、管理和展示,因而具有国家文化的代表性、标志性和可视性。国家文化公园的代表性是基于全民共同认知产生的,因而正如文孟君所说,"国家文化公园还需要在价值观和文化内涵等方面重视'国家性'的建构。也只有如此,才更能凸显国家文化公园的'国家象征',传播其'国家品位'和'国家意味',最终实现'国家认同'"[2]。李树信也指出,"国家文化公园具有以下特点:一是强调整合一系列文化遗产后所反映的整体性文化意义;二是由国民高度认同、能够代表国家形象和中华民族独特精神标识、独一无二的文物和文化资源组成;三是具有社会公益性,为公众提供了解、体验、感知历史和中华传统文化以及作为国民福利的游

---

[1] 关于国家公园的属性,有学者通过总结美国国家公园的经验已经指出,其性质和特征可以概括为"以国家之名、依国家之力、行国家之事"和"公民共有、公民共建、公民共享"。参看李鹏:《国家公园中央治理模式的"国""民"性》,《旅游学刊》2015年第5期。

[2] 文孟君:《国家文化公园的"国家性"建构》,《中国文化报》2020年9月12日第4版。

憩机会,同时鼓励公众参与"[1]。在建设国家文化公园时,遴选文化遗产所具有的国家文化代表性,整合文化遗产所体现的国家文化标识性,重视公众观览国家文化公园得到的国家文化认同,这些或许可以作为国家文化公园的自身特性。

(二)国家文化公园的价值

研究者在述及美国国家公园的源起背景时,一般多认同美国环境史学家罗德里克·纳什(Roderick Nash)、艾尔弗雷德·朗特(Alfred Runte)等学者的看法[2],认为美国自然中的荒野景观和文化中的拓荒经历,以及区别于欧洲的国家认同思想才是促使国家公园产生的根本动力。众所周知,美国国家公园的建立始于黄石国家公园,以后才逐步推广,黄石国家公园是一个以冰火两重天为特征的兼有地学和生物遗产,却没有文化遗产的国家公园。以后美国的国家公园尽管有个别文化遗产公园,但基本上还是自然遗产,文化遗产归入国家历史公园一类进行管理。以自然遗产为主体的美国国家公园的成立背景,实际上也都带上了浓郁的美国文化色彩。我国是具有浓厚历史情怀的文明古国,我国的国家文化公园建设,自然更应该反映我国自身的文化特征、文化价值和国家诉求。

彭兆荣指出:"较之美国的'国家公园',中国的'国家文化公园'需要首先确立具体化的价值理念。美国历史短,文化遗产相对贫乏,国家公园遂以'荒野'作为突出自然遗产的核心价值。我国历史悠久,文化遗产丰厚,彰显国家公园的'文化'特性,但需努力探索一种符合文化公园的'中国范式'。"这个"中国范式"是什么呢? 彭先生认为,"理念上,突出'天人合一';形制上,中国传统的园林形制可以为范;技艺上,山水相融的中式技法"[3]。在彭先生列举的国家文化公园"中国范式"的三个因素中,"天人合一"是思想观念层面上的,而形制和技法是规划设计层面的,完全可以多种多样。就"天人合一"的思想观念来说,这是源自中国古代巫术传统和阴阳家说,形成于战国邹衍的一套天地运行及其与人间社会发展循环关系的理论,西汉史学家司马迁曾经对邹衍学说有过概

---

[1] 李树信:《国家文化公园的功能价值及实现途径》,《中国经贸导刊(中)》2021年第3期。
[2] Nash, Roderick. "The American Invention of National Parks." *American Quarterly*, vol.22, no.3, 1970, p.726. Runte, Alfred. "The National Park Idea: Origins and Paradox of the American Experience." *Journal of Forest History*, vol.21, no.2, 1977, p.64.
[3] 彭兆荣:《文化公园:一种工具理性的实践与实验》,《民族艺术》2021年第3期。

述和评议[1],当代的史学家赵世超等也对"天人合一"做过正确的解读[2]。"天人合一"即"天人感应""是阴阳家沟通人类与自然界而虚构出来的一座桥梁"[3],是用自然循环推导历史循环的理论,原本不涉及人与自然和谐相处的内容。"天人合一"学说是否能够代表中华文化的精髓,作为我国国家文化公园的价值要素核心,还需要进行深入的探讨。

张岂之在《中国传统文化》这样说:中华文化有五千多年的历史,而且没有中断过,这是与其他文明古国相比迥异的特色;中华优秀传统文化的特质,简明而言,就是以"人"为核心的道德文化,而不是神的文化;它所具有的中和观念、辩证思维、追求社会与自然的和谐、主张和而不同的文化会通等,都和这种文化特质有关[4]。张先生对中国传统文化的阐述,尽管属于教科书类型的概括,却是学术界的共识,也有典籍文献的依据,可以在此基础上归纳中国文化的基本特征,并进而凝练国家文化公园的总体价值。

我国是以长江和黄河两大流域为中心的文明古国,早在距今一万年前后,在这个地区就分别产生了基于水田的稻作农业和基于旱地的粟作农业,逐渐形成富有特色的农业文明。以定居农业为基础,我国很早就开始了区域内的文化整合和区域间的文化互动,有些区域发明创造或改良优化的事物传播到了遥远的地方,从小区域开始进而扩展到大区域的统一事业也稳步推进,发展迅速。大约在公元前3000年以后的传说时代,这个统一事业的驱动中心就逐渐集聚在黄河中下游地区;到了公元前2000年以后的夏商周三代,就形成了以中原地区为

---

[1] 司马迁《史记·孟轲荀卿列传》:"驺衍……乃深观阴阳消息而作怪迂之变,《终始》《大圣》之篇十余万言。其语闳大不经,必先验小物,推而大之,至于无垠。先序今以上至黄帝,学者所共术,大并世盛衰,因载其禨祥度制,推而远之,至天地未生,窈冥不可考而原也。先列中国名山大川,通谷禽兽,水土所殖,物类所珍,因而推之,及海外人之所不能睹。称引天地剖判以来,五德转移,治各有宜,而符应若兹。以为儒者所谓中国者,于天下乃八十一分居其一分耳。中国名曰赤县神州。赤县神州内自有九州,禹之序九州是也,不得为州数。中国外如赤县神州者九,乃所谓九州也。于是有裨海环之,人民禽兽莫能相通者,如一区中者,乃为一州。如此者九,乃有大瀛海环其外,天地之际焉。其术皆此类也。"
[2] 赵世超:《天人合一述论》,《史学月刊》2002年第11期;张强:《汉前"天人合一"观的历史嬗变》,《陕西师范大学学报(哲学社会科学版)》2002年第1期。
[3] 孙开泰:《阴阳家邹衍的"天人合一"思想——"阴阳"是开启"五行"的钥匙》,《管子学刊》2006年第2期。
[4] 湛风:《试谈〈中国传统文化〉(第三版)的文化观》,《华夏文化》2014年第3期。

中心的正统意识,逐渐生成了全国九州的地理政治观念,并且这个观念逐渐成为下至基层,上至世界的天下观。我国是多元一体的文明古国,历史悠久且传统没有中断。尽管印度次大陆传来的佛教对中国社会、宗教和文化带来很大的影响,北方草原族群多次南下,尤其是元蒙入主中原对于古代中国的传统也造成了巨大的冲击,但是中国自古以来的传统没有中断或转移,源自上古中国的宇宙观念、哲学思想、道德规范、礼仪习俗一直延续,影响至深。自从夏代祖先崇拜兴起,弱化甚至取代了自然崇拜、图腾崇拜和神祇崇拜的地位后,王权就取代了神权,祭司巫史的地位从高变低,逐渐边缘化。世俗的以人为主体的人本思想,逐渐形成了以儒家思想为主体的主流思想,以后传入的佛教和后来形成的道教,都只能作为主流思想的补充。这种主流思想的核心就在于人本主义、历史的连续精进、文化的多元一体,与欧洲强烈的宗教情怀和分立的民族国家,美国致力的开拓荒野和重塑的国家历史就形成了鲜明的对比。

四、结语

国家文化公园,如上所述,是以国家具有代表性的文化遗产资源为对象,由国家主导和管理,并以公园的形式开放展示给公众,以保护文化遗产,传承文化主脉,满足国民精神需求。既然如此,国家文化公园应该体现国家意志,所依托的文化遗产及其载体和环境所依托的土地等资源,应该首先通过颁布国家公园的专门法规,形成国家中央财政投入国家文化公园建设的专门机制,通过国家中央财政投入实现包括土地资源在内的文化资源权属国有化,在园区管理上应该采取中央集权的垂直管理,对公众开放应该采取非营利性的免费开放或低价开放的形式。美国是典型的以私有制为基础的资本主义国家,但在包括文化遗产在内的国家公园领域,却采取了园区资产国有化、公园管理集权化、公园服务公益化的具有社会主义色彩的模式。我国是以公有制为基础的社会主义国家,国家政治体系运作的形式是民主集中制,目前国家的经济发展所带来的强大中央财政也完全可以支持国家公园的公益化运行,包括国家文化公园以及整个国家公园的建设和运营方面应该比美国和其他西方诸国做得更好。

国家文化公园的建设,包括了文化主题的凝练、文化遗产的遴选、文化遗产的组合、园区细节的设计和园区的管理运营等诸多环节,由于国家文化公园具有主题公园的某些属性,自然会有一些长于城乡规划、建筑设计、景观设计但却弱于文化遗产和传统文化的机构和个人介入,将他们本不擅长的对中国文化的理解施加到国家文化公园的设计中,除了可能造成文化的异化问题外,最令人担心的就是用超出需求的设计、超大的公园规模和太多希望表达自我的新建筑、新设施和新园艺遮蔽了文化遗产本身的光辉。中国传统文化讲求中和中庸、博厚无为,切忌过度无节、贪大求洋。《礼记·中庸》:"喜怒哀乐之未发,谓之中;发而皆中节,谓之和。中也者,天下之大本也;和也者,天下之达道也。致中和,天地位焉,万物育焉。"[1]"博厚,所以载物也;高明,所以覆物也;悠久,所以成物也。博厚配地,高明配天,悠久无疆。如此者,不见而章,不动而变,无为而成。"[2]如果我们国家文化公园主其事之人及其主任设计师,能够做到"有若无,实若虚,大智若愚",这就是最好的表现了。

---

[1] (清)朱彬撰,饶钦农点校:《礼记训纂》卷三十一《中庸》,中华书局,1996年,第772页。
[2] (明)王夫之著,杨坚总修订:《礼记章句》卷三十一《中庸》,岳麓书社,2011年,第1297页。

插图索引

图1　文化遗产类型关系图 ………………………………………… 10
图2　遗产保护学与其他相关学科关系图 ………………………… 16
图3　文化遗产分类阶元框图 ……………………………………… 26
图4　文化遗产形状分类框图 ……………………………………… 28
图5　线性遗产的四种形态 ………………………………………… 34
图6　遗产、价值与人的关系 ……………………………………… 57
图7　陈耀华等构拟的遗产"价值体系树" ………………………… 72
图8　文化遗产价值结构示意图 …………………………………… 74
图9　南京明孝陵插图明楼石座,石面上全是斑驳的钟乳。 ……… 122
图10　四川巴中西龛摩崖造像。因地下渗水,龛楣及龛外侧保存较好,龛内造像已经严重损坏。 ………………………………… 124
图11　山西大同市云冈石窟第3窟主室阿弥陀佛像,其下部比上部剥蚀严重。 …………………………………………………… 124
图12　大足宝顶山的华严三圣像,略倾斜的身躯支撑其上的岩檐。 …… 129
图13　重庆市域的石刻造像的清代保护性建筑 …………………… 130
图14　江苏南京市栖霞山明征君碑亭,四面开敞,其内石碑保存状态较好。 ……………………………………………………… 131
图15　安岳木门寺无际禅师殿,信众为保护无际禅师石塔和石亭所建,从殿的后侧拍摄。 ……………………………………… 132
图16　山东曲阜市原汉鲁王墓前石人像,清乾隆年间移入城内,现在孔庙建亭保护。 ……………………………………………… 133
图17　四川芦山县汉代石刻园,在樊敏阙园内。 ………………… 134
图18　东钱湖南宋墓石刻。上:史渐墓神道石刻;下:经过集中重组后的

	南宋墓葬石刻。	135
图19	江苏南京市萧恢墓石兽。石刻环境已经改善,但两兽间的神道却被植物遮挡。	139
图20	重庆大足区宝顶山九龙浴太子造像,虽经断水工程,但仍未完全阻断泉水,苔藓滋生严重。	142
图21	云南大理太和城南诏德化碑亭及石碑	144
图22	江苏南京市栖霞山舍利塔,损坏的塔檐下的石雕不如保存完好塔檐下的石雕。	145
图23	浙江湖州市飞英塔	168
图24	半坡遗址旧、新保护大棚外景。右下角为重建后的保护大棚。	169
图25	英国西萨塞克斯郡比格诺尔罗马别墅遗址的保护建筑	171
图26	哈格尔基姆神庙遗址保护建筑	173
图27	四川成都市金沙村遗址保护建筑。上:原保护大棚;下:现保护展馆。	177
图28	河南郑州市大河村遗址。左:保护展示厅内遗址状况;右:保护展示厅俯瞰。	178
图29	广东广州市光孝寺西铁塔及覆罩殿堂内部	179
图30	重庆大足区北山石刻保护长廊内部	182
图31	分装式与整体式保护建筑举例	183
图32	四川广元市千佛崖北区保护大棚试验段内景	186
图33	浙江余姚田螺山遗址保护建筑。上:保护建筑内的遗址状况;下:保护建筑外景。	188
图34	四川广元市千佛崖两种保护建筑方案。上:天津大学建筑学院2008级本科生专题设计课指导教师李哲试做草图;下:清华大学建筑设计研究院的早期方案。	191
图35	摩崖石刻窟檐两种处理方式。左:屋盖覆罩崖顶;右:屋盖置于岩檐下。	192
图36	国家公园拟分类示意	261

后 记

文化遗产学属于交叉学科,系遗产保护学的两大分支之一。由于该学科的发展历史并不长,学科建设和理论方法远落后于保护实践。要使得该学科逐渐成熟,需要不同学科的学者从各自的学科和专业出发,切入到文化遗产保护这个交叉点上,关注文化遗产学的基本理念和原则,发现不同类型、不同群体和不同单位文化遗产存在的保存和保护问题,针对这些问题研究恰当的保护对策,运用自己的专业知识,寻求最佳的保护方法、路线和技术。在这个循环往复的过程中,反思文化遗产的保护理念和原则,探讨遗产的形态保存和价值保全所需的相关法规、政策和机制,争取早日构建和完善文化遗产学和遗产保护学。

我是研习考古出身,本来从事夏商周考古、西南地区考古和专门考古某些领域的考古研究,由于1998年北京大学与国家文物局合作办学,成立了北京大学考古文博学院暨中国文物博物馆学院,按照合作办学的要求,需要新办文物保护科技和文物建筑修缮的新专业。我当时担任学院主管教学和研究生工作的副院长,当然不能对文化遗产学一无所知,于是就开始关注、学习和思考文化遗产学的相关问题。基于考古学家的类型学训练,我首先对文化遗产的类型进行了考察,陆续撰写了本书第一章有关遗产类型诸文;继而思考文化遗产的价值问题和保护问题,撰写了第二、三章的相关文章;以后才陆续关注文化遗产的管理和利用问题,于是有第四章这些内容的成形。我个人以为,文化遗产学或遗产保护学的学科体系,其主干就是遗产类型学、遗产价值学、遗产保护学和遗产管理学,文化遗产的展示和旅游利用等方面,都可以纳入管理的范畴。因此,我在北京大学考古文博学院开设的"文化遗产学概论"课程,就是按照这个结构体系来进行备课和教案编写的。由于文化遗产不同的类型有不同问题和解决问题的途径,仅仅从形态类型来考察文化遗产还远远不够,还需要从功能用途等方面分析文化遗产,因此我还对文化遗产进行了功能分类及功能类型问题研究,陆续撰写了城市遗产、村落遗产、交通遗产、产业遗产（包括盐业、矿业、茶业、酒业、瓷业等）、宗教遗产、军事遗产等方面的论文和文稿，这些文稿随即也会汇集成书刊布。我之所以面面俱到逐步完成这些文化遗产学的基础研究，主要目的是广泛征求意见，在完成《文化遗产十五讲》的基础上，尽早编写出《文化遗产学概论》的教材，以改变目前高等院校文化遗产学科缺乏体系相对完整的教材或教学参考书的状况。

本书多数章节的主要内容曾以不同的形式发表于期刊或报纸上。导论曾以《遗产与遗产保护学——以文化遗产学的学科范畴为中心》为题，发表于《遗产与保护研究》2018年第12期。第一章第一节最初系参加2007年北京论坛的会议论文《世界遗产分类及其相关问题——以"保护世界文化和自然遗产公约"为例》（英文，见北京大学北京论坛学术委员会编《文明的和谐与共同繁荣——人类文明的多元发展模式北京论坛（2007）论文选集》，北京大学出版社，2008年，第294—306页），以后又做过修改；第二节曾以《论线性遗产的不同类型》刊于《遗产与保护研究》2016年第1期；第四节分别以《纪念性遗产与纪念碑》和《中国的纪念性遗产》为题，先后发表于《中国文物报》2014年5月30日第五版和6月13日第十二版。第二章第一、二节为《遗产价值的若干问题——遗产价值的本质、属性、结构、类型和评价》（刊载《中国文化遗产》2019年第1期）和《文化遗产概论（上）——文化遗产的类型与价值》（刊载《自然与文化遗产研究》2020年第1期）两文拆分重组而成；第三节则是最近刊发在《故宫博物院院刊》2024年第5期的论文。第三章第一、二节曾以《我国大型遗址保护问题的思考》《石刻文物保护初论——以石窟寺及石刻的保护为中心》为题，刊载于《中国文化遗产》2016年第6期和2017年第6期；第三节的主要内容曾以《文化景观是什么》《文化景观有几类》和《文化景观如何保护》为题，分别刊载于《中国文物报》2012年6月15日第五版、7月20日第六版和10月10日第六版，收入本书时做了补充并添加了注释；第四节是与浙江大学陈筱博士合作的《文物保护建筑初论》论文，原载《中国文化遗产》2018年第1期。第四章第二节的写作得到了联合国教科文组织亚太地区世界遗产培训研究中心（北京）李光涵博士的协助；第三、四节则分别刊于《中国文化遗产》2020年第1期和2021年第5期。特此说明。

最后，向所有曾经帮助过我的同事、朋友和学生表示衷心的感谢！

图书在版编目(CIP)数据

文化遗产保护研究 / 孙华著. -- 上海：上海古籍出版社，2024.12. --（泉州文化遗产研究院书系）.
ISBN 978-7-5732-1450-8
Ⅰ. G127.573
中国国家版本馆CIP数据核字第202440K91K号

泉州文化遗产研究院书系
文化遗产保护研究
孙　华　著
上海古籍出版社出版发行
（上海市闵行区号景路159弄1-5号A座5F　邮政编码201101）
　　（1）网址：www.guji.com.cn
　　（2）E-mail: guji1 @ guji.com.cn
　　（3）易文网网址：www.ewen.co
苏州市越洋印刷有限公司印刷
开本710×1000　1/16　印张17.25　插页3　字数291,000
2024年12月第1版　2024年12月第1次印刷
ISBN 978-7-5732-1450-8
K·3772　定价：88.00元
如有质量问题，请与承印公司联系